全国高等职业教育财经类规划教材（物流管理专业）

物流设备应用与管理

吴汪友　主　编
詹继兵　江建达　副主编
孙秋高　主　审

電子工業出版社
Publishing House of Electronics Industry
北京・BEIJING

内 容 简 介

物流设备是物流活动的重要载体，物流设备工作原理的认知与操作技能的掌握是从事物流行业人员的必然要求。本书根据物流设备所属类型与管理内容分成9个教学项目，项目1介绍物流设备类型、国内外物流设备应用现状与物流设备发展趋势；项目 2～8，则根据物流设备在物流作业环节作用不同，进行教学项目设计，分别介绍了仓储存储及安全设备、货物运载设备、集装单元化设备、装卸搬运设备、流通加工及包装设备、信息采集与识别设备、物流智能设备，这部分是认知物流设备工作原理与技能训练的新起点；项目9，从经济学角度介绍物流设备配置、设备更新与改造的方法。

本书特别适合高职院校的物流管理专业学生使用，也可作为本科院校相关专业学生和物流从业人员的参考用书与培训教利。

图书在版编目（CIP）数据

物流设备应用与管理 / 吴汪友主编. —北京：电子工业出版社，2013.8
全国高等职业教育财经类规划教材•物流管理专业
ISBN 978-7-121-20806-5

Ⅰ. ①物…　Ⅱ. ①吴…　Ⅲ. ①物流－设备管理－高等职业教育－教材　Ⅳ. ①F252

中国版本图书馆 CIP 数据核字（2013）第 137110 号

策划编辑：张云怡
责任编辑：郝黎明
印　　刷：北京虎彩文化传播有限公司
装　　订：北京虎彩文化传播有限公司
出版发行：电子工业出版社
　　　　　北京市海淀区万寿路 173 信箱　邮编 100036
开　　本：787×1 092　1/16　印张：16.25　字数：416 千字
版　　次：2013 年 8 月第 1 版
印　　次：2020 年 1 月第 3 次印刷
定　　价：33.00 元

凡所购买电子工业出版社图书有缺损问题，请向购买书店调换。若书店售缺，请与本社发行部联系，联系及邮购电话：（010）88254888，88258888。

质量投诉请发邮件至 zlts@phei.com.cn，盗版侵权举报请发邮件至 dbqq@phei.com.cn。

本书咨询联系方式：（010）88254573，zyy@phei.com.cn。

前　言

近些年来，我国物流业取得了长足的发展，先进的物流设备不断在物流业务得到应用，但不容回避的现实是，物流从业人员很难适应行业迅速发展，技能缺乏仍然在一定程度上制约了现代物流业的进一步发展。究其原因，主要是目前高职教育与企业实际需求还有一定的差距，现行的物流教材尚满足不了培养高技能物流人才的需要等。

本书在参考已版相关教材的基础上，颠覆了传统教材的编写模式。编写小组首先根据专业教育教学改革和课程体系改革的总体要求，对相关物流企业进行了调研，针对行业企业就物流设备应用与管理过程中对物流人员的知识、能力、素质等相关要求，对课程内容重新进行了优化和重组，同时在编写过程中力求体现突出学生创新能力和就业能力的培养，体现“以行动体系为框架的现代课程结构，做到陈述性知识与程序性知识并重，将陈述性知识穿插于程序性知识之中，理论与实践一体化”的课改思路，突显项目教学、任务驱动、工学结合课程改革要求，内容具有较强的应用性和针对性。教材在编写过程中，创新教材设计结构，本书每个项目中均有职业素养目标、知识培养目标、能力培养目标、知识测试、技能训练任务单。鉴于物流设备涵盖知识较多的现实，每个项目中均有知识点延伸，以满足学生自主学习的需要，以使教材具有较高的系统性，同时对于教学具有较强的适应性和可操作性。

本书是集体智慧的结晶，教材的完成与教材编写单位和合作撰写单位的大力支持是分不开的。本书由浙江交通职业技术学院吴汪友老师任主编，詹继兵老师、江建达老师任副主编；孙秋高老师任主审。根据教材编写的分工，吴汪友老师对课程整体进行设计，承担了项目 1～9 的教学任务内容的编写，詹继兵老师负责教材知识测试和知识点延伸的编辑工作，江建达老师承担了项目技能任务的设计。

教材编写过程中，编写小组还充分征求了杭州联华华商集团公司物流总监严梦伟、杭州联华华商集团公司配送中心经理助理孙飞、浙江农华优质农副产品配送中心常务副经理谢晓东、杭州港航有限公司总工程师冯波等企业专家的意见，他们对本书的具体教学项目、各分项任务内容和训练项目的拟定提供了可操作的建议，并就编写项目教材提供了许多宝贵的意见，在此表示衷心的感谢！

在本书的编写过程中参考了大量物流设备应用与管理的研究文献和教材，借鉴了国内外众多学者前辈的研究成果，在此向各位专家学者表示深深的敬意和诚挚的谢意。

由于我国物流业尚处在快速发展中，物流设备应用与管理的理论与实际操作方法还处在探索之中，同时高职院校项目教材编写模式还不够成熟，加上编者经验和水平有限，书中难免存在不足之处，敬请广大读者、同行和专家批评指正，以使我们在再版时进行完善。

吴汪友

2013 年 7 月

Contents
目录

Contents
目录

Project 1 项目 物流机械设备认知

职业素养目标

- 爱岗敬业
- 职业理想
- 学习能力
- 信息处理能力

知识培养目标

- 掌握物流机械设备的特点
- 熟悉物流机械设备的分类及发展趋势
- 了解国内外物流机械设备的应用现状

能力培养目标

- 能够指出不同物流机械设备的特点
- 会进行物流机械设备的分类
- 能结合实际案例分析物流设备的类型

Mission 1 任务 物流机械设备分类及特点

学习指南

本项任务将引领大家掌握物流机械设备的特点，熟悉物流机械设备的分类，进而理解物流机械设备的特点，初步了解各种类型物流机械设备作用及使用对象。

一、物流机械设备的分类

物流机械设备的分类方法很多，可以根据不同的需要，从不同的角度划分。一般常见的是按照物流设备所完成的物流作业来划分。

1. 仓储机械设备

仓储在物流系统中起着缓冲、调节、集散和平衡的作用，是物流的一个中心环节。它的基本内容包括存储、养护、维护、管理活动。仓储管理的目标是在满足客户服务政策确定的周转期、运送准确性要求和库存计划确定的存储能力要求的前提下，使仓库中的劳动力、场地和设备成本最小化。

仓储机械设备是指仓库进行生产作业以及保证仓库及作业安全所必需的各种机械设备的总称，是仓库进行保管维护、搬运装卸、计量检验、安全消防和输电用电等各项作业的劳动手段。常见的仓储机械设备包括货架、堆垛机、室内搬运车、出入库输送设备、分拣设备、提升机、搬运机器人以及计算机管理和监控系统。这些设备可以组成自动化、半自动化、机械化的商业仓库，来堆放、存取和分拣承运物品。

2. 货物载货工具

运输在物流中的独特地位对运输设备提出了更高的要求，要求货物载货工具具有高速化、智能化、通用化、大型化和安全可靠的特性，以提高运输的作业效率，降低运输成本，并使货物载货工具达到最优化利用。货物载货工具是指用于较长距离运输货物的设备。根据运输方式不同，货物载货工具可以分为载货汽车、载货火车、货运船舶、货运飞机、管道运输设备等。

汽车是公路运输的主要运载工具，汽车运输快捷、灵活、方便，但运量小，运输成本高。火车是铁路运输的主要运载工具，铁路运输运量大、成本较高、货损率高，不能实现“门到门”运输。船舶是水路运输的工具，水路运输运量大、成本低，但运输速度慢。飞机是航空运输的主要运输工具，航空运输速度高，能做到远距离直达运输，是所有运输中效率最高的运输方式，但运价高。管道运输是一种现代运输方式，管道运输运量大、运输成本低、运输安全可靠、连续性强，但承运的货物单一，灵活性差，不能做到“门到门”运输。

随着交通运输业的发展和科学技术的进步，货物运输可供选择的运输机械设备越来越多。但不同的运输设备其运输成本损耗、速度快慢各有不同。在选择时必须根据货物的特征、运输要求和运输费用等几个因素综合考虑。在运用货物载货工具中，关键的问题是提高运输设备的使用效率，即提高货物装载技术，最大限度地利用运输设备的装载吨位和装载容积。提高运输设备的使用效率可以利用有限的运输能力完成更多的货物运输，节约运输开支，是合理运输的重要内容。其方法有紧装密载、轻重配装、扩大装载空间、组织双程负重运输、组织集装箱运输、合装整车运输等。

3. 装卸搬运机械设备

装卸搬运机械设备是指用来搬移、升降、装卸和短距离输送物料的设备，是物流系统中使用频度最高、使用数量最多的一类机械设备，是物流机械设备的重要组成部分。它不仅用于完成船舶与车辆货物的装卸，而且又完成库房的堆码、拆垛、运输以及舱内、车内、库内货物的起重输送和搬运。装卸搬运机械设备主要配置在工厂、中转仓库、配送中心、物流中心以及车站货场和港口码头等，其涉及面非常广泛。

装卸搬运机械设备是实现装卸搬运作业机械化的物资技术基础，是实现装卸搬运合理化、效率化、省力化的重要手段。按照用途和结构特征，可分为：装卸起重机械设备、连续输送机械、装卸搬运车辆和专用装卸搬运机械设备。

产品从生产到用户，要经过多次周转，每转换一次运输方式都必须进行一次装卸搬运作业。装卸搬运作业的工作量和所花费的时间，耗费的人力、物力在整个物流过程中占有很大比重。合理配备装卸搬运机械设备是完成装卸搬运作业的根本保证。

4. 集装化设备与器具

集装化设备与器具是指用集装单元化的形式进行储存、运输、装卸搬运作业的物流设备与器具。它是集装单元系统的主要组成部件。

运用集装化设备与器具能把杂散货物集装为有一定重量或容积单位的整体，并使货物的外形定型化，有利于组织联运、加速货物周转，实现“门到门”运输，保证物流质量安全，便于实现储存、装卸搬运、运输和包装的一体化、机械化和自动化，达到物流作业的机械化和标准化，实现高效率作业和提高运输设备的装载效率。

5. 包装机械设备

包装机械设备是指在流通过程中为保护产品、方便存储、促进销售，按一定技术方法而采用的容器、材料及辅助物等的总体名称。按照功能不同，包装机械设备可分为：充填机械、灌装机械、封口机械、裹包机械、贴标机械、清洗机机械、干燥机械、杀菌机械、捆扎机械、集装机械、多功能包装机械以及辅助包装机械和包装生产线。

包装过程包括填充、裹包、封口等主要包装工序，以及与其相关的前后工序，如清洗、干燥、杀菌、堆码、拆卸、打印、贴标、计量等辅助工序。包装设备是使产品包装实现机械化、自动化的根本保证，在物流中起着相当重要的作用。包装机械设备是使产品包装实现机械化、自动化的根本保证。包装机械设备大多实现了自动化或半自动化，有的还和生产线相衔接，形成生产、包装一体化。它可以大幅度提高生产效率；改善劳动条件，降低劳动强度；节约原材料，降低产品成本；保证产品卫生，提高包装质量；降低包装成本，节约运输费用；延长保质期，方便产品流通；减少包装场地面积，节约基建投资。

6. 物流信息与电子设备

物流信息与电子设备指用于物流信息的采集、存取、传输、处理等的物流设备。信息是未来物流竞争优势的关键要素，信息技术与设备是现代物流发展的核心，在区域物流发展中具有重要地位，这是世界物流发展的经验。现代物流与传统物流的本质区别就在于，现代物流中“信息”是第一要素，它取代了传统物流中“运力”第一要素的地位，并使物流信息与电子设备得到广泛的运用。随着现代物流与电子商务无缝结合的实现，物流信息设备日益成为物流机械设备中的重要设备，对实现物流网络化、自动化、智能化具有重要的意义。物流信息与电子设备，一般包括：条形码设备、便携式数据采集器终端、射频设备等。

二、物流机械设备的特点

1. 安全性要求高

安全性是指设备在预定使用条件下执行其预定功能，或在运输、安装、调整、维修、拆卸以及报废处理时不产生损伤或危害健康的能力。物流机械设备的安全水平，关系着操作者的安全和健康，关系着物流质量。因此，选用物流机械设备时应重点考虑安全因素，在运用物流机械设备时要从人和货物安全出发，采用安全保护措施，严格按照法律法规和标准规范进行作业。

2. 类型繁多

物流机械设备种类繁多，每种机械设备又有多种规格型号，而多数机型在一个企业中只有几台，甚至一台。这种状况增加了对设备的管理难度，需要及时进行维护保养，保证设备始终处于完好状态。

3. 结构复杂，技术含量高

物流机械设备是由零件、部件、组件等按照严格的技术条件组合而成的有机整体。其包含了机械、电子、仪表、安全工程等多种科技成果，对管理者提出了较高的要求。而且随着社会化程度越来越高，设备结构越来越复杂，从研究、设计到生产直至报废的各环节之间相互依赖，相互制约。

4. 自动化程度高

物流机械设备是物流技术水平高低的主要标志，现代物流设备体现了现代物流技术的发展。我国近年来的物流设备现代化、自动化程度较高。科学技术的飞速发展，尤其是自动控制技术和计算机的发展，使物流机械设备发生了巨大变革，出现了以机电一体化为特征的设备，如自动引导搬运车系统、自动装卸搬运机器人等，实行了连续化、大型化、高速化、电子化、自动化，提高了物流效率。

5. 配套性要求强

物流机械设备之间配套性强，要合理衔接、组合才能发挥设备的最佳效能。如连续输送机需要与相应的给料或卸料设备配合才能进行流水作业，提高物流运作效率。

6. 寿命较长

物流机械设备使用年限长、折旧率低，更新困难。因此，在使用过程中，需要经常进行维修，需要长期的技术服务与支持。

7. 资金投入大

能源密集型的设备居多，能源消耗大；同时现代设备投资和使用费用十分高，是资金密集型的，因而提高管理的经济效益对物流企业来说非常重要。

Mission 任务2 物流设备发展及趋势

学习指南

本项任务将引领大家了解物流机械设备在国内外的应用现状，掌握物流机械设备的发展趋势，以进一步理解物流机械设备在物流作业环节中的作用。

一、我国物流行业物流机械设备应用现状

从新中国成立到20世纪70年代末，我国的物流活动主要是商品存储和运输，因此对建立的一批储运公司配备了一定数量的起重机、载货汽车等物流机械设备，仓库机械作业的覆盖率仅在50%左右。

之后，我国物流设备有了较快的发展，各种物流运输设备数量迅速增长，技术性能日趋现代化，集装箱运输得到了快速发展等。随着计算机网络技术在物流活动中的应用，先

进的物流设备系统不断涌现，我国已具备开发研制大型装卸设备和自动化物流系统的能力。总体而言，我国物流机械设备的发展现状体现在以下几个方面。

1. 总体数量迅速增加

近年来，我国物流产业发展很快，受到各级政府的极大重视，在这种背景下，物流设备的总体数量迅速增加，如运输设备、仓储设备、配送设备、包装设备、搬运装卸设备（如叉车、起重机等）、物流信息设备等。

2. 专业化水平提高

随着物流各环节分工的不断细化和满足顾客需要为宗旨的物流服务需求增加，专业化的新型物流设备和新技术物流设备不断涌现。这些设备多是专门为某一物流环节的物流作业，某一专门商品、某一专门顾客提供的设备，其专业化程度很高。

3. 自动化水平和信息化程度提高

以往我们的物流设备基本上是以手工或半机械化为主，工作效率较低。但是，近年来，物流设备在其自动化水平和信息化程度上有了一定的提高，工作效率得到了较大的提高。

4. 应用广泛

物流设备在物流的各个环节都得到了一定的应用。目前，无论是在生产企业的生产、仓储，流通过程的运输、配送，还是物流中心的包装加工、搬运装卸，物流设备都得到了一定的应用。

5. 基本形成物流设备生产、销售和消费系统

以前，经常发生有物流设备需求，但很难找到相应生产企业，或有物流设备生产却因销售系统不完善、需求不足，导致物流设备生产无法持续完成等。目前，物流设备的生产、销售、消费的系统已经基本形成，国内拥有一批物流设备的专业生产厂家、物流设备销售的专业公司和一批物流设备的消费群体，使得物流设备能够在生产、销售、消费的系统中逐步得到改进和发展。

我国物流机械设备应用与发展取得了显著的进步，但与发达国家以及我国发展现代物流的要求相比，仍有很大差距，主要表现在如下方面。

1. 交通运输基础设施总体规模不足

我国交通基础设施的总体规模不足，主要表现为运网密度较低，单位交通基础设施所承担的运输负荷过重。从运网密度来看，按国土面积和人口数计算，我国铁路运网密度为 74.48 公里/百平方公里和 0.55 公里/万人，公路运网密度为 18.33 公里/百平方公里和 13.64 公里/万人，不仅落后于发达国家，而且落后于印度等发展中国家。

2. 物流标准化建设相对滞后

发达国家纷纷通过积极致力于现代物流的标准化与规范化建设来提高物流业的竞争力。目前国际标准化组织（ISO）下设多个物流标准化的技术委员会（TC），各国都积极争取成为 ISO 物流 TC 的秘书国，以便在物流标准制定中最大限度地体现本国的利益，如 ISOTC104 集装箱设在美国，ISOTC51 托盘设在英国，ISOTC101 连续装卸设备设在法国等。

发达国家如英国物流相关标准 2 500 项，德国 2 480 项，美国 1 200 项，而中国与物流相关的标准仅 300 项左右，还未形成一个完善的与国际接轨的标准体系。一些已与国际接轨的、非常重要的物流标识标准如《商品条形码》、《储运单元条形码》等，在推广使用中仍存在严重问题，有些标准如《储运单元条形码》应用的正确率不足 15%。

3. 物流企业信息技术应用水平有待进一步加强

在美、日等发达国家物流企业中已基本普及的现代物流信息技术，在我国尚未得到全面应用，即使采用最广泛的 DRP（配送需求计划）技术在我国物流企业中只有 48.2%的企业采用，说明我国现代物流信息技术的应用水平有待提高。

二、发达国家物流行业物流机械设备应用现状

发达国家现代物流的迅速发展和效率的不断提高，离不开持续不断的应用先进适用的物流机械设备。从叉车、托盘、集装箱、高层货架仓库、自动化仓库，到条形码、无线射频技术等，给发达国家物流效率持续不断的提高带来技术上的支持，成为 20 世纪 80 年代以来发达国家物流水平继续保持领先地位的最重要因素。

从世界各国的物流机械设备发展来看，美国是世界上现代化物流发展比较早的国家，十分重视物流机械的开发、研究和应用，拥有较为完善的运输体系和先进的物流机械设备。大部分公司在货物运输、装卸、储存过程中，都广泛采用了先进自动化物流设备，实现了仓储自动化。仓储普遍采用了高层货架及与之相适应的自控搬运工具、自控装卸机械，如 APA 汽车运输公司仓库建立了库内归到火车流水线；WWGrainger（格兰杰）公司建立了自动分货拣货机械设备系统和自动存货取货机械设备系统等。港口码头的货物装卸，普遍实现了集装箱标准化，大大缩短了装卸时间，提高了装卸效率。日本学习美国的先进经验，于 20 世纪 60 年代开始重视物流的研究，引进和开发先进的物流机械设备。物流机械设备的广泛应用，促进了日本物流效率的不断提高。日本非常重视仓储的建设，基本上实现了仓储现代化。德国、荷兰等欧洲国家也非常重视物流机械设备的运用。

从仓储机械设备和装卸搬运机械设备来看，初期货物的输送、存储、装卸、管理、控制主要靠人工实现，后来随着科学技术的发展，机械化程度有了一定提高，开始运用各种各样的传送带、工业输送车、起重机等来移动和搬运物料或货物，用货架、托盘和可移动式货架存储物料，用限位开关、螺旋机械制动和机械监视器等控制设备的运行。

20 世纪 50 年代末和 60 年代，自动化技术对装卸搬运技术的发展起到了极大的促进作用，相继研制和采用了 AGV、自动货架、自动存取机器人、自动识别和自动分拣等系统。20 世纪 60 年代，随着计算机技术应用到 AGVS 的控制和管理上，AGVS 进入到柔性加工系统（FMS），成为生产工艺的组成部分，从而得到迅速发展。20 世纪 70 年代和 20 世纪 80 年代，旋转式货架、移动式货架、巷道式堆垛机和其他设备都初步实现了自动控制，并越来越多地应用于生产和流通领域的物流系统中，物流效率大大提高。20 世纪 80 年代以后至今，装卸搬运机械设备又上了一个台阶，大型起重机、自动运输机、动上下料机械、智能型装卸堆垛机器人等快速、高效、自动化的物流机械设备的应用，提高了装卸搬运设备的协调性，极大地推进了世界各国物流业的迅速发展。

从运输机械设备来看，20 世纪 50 年代，散货船的载重量一般是几千吨至 1 万吨，运输的货物是以煤、大宗建材为主。20 世纪 60 年代末，集装箱运输因为具有能实现全部机械化作业、提高装卸效率、提高货运质量、适合组织多式联运的运输方式等优点，改变了件货运输和装卸的落后状况。轮胎起重机、汽车起重机等流动式起重机的起重量大多为 5 吨、8 吨，通用型流动式起重机以中小型为主，起重量在 40 吨以下，专用型流动式起重机向大型化发展。近代国际集装箱运输系统迅速发展，出现了第 6 代集装箱运输船舶，并相

应发展了岸边集装箱起重机。服务于第 1～2 代集装箱船舶的岸边集装箱起重机的起重量为 22.68 吨，外伸距 23.78 米。带式输送机是用来将散货和件货进行平面输送的机械，通过采用钢绳芯带，增加了驱动单元的数量，采用中间驱动方式，增大了单个驱动单元的功率，增大了输送带与传动滚筒间的摩擦系数，使单机长度大大提高，当长距离输送时，可以实现无转载运输。目前，带式输送机单机长度最大达到 15 000 米。为了提高装卸效率，散货船舶的装卸从采用门座起重机等通用设备发展到用装船机、卸船机等专用机械。

三、物流机械设备应用与发展趋势

随着现代物流的发展，物流设备作为物质基础表现出以下几个方面的发展趋势。

1. 大型化和高速化

大型化是指设备的容量、规模、能力越来越大。大型化是实现物流规模效应的基本手段。一是弥补自身速度很难提高的缺陷而逐渐大型化，包括海运、铁路运输、公路运输。油轮最大载重量达到 56.3 万吨，集装箱船为 6 790TEU，铁路列车可装载 716 000 吨矿石，载货汽车载重量超过 5 吨，管道运输的最大口径为 1 220 毫米。二是航空货机的大型化。货机最大可载 300 吨，一次可装载 30 个 40 英尺的标准箱。

高速化指设备的运转速度、运行速度、识别速度、运算速度大大提高。提高运输速度一直是各种运输方式努力的方向，主要体现在对“常速”极限的突破。正在发展的高速铁路有三种类型，即传统的高速铁路、摆式列车、磁悬浮铁路。德国、法国在高速铁路上开行的高速货运列车最高速度已达到 200km／h。随着各项技术的逐步成熟和经济发展，普通铁路最终将会被高速铁路所取代。在公路运输中高速一般是指高速公路，目前各国都在努力建设高速公路网，作为公路运输的骨架。航空运输中，高速是指超音速，货运方面双音速（亚音速和超音速）民用飞机正在研制中。

2. 实用化和轻型化

在现代化物流系统中，流动过程中的原材料、在制品、产成品从低产量、大批量、少品种发展到高产量、小批量、多品种。“零库存”、“及时供货”、“供应链管理”等物流管理方式也被普遍采用。因此，近年来，国内外在建设物流系统及自动化仓库方面更加注重实用性。大型自动化仓库已不再是发展方向。

由于仓储物流设备是在通用的场合使用，工作并不很繁重，因此应好用，易维护、操作，具有耐久性、无故障性和良好的经济性，以及较高的安全性、可靠性和环保性。这类设备批量较大、用途广，考虑综合效益，可降低外形高度，简化结构，降低造价，同时也可减少设备的运行成本。

3. 专用化和通用化

随着物流的多样性，物流设备的品种越来越多且不断更新。物流活动的系统性、一致性、经济性、机动性、快速化，要求一些设备向专门化方向发展，又有一些设备向通用化、标准化方向发展。

物流设备专门化是提高物流效率的基础，主要体现在两个方面，一是物流设备专门化，二是物流方式专门化。物流设备专门化是以物流工具为主体的物流对象专门化，如从客货混载到客货分载，出现了专门运输客货物的飞机、轮船、汽车以及专用车辆等设备和设施。许多物流设备厂商所提供的物流装备也由全行业通用型转向针对不同行业特点设计制造，由不分场合转向适应不同环境、不同工况要求，由一机多作转向专机专用。此外，自动立体库、分拣设备、货架等也都有按行业、用途、规模等不同标准细分的多种形式产品。并根据用户特殊情况为其量身定做各种物流装备，体现了更高的专业化水平。

通用化主要以集装箱运输的发展为代表。国外研制的公路、铁路两用车辆与机车，可直接实现公路铁路运输方式的转换，公路运输用大型集装箱拖车可运载海运、空运、铁运的所有尺寸的集装箱，还有客货两用飞机、水空两用飞机及载客管道运输等。通用化的运输工具为物流系统供应链保持高效率提供了基本保证，实现了物流作业的快速转换。

4. 自动化和智能化

将机械技术和电子技术相结合，将先进的微电子技术、电力电子技术、光缆技术、液压技术、模糊控制技术应用到机械的驱动和控制系统，实现物流设备的自动化和智能化将是今后的发展方向。例如，大型高效起重机的新一代电气控制装置将发展为全自动数字化控制系统，可使起重机具有更高的柔性，以提高单机综合自动化水平，自动化仓库中的送取货小车、智能式搬运车 AHV、公路运输智能交通系统（ITS）的开发和应用已引起各国的广泛重视。此外，卫星通信技术及计算机、网络等多项高新技术结合起来的物流车辆管理技术正在逐渐被应用。

科技的进步使物流技术设备越来越重视智能化与人性化设计，以降低工人的劳动强度，改善劳动条件，使操作更轻松自如。今后，智能化操作将成为更多自动仓库系统供应商的优先选择。

5. 成套化和系统化

只有当组成物流系统的设备成套、匹配时，物流系统才是最有效、最经济的。在物流设备单机自动化的基础上，通过计算机把各种物流设备组成一个集成系统，通过中央控制室的控制，与物流系统协调配合，形成不同机种的最佳匹配和组合，将会取长补短，发挥最佳效用。

客户对物流装备的系统整合要求越来越高。供应商应当按客户实际情况，制定系统方案，将物流机械设备进行有机整合，达到最佳效果。自动立体库、无人搬运车、分拣系统、机器人系统等各种设置功能各异，各有所长，只有在整体规划下选择最合适的产品综合利用，才能使其各显其能，发挥最大效益。

6. 绿色化和节能化

绿色化就是要达到环保要求，这涉及两个方面：一是与牵引动力的发展以及制造、辅助材料等有关，二是与使用有关。对于牵引力的发展，一要提高牵引动力，二要有效利用能源，减少污染排放，使用清洁能源及新型动力。对于使用因素，包括对物流机械设备的维护、合理调度、恰当使用等。

随着全球环境的恶化与人们环境意识的增强，有些企业在选用物流装备时会优先考虑对环境污染小的绿色产品或节能产品。因此，有远见的物流装备供应商也开始关注环保问题，采取有效措施达到环保要求。如尽可能将排灌区污染减少到最低水平，采用新的装置与合理的设计，降低设备的振动、噪声与能源消耗量等。

总之，客户需求与科技进步将推动物流技术与装备不断向前发展。物流装备供应商应随时关注市场需求的变化，采用更加先进的技术，提供客户满意的产品与服务，提高物流行业整体发展的水平。

知识点延伸

物流系统与物流机械设备

一、物流系统及其构成要素

（一）物流系统

1．物流系统的概念

所谓物流系统是指在一定的时间和空间范围内，由包装、装卸搬运、运输、仓储、流通加工、配送和废弃物回收处理等活动涉及的物质、能量、人员和信息等要素，相互作用、相互依赖和相互制约所构成的有机功能体。物流系统不仅包括物流职能活动，而且涵盖了物流要素及其配置（管理）的有关问题。

随着计算机科学和自动化技术的发展，物流管理系统也从简单的方式迅速向自动化管理演变，由手工物流系统、机械化物流系统，逐步发展为自动化物流系统、集成化物流系统和智能化物流系统，其主要标志是自动物流设备，如自动导向车（AGV-Automated guided vehicle）、自动存储、提取系统（AS/RS-Automated storage/retrieve system）、空中单轨自动车（SKY-RAV-Rail automated vehicle）、堆垛机（Stacker crane）等，及物流计算机管理与控制系统的出现。物流系统的主要目标在于追求时间和空间效益。物流系统作为社会经济系统的一部分，其目标是获得宏观和微观经济效益。宏观经济效益是指一个物流系统作为一个子系统，对整个社会流通及国民经济效益的影响。微观经济效益是指该系统本身在运行活动时所获得的企业效益。

2．物流系统的特点

物流系统具有一般系统所共有的特点，即整体性、相关性、目的性、环境适应性，同时还具有规模庞大、结构复杂、目标众多等大系统所具有的特征。

（1）物流系统是一个“人机系统”。物流系统是由人和形成劳动手段的设备、工具所组成。它表现为物流劳动者运用运输设备、装卸搬运机械、仓库、港口、车站等设施，作用于物资的一系列生产活动。在这一系列的物流活动中，人是系统的主体。因此，在研究物流系统的各个方面的问题时，把人和物有机地结合起来，作为不可分割的整体，加以考察和分析，而且始终把如何发挥人的主观能动作用放在首位。

（2）物流系统是一个大跨度系统。这反映在两个方面，一是地域跨度大，二是时间跨度大。在现代经济社会中，企业间物流经常会跨越不同地域，国际物流的地域跨度更大。通常采取储存的方式解决产需之间的时间矛盾，这样时间跨度往往也很大，大跨度系统使管理难度较大，对信息的依赖程度较高。

（3）物流系统是一个可分系统。作为物流系统无论其规模多么庞大，都可以分解成若干个相互联系的子系统。这些子系统的多少和层次的阶数，是随着人们对物流的认识和研究的深入而不断扩充的。系统与子系统之间，子系统与子系统之间，存在着时间和空间上及资源利用方面的联系，也存在总的目标、总的费用以及总的运行结果等方面的相互联系。

根据物流系统的运行环节，可以划分为以下几个子系统：物资的包装系统；物资的装卸系统；物资的运输系统；物资的储存系统；物资的流通加工系统；物资的回收复用系统；物资的情报系统；物流的管理系统等。这些子系统构成了物流系统。而且物流各子系统，又可分成下一层次的系统。如运输系统中可分为水运系统、空运系统、铁路运输系统、公路运输系统及管道运输系统。物流子系统的组成并非为一成不变的，它是由物流管理目标和管理分工自成体系的。因此，物流子系统不仅具有多层次性，而且具有多目标性。

物流系统虽然本身是一个复杂的社会系统，但同时处在国民经济这个比它更大、更复杂的大系统中，是国民经济系统中的一个子系统，而且是一个非常庞大、非常复杂的子系统，它对整个国民经济系统的运行起着特别重要的作用。对物流系统的分析，既要从宏观方面去研究物流系统运行的全过程，也要从微观方面对物流系统的某一环节（或称之为子系统）加以分析。

（4）物流系统是一个动态系统。一般的物流系统联结多个生产企业和用户，随需求、供应、渠道、价格的变化，系统内的要素及系统的运行也经常发生变化。这就是说，社会物资的生产状况、社会物资的需求变化、资源变化、企业间的合作关系，都随时随地地影响着物流，物流受到社会生产和社会需求的广泛制约。物流系统是一个具有满足社会需要、适应环境能力的动态系统经常变化的社会环境，人们必须对物流系统的各组成部分不断地修改、完善，这就要求物流系统具有足够的灵活性与可改变性。在有较大的社会变化情况下，物流系统要重新进行系统的设计。

（5）物流系统是一个复杂的系统。物流系统运行对象——“物”遍及全部社会物质资源，资源的大量化和多样化带来了物流的复杂化。从物资资源上看，品种成千上万，数量极大；从从事物流活动的人员上看，需要数以百万计的庞大队伍；从资金占用上看，占用着大量的流动资金；从物资供应点上看，遍及全国城乡各地。这些人力、物力、财力资源的组织和合理利用，是一个非常复杂的问题。在物流活动中，始终贯穿着大量的物流信息。物流系统要通过这些信息把这些子系统有机地联系起来。如何把信息收集全、处理好，并使之指导物流活动，也是非常复杂的事情。

物流系统的边界是广阔的，其范围横跨生产、流通、消费三大领域。这一庞大的范围，给物流组织系统带来了很大的困难，而且随着科学技术的进步、生产的发展、物流技术的提高，物流系统的边界还将不断地向内深化，向外扩张。

（6）物流系统是一个多目标函数系统。物流系统的多目标常常表现出“目标背反”。因此我们讲系统要素间有着非常强的“背反”现象，常称之为“交替背反”或“效益背反”现象，在处理时稍有不慎就会出现总体恶化的结果。通常，对物流数量，希望最大；对物流时间，希望最短；对服务质量，希望最好；对物流成本，希望最低。显然，要满足上述所有要求是很难办到的。例如，在储存子系统中，站在保证供应、方便生产的角度，人们会提出储存物资的大数量、多品种问题，而站在加速资金周转、减少资金占用的角度，人们则提出减少库存。又如，在适用最快的运输方式为航空运输，但运输成本高，时间效用虽好，但经济效益不一定最佳；而选择水路运输，则情况相反。所有这些相互矛盾的问题，在物流系统中广泛存在。而物流系统又恰恰要求在这些矛盾中运行，要使物流系统在各方面满足人们的要求，显然要建立物流多目标函数，并在多目标中求得物流的最佳效果。

（二）物流系统的构成要素

1．物流系统的一般要素

（1）人。人是所有系统的核心要素，也是系统的第一要素，要注意用其所长，调动人的积极性。

（2）资金。资金是所有企业系统的动力，物流过程也是资金的运动过程。

（3）物。它包括物流系统的劳动对象，即各种实物以及劳动工具、劳动手段，如各种物流设施、工具，各种耗材（燃料、保护材料）等。

（4）信息。它是指物流系统所需要处理的信息，即物流信息。

2．物流系统的功能要素

物流系统的功能要素，指的是物流系统所具有的基本能力，这些基本能力有效地组合、联结在一起，变成了物流系统的总功能，能合理、有效地实现物流系统的总目标。主要包括运输、储存保管、包装、装卸搬运、流通加工、配送、物流信息等要素。

3．物流系统的支撑要素

物流系统的建立要确定物流系统的地位，要协调与其他系统的关系，因此，要关注以下要素：

（1）法律制度。它决定物流系统的结构、组织、领导、管理方式，国家对其控制、指挥、管理方式以及这个系统的地位、范畴，是物流系统运转的重要保障。

（2）行政命令（行政手段）。它是决定物流系统正常运转的重要支持要素。

（3）标准化系统。它是保证物流环节协调运行，保证物流系统与其他系统在技术上实现联结的重要支撑条件。

（4）商业习惯。商业习惯是整个物流系统为了使客户达到满意所提供服务的基本要求，了解商业习惯，将使物流系统始终围绕客户为主进行运营，达到企业的目标。

4．物流系统的物质基础要素

物流系统的建立和运行需要大量与之配套的设施。

（1）基础设施。它是物流系统运行的基础物质条件，包括物流场站、物流中心、仓库，物流线路，建筑、公路、铁路、港口等。

（2）物流装备。它是保证物流系统开动的条件，包括仓库货架、进出库设备、加工设备、运输设备、装卸机械等。

（3）物流工具。它是物流系统运行的物质条件，包括包装工具、维修保养工具、办公设备等。

（4）信息技术及网络。它是掌握和传递物流信息的手段，根据所需信息水平不同，包括通信设备及线路、传真设备，计算机及网络设备等。

（5）组织及管理。它是物流系统的“软件”，起着连接、调运、运筹、协调、指挥其他各要素以保障物流系统目的的实现之作用。

5．物流系统的流动要素

从“流”的角度，任何一个具体的物流业务可以分解为五个要素的结合，即流体、载体、流量、流向和流程。流体是指物流中的物，即物质实体；载体是指流体借以流动的设施和设备；流向是指物体从始点向终点的流动方向；流量是指通过载体的流动在一定流向上的数量表现；流程是指通过载体的流体在一定流向上行驶路径和路程的表现。

6. 物流系统的资源要素

物流系统的资源要素包括运输资源要素、储存资源要素、包装资源要素、装卸资源要素、流通加工资源要素、物流信息处理资源要素等。

每一种资源要素都有不同的档次、不同的配套及附属资源的区分——一个完善的物流系统需要的资源要素十分庞大——物流系统资源主要依靠市场来配置。

7. 物流系统的网络要素

(1)点。物流过程中的商品储存、停留以便进行相关后续作业的场所，如工厂、商店、仓库、配送中心、车站、码头等网络中的点。

(2)线。连接物流网络的节点的路线为线，具体形式有铁路线、公路线、水路线、航空线、管道线。

在物流系统中所有要素相互依赖、互为条件，见表 1-1。

表 1-1 物流系统要素配置表

	基 本 配 置	较好的配置	完善的配置
功能要素	运输、储存、装卸搬运、物流信息处理	运输、储存、包装、装卸、搬运、物流信息处理	运输、储存、包装、装卸搬运、流通加工、物流信息处理、增值服务
网络要素	一对一的运输系统	多对一或者一对多的物流网络	多对多的物流系统
流动要素	流体、载体、流量、流向、流程	流体、载体、流量、流向、流程	流体、载体、流量、流向、流程
资源要素	具有满足功能要素、网络要素及流动要素的资源	具有满足功能要素、网络要素及流动要素的资源	具有满足功能要素、网络要素及流动要素的资源

二、物流机械设备与物流系统关系

(一)物流机械设备

物流机械设备，简称物流设备，是指进行各项物流活动所需的机械设备、器具等可供长期使用并在使用中基本保持原有食物形态的物质资料，不包括建筑物、装卸展台等物流基础设施。物流设备是现代化企业及物流运作的主要工具之一，是合理组织批量生产和机械化流水作业的基础。对第三方物流企业来说，物流设备又是组织物流活动的物质技术基础，体现着企业的物流能力大小。

物流设备是物流系统中的物质基础，伴随着物流的发展与进步，物流设备不断得到提升与发展。物流设备领域中许多新的设备不断涌现，如汽车尾板、登车桥、液压式调节板、高架叉车、自动引导搬运车（AGV）、集装箱等，极大地降低了人们的劳动强度，提高了物流运作效率和服务质量，降低了物流成本，在物流作业中起着重要作用，极大地促进了物流的快速发展。

(二)物流机械设备与物流系统的关系

随着计算机科学和自动化技术的发展，物流管理系统也从简单的方式迅速向自动化管理演变，其主要标志是自动物流设备。

发展至今，物流系统是典型的现代机械电子相结合的系统。现代物流系统由半自动化、自动化以至具有一定智能的物流设备和计算机物流管理和控制系统组成。任何一种物流设备都必须接受物流系统计算机的管理控制，接受计算机发出的指令，完成其规定的动作，反馈动作执行的情况或当前所处的状况。智能程度较高的物流设备具有一定的自主性，能更好地识别路径和环境，本身带有一定的数据处理功能。

现代物流设备是在计算机科学和电子技术的基础上，结合传统的机械学科发展来的机电一体化的设备。从物流系统的管理和控制来看，计算机网络和数据库技术的采用是整个系统得以正常运行的前提。仿真技术的应用使物流系统设计处于更高的水平。物流已经成为并行工程的基础和 CIMS（Computer Integrated Manufacturing Systems，即计算机集成制造系统）的组成部分。

1．物流机械设备是物流系统的物质技术基础

“科学技术是第一生产力”，物流机械设备是生产力发展水平的重要标志，是生产力要素，代表了物流现代化程度。

2．物流机械设备是物流系统中的重要资产

在物流系统中，物流设备的价值所占比例较大。随着物流机械设备的技术含量与技术水平日益提高，现代物流机械设备既是技术密集型的生产工具，也是资金密集型的社会财富，因而，其造价高昂，建设一个现代化的物流系统所需的物流机械设备购置投资相当可观。购置设备之后，为了维持设备正常运转、发挥设备效能，在设备长期使用过程中还需要继续投入大量的资金，比如维修费用、保养费用、更换部件费用等。

一旦设备发生故障，就会造成物流系统的瘫痪，造成物流效益的损失。

3．物流机械设备涉及物流活动的每一环节

通过物流，不计其数的原材料流入企业的制造体系当中，然后再通过千千万万的市场营销渠道，把各种各样的商品配送到亿万用户手中。在整个物流过程中，从物流功能来看，物料或商品要经过包装、运输、装卸、储存等作业环节，而且伴随着福建的辅助作业，这些作业的高效完成需要不同的物流机械设备。

4．物流机械设备是物流技术水平高低的主要标志

近年来，国际范围内物流技术获得快速发展，其发展特点是将各个环节的物流技术进行综合、复合化而形成最优系统技术。如卫星定位系统（GPS）、无线移动通信系统（GMS）、地理信息系统（GIS）及计算机、网络等多项高新技术结合起来的物流车辆管理技术。

许多先进的物流技术的应用是通过物流机械设备来实现的。物流机械设备的应用和普及程度如何，直接影响着整体物流技术水平。

然而，物流机械设备不是越先进越好、越多越好，必须根据物流系统目标，即成本最小，最好的服务质量来考虑系统中的物流机械设备的配置。在物流系统规划和设计时，要合理选用物流机械设备，尽量选用标准化器具和设备、充分利用空间、减少人力搬运。

知识测试

一、判断题

1. 物流设备的智能化是物流自动化、信息化的更高层次。（是□　否□）

2. 整车装备质量是指汽车满载时的总质量。（是□　否□）

3. 集装化设备是指集装箱。（是□　否□）

4. 与搬运车辆相比，输送机械的能耗高、运行成本高，但制造、维修成本低。（是□　否□）

5. 物流设备的配置不仅要考虑一次购置费用低，更重要的是要考虑物流机械设备的使用费用低。（是□　否□）

二、选择题

1. 用于物流信息的采集、存取、传输、处理等的物流设备是（　　）。

A. 运输机械设备　　B. 装卸搬运设备
C. 配送机械设备　　D. 物流信息与电子设备

2. 下列不属于铁路运输特点的是（　　）。

A. 运输能力大，运营费用低　　B. 运输的准时性好
C. 安全性强　　D. 能实现“门到门”运输

3. 下列不属于航空运输特点的是（　　）。

A. 速度快　　B. 运输成本较高
C. 受气候条件影响较大　　D. 能实现“门到门”运输

4. 下列运输方式中，相对运输成本最高的是（　　）。

A. 铁路运输　　B. 水路运输　　C. 公路运输　　D. 航空运输

5. 物流设备按功能可划分为运输设备、装卸搬运设备、______、仓储设备、包装设备和信息采集与处理设备等。（　　）。

A. 分拣设备　　B. 条形码设备　　C. 通信设备　　D. 集装设备

6. 物流设备选用与配置的原则包括（　　）。

A. 系统化原则　　B. 适用性原则　　C. 经济性原则　　D. 超前性原则
E. 环保性原则

7. 根据运输方式不同，运输设备主要分为______等几种类型。（　　）。

A. 铁路运输设备　　B. 公路运输设备　　C. 水路运输设备
D. 航空运输设备　　E. 管道运输设备

8. 物流设备的技术先进性是指配置与选择的物流机械设备能够反映当前科学技术先进成果，在（　　）方面具有技术上的先进性。

A. 主要技术性能　　B. 自动化程度　　C. 结构优化
D. 环境保护　　E. 操作条件

9．为适应现代物流产业的需要，物流设备呈现的发展趋势是（　　）。

A．大型化和高速化　　B．实用化和多样化　　C．自动化和智能化

D．标准化和系统化　　E．功能单一化

三、简答题

1．如何理解物流系统？并简要说明其运作模式。

2．物流装备是如何分类的？主要有哪几类？

3．简要说明物流机械设备具有哪些特点。

4．如何理解物流设施与设备在物流系统中的地位与作用？

5．通过网络、书籍、杂志等媒体，对我国物流行业物流机械设备应用现状进行认知，分析制约我国物流企业应用先进物流技术与设备的具体因素。

6．结合物流技术与设备发展特点，就我国物流行业物流技术与设备相对落后的现状提出自己的想法。

技能训练任务单1

任务名称	物流企业设备调查与分类		
学生学号		学生姓名	
任务导入	1．带领班级学生参观某物流中心，在中心管理人员带领下对各类物流结构及工作原理进行介绍，结合校内教学图片、视频、课件等教学资料，以小组形式制定合理的物流分类依据，对各类物流设备进行类型划分。 2．在学生熟悉设备过程中，教师对学生安全操作中出现的问题，加以指导，解答学生的疑问，注重设计的规范性。 3．调查以小组为单位。根据调查对象的情况，每组 4～5 人，设 1 名组长，带上调查工具，如笔记本和笔，情况允许的话可以带上照相机和录音笔。 4．调查之前，进行相关资料的收集并做好知识准备。 5．在调查过程中，及时记录企业实际情况和疑惑的问答		
成果形式	1．以小组的形式，自主执行操作，熟悉各类物流设备，掌握其工作原理，完成设备的分类。 2．以小组形式进行课堂答辩，其他小组参与评判，指出该物流中心设备主要类型、应用水平以及使用对象		
任务破解			
学习体会			
老师评价	评语： 成绩：________　　____年____月____日		

Project 2 项目2 仓储存储及安全设备

职业素养目标

- 爱岗敬业
- 职业守则
- 适应能力
- 革新能力

知识培养目标

- 掌握货架的概念及功能、仓库货架的选型
- 理解货架的选型原则和考虑因素
- 了解各种货架的结构及特点
- 熟悉货架的分类、安全与监控系统

能力培养目标

- 能够进行不同使用条件下的货架选型分析
- 能够进行安全与监控系统设备的选择
- 能够结合实际案例进行仓储存储及安全设备的配置分析

Mission 1 任务1 仓库储存设备

学习指南

本项任务将引领大家掌握货架的概念及功能，了解各种货架的结构及特点，进而理解货架的选型原则和考虑因素。同时，掌握不同使用条件下的货架选型分析。

一、货架的功能及分类

（一）货架的概念及功能

1. 货架的概念

从一般字面理解，货架泛指存放货物的架子。在仓库设备中，货架是指专门用于存放成件物品的保管设备，是用支架、隔板或托架组成的立体储存货物的设施。货架在仓库中占有非常重要的地位，随着现代工业的迅猛发展，物流量的大幅度增加，实现仓库的现代化管理，改善仓库的功能，不仅要求货架数量多，而且要求具有多种功能，并能实现机械化，自动化要求。

2. 货架的作用及功能

货架的作用并不是单纯地存放货物，它在仓储空间利用率的提高等方面都发挥着重要的作用。在现代物流活动中，货架更是起着相当重要的作用，仓库管理实现现代化，与货架的种类、功能有直接的关系。现代物流活动中的货架主要有以下功能:

（1）提高仓库存储能力。货架是一种架式结构物，可充分利用仓库空间，提高库容利用率，扩大仓库储存能力。

（2）保护货物。存入货架中的货物，互不挤压，物资损耗小，可完整保证物资本身的功能，减少货物的损失。

（3）方便作业。货架中的货物，存取方便，便于清点及计量，可做到先进先出。

（4）提高存储质量。为保证存储货物的质量，可以采取防潮、防尘、防盗、防破坏等措施。

（5）提高作业效率。很多新型货架的结构及功能有利于实现仓库的机械化及自动化管理。

（二）货架的分类

货架种类繁多，根据实际使用需要可以按照不同的标准对其进行分类。

1. 按货架的发展分

（1）传统式货架。包括：层架、层格式货架、抽屉式货架、橱柜主货架、U 型架、悬臂架、栅架、鞍架、气罐钢筒架、轮胎专用货架等。

（2）新型货架。包括：旋转式货架、移动式货架、装配式货架、调节式货架、托盘货架、进车式货架、高层货架、阁楼式货架、重力式货架、臂挂式货架等。

2. 按货架的适用性分

货架按适用性可分为通用货架和专用货架，通用货架适用范围广，但利用率不如专用货架高。

3. 按货架的制造材料分

货架按制造材料可分为钢货架、钢筋混凝土货架、钢与钢筋混凝土混合式货架、木制货架、钢木合制货架等。制造材料刚性越强，货架的承载能力越大，特别是钢筋混凝土货架，但是其成本较高，灵活性差。

4. 按货架的封闭程度分

货架按封闭程度可分为敞开式货架、半封闭式货架、闭式货架等类型。敞开式货架便于存放，但存储条件不如封闭式货架，特别是对于易挥发、粉末状等有特殊存储要求的货物并不适用。

5. 按结构特点分

货架按结构特点可分为层架、层格架、橱架、抽屉架、悬臂架、三角架和栅形架等，可以根据货物的物理特性和外形进行合理选用。

6. 按货架的可动性分

货架按可动性可分为固定式货贺、移动式货架、旋转式货架、组合式货架、可调式货架和流动储存式货架，移动式货架灵活性强，但承载能力等不如固定式货架。

7. 按货架与仓库的结构关系分

（1）整体结构式：货架直接支撑仓库屋顶和围墙。

（2）分体结构式：货架与建筑物分为两个独立系统。

8. 按货架的载货方式分

（1）悬臂式货架。

（2）橱柜式货架。

（3）棚板式货架。

9. 按货架的构造分

（1）组合可拆卸式货架。

（2）固定式货架。其中又分为单元式货架、贯通式货架。

10. 按货架高度分

（1）低层货架：高度在 5 米以下。

（2）中层货架：高度为 5～15 米。

（3）高层货架：高度在 15 米以上。

11. 按货架重量分

（1）重型货架：每层货架载重量在 500 千克以上。

（2）中型货架：每层货架（或搁板）载重量为 150～500 千克。

（3）轻型货架：每层货架载重量在 150 千克以下。

二、各种货架的结构及特点

1. 层架

层架是由主柱、横梁、层板构成，架子本身分为数层，层间用于存放货物。层架应用广泛，种类繁多。

层架结构简单，省料，适用性强，便于收发，但存放物资数量有限，是人工作业仓库的主要储存设备。轻型层架多用于小批量、零星收发的小件物资的储存。中型和重型货架要配合叉车等工具储存大件、重型物资。层架被广泛应用于工厂企业、商店、办公室、厨房等。如图 2-1 所示。

图 2-1　轻型层架

2. 层格式货架

层格式货架结构与层架类似，其区别在于某些层甚至整体每层中用间隔板分成若干个格。

（1）开放式层格式货架。每格原则上只能放一种物品，物品不易混淆，但存放数量不大。其缺点是层间光线暗，存放数量少。主要用于规格复杂、多样，必须互相间隔开的物品，如图 2-2 所示。

（2）抽屉式货架。属于封闭式货架的一种，具有防尘、防湿、避光的作用。用于比较贵重的小件物品的存放，或用于怕尘土、怕湿等的贵重物品，如刀具、量具、精密仪器、药品罐物品的存放，如图 2-3 所示。

图 2-2　开放式层格式货架

图 2-3　抽屉式货架

（3）橱柜式货架。在层格架或层架的前面装有橱门，上下左右及后面均封闭起来，门可以是开关，也可以是左右拉开式或卷帘式。门的材质有木质、玻璃质、钢质，也可用各种纱门。属于封闭式货架的一种。其特点与用途和抽屉式货架相似；用于存放贵重物品、文件、文物及精密配件等物品，如图 2-4 所示。

图 2-4　橱柜式货架

3. U 型架（H 型架）

（1）结构。外型呈 U 字型，组合叠放后呈 H 型。为使其重叠码放和便于吊装作业的要求，在架的两边上端形成吊钩角顶，如图 2-5 所示。

（2）特点及用途。U 型架结构简单，但强度很高，价格较低，码放时可叠高，因而可提高仓库的利用率。此外，可随货收发，因而节省收发时的倒装手续，可实现机械化操作，可定量存放。主要用于存放量大的管材、型材、棒材等大型长尺寸金属材料，建筑塑料等。

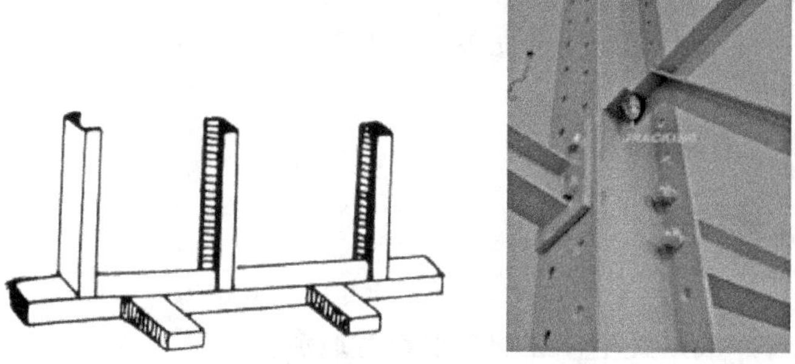

图 2-5　U 型架

4. 悬臂式

悬臂式长形货架又称悬臂架。

（1）结构。是由3～4个塔形悬臂和纵梁相连而成，如图2-6所示。结构分单面和双面两种，臂架用金属材料制造，为防止材料碰伤或产生刻痕，在金属悬臂上垫上木质衬垫，也可用橡胶带保护。悬臂架的尺寸不定，一般根据所放长形材料的尺寸大小而定。

（2）特点及用途。悬臂架为边开式货架的一种，可以在架两边存放货物，但不太便于机械化作业，存取货物作业强度大，一般适于轻质的长条形材料存放，可用人力存取操作，重型悬臂架用于存放长条形金属材料。

5. 托盘货架

托盘货架是以托盘单元货物的方式来保管货物的货架，又称工业货架，普遍采用叉车、堆垛机等进行装卸作业，是机械化、自动化货架仓库的主要组成部分。这种货架具有刚性好、自重轻，层高可自由调节，成本低，运输和安装便利，并易于实现模块化设计等优点，适合大规模化生产，目前已是工业企业各类货架仓库的主流。

（1）结构。是存放装有货物托盘的货架。托盘货架所用材质多为钢材，也可用钢筋混凝土。可做单排型连接，也可做双排型连接，如图2-7所示。

图2-6　悬臂式长形货架

图2-7　托盘货架

（2）托盘货架特点

① 适合中、多品种，中量保管；

② 存取性佳；

③ 可做到先进先出；

④ 可任意调整组合；

⑤ 架设施工简易、费用较低；

⑥ 一般使用3～5层，货架高度受限，一般在6m以下；

⑦ 储存密度较低；

⑧ 适用于一般叉车存取。

（3）应用场所

普通仓库的仓储区。

（4）使用特点

与普通叉车配合，根据叉车作业的要求设置通道宽度。

6. 倍深式托盘货架

（1）结构。倍深式托盘货架与一般托盘货架结构基本相同，只是把两排托盘货架结合起来增加储位，如图 2-8 所示。

（2）特点。

① 储位密度比一般托盘货架增加一倍，如图 2-9 所示；

② 存取性和出入库方便性较差；

③ 必须采用倍深式叉车。

图 2-8 倍深式托盘货架

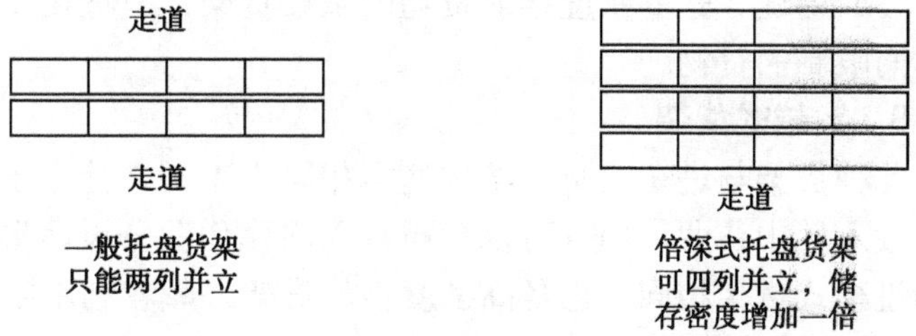

图 2-9 倍深式托盘货架与一般货架的配置比较

7. 进车式货架

（1）结构。进车式货架又称驶入式货架。其结构如图 2-10 所示。这种货架采用钢质结构。钢柱上一定位置有向外伸出的水平突出构件（俗称牛脚），当托盘送入时，突出的构件将托盘底部的两个边拖住，使托盘本身起架子横梁作用。当架上没有放托盘货物时，货架正面便成了无横梁状态，这时就形成了若干通道，叉车等作业车辆可方便地出入。

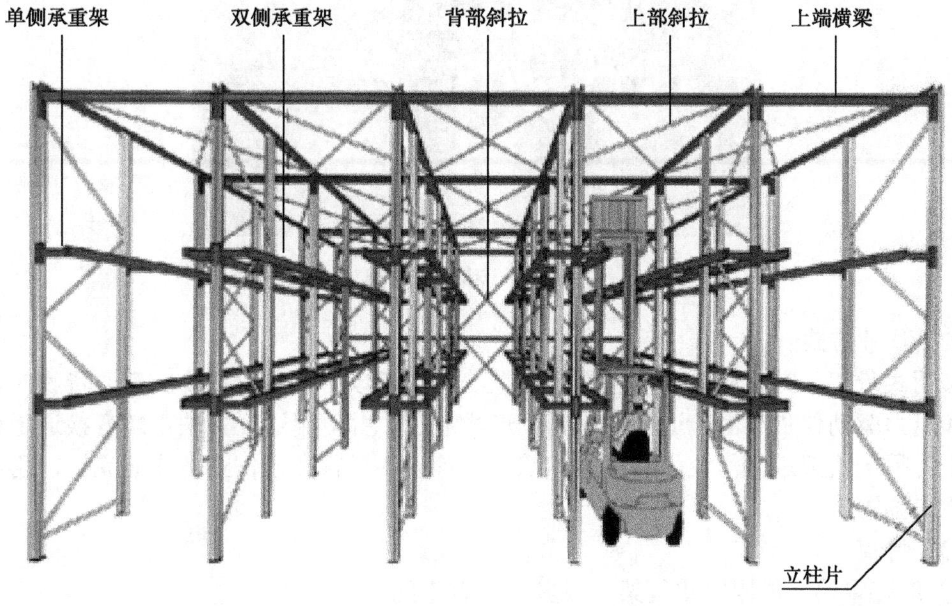

图 2-10 进车式货架

存储货物时，叉车直接驶入货架的最里面，并由里向外将托盘货物逐一存放在水平的凸出构件上，直到放满为止。需要取货时，叉车再从外向里顺序取货。

（2）特点

① 储存密度高，库容利用可达 90%；

② 存取性差；

③ 每一巷道只宜保管同一品种货物，适合少样多量的物品储存；

④ 存取物品受存放位置先后顺序之限，不易做到先进先出；

⑤ 不适合储存太长或太重货品；

⑥ 货架能起到保管场所及叉车通道的双重作用；

⑦ 高度可达 10m。

（3）用途。是高密度存放货物的重要货架，只适用于保管少品种、大批量以及不受保管时间限制的货物。

8. 穿越式货架

此种货架与进车式货架结构基本相同，不同之处在于此货架内端有出入口，叉车不但可以驶入其中作业，而且可以穿越，入出库作业分设两端，可以使货物先进先出。其他特点与进车式货架相同，也是高密度存放货架，库容利用率比进车式货架稍低。

9. 移动式货架

（1）结构、分类。是一种带轮且可移动的货架。在货架下面装有滚轮，在仓库地坪上装有导轨，货架通过轮子沿导轨移动，如图 2-11 所示。

根据驱动方式不同，分为人力摇动式和电力驱动式两种。电力驱动装置通过电动机拖动。

图 2-11　移动式货架

（2）作业方式

移动式货架平时互相依靠，密集排列在一起，可以密集储存货物。存取货物时，通过手动和电力驱动使货架沿轨道横向移动，形成通道。并可用这个方法不断变换通道位置，以便于对另一货架进行作业，利用人工或叉车等设备进行存取作业，作业完毕，再将货架移回原来位置。

（3）特点

① 储存量比一般固定式货架大很多，节省空间；

② 适合少样多量低频度的保管；

③ 节省面积，地面使用率达 80%；

④ 使用高度可达 12m，单位面积之储存量可提升至普通货架的 2 倍左右；

⑤ 可直接存取每一项货品，不受先进先出之限；

⑥ 机电装置多、维护困难；

⑦ 建造成本高、施工速度慢。

（4）用途

移动式货架主要用于小件、轻体货物的存取，采取现代技术，使设备大型化，也可制成存取大重量物品，如管件、阀门、托盘等。这种货架尤其适用于环境条件要求高、投资大的仓库，如冷冻、气调等仓库，可相应减少环境条件的投资。

10. 阁楼式货架

（1）结构、分类。阁楼式货架是用货架做楼面支撑，为两层堆叠制成阁楼布置的货架。可设计成多楼层（通常 2～3 层），设置有楼梯和货物提升电梯等，适用于库房较高，货物轻小，人工存取，储货量大的仓库。其结构有的由底层货架承重上部搭置楼板，形成一层新的库面，有的是由立柱承重，上部搭置楼板形成库面，如图 2-12 所示。

图 2-12 阁楼式货架

（2）特点及用途。阁楼式货架是在已有的仓库工作场地上面建造楼阁，在楼阁上面放置货架或直接放置货物，将原有的平房库改为两层的楼库，货物提取可用输送机、提升机、电葫芦，也可用升降台。在阁楼上面可用轻型小车或托盘牵引车进行货物的堆码。这种货架的特点是充分利用空间，一般用于旧库改造。

一般的旧库，库内有效高度 4.5m 以上，如果安装一般货架或者就地堆放货物，在操作上受人的高度所限，只能利用 2m 左右，采用阁楼式货架后，可几乎成倍提高原有仓库利用率。缺点是存取作业效率低。

主要用于存放储存期较长的中小件货物。

11. 重力式货架

重力式货架又称流动式货架，有托盘重力货架与容器（箱）式重力货架之分，如图 2-13 和图 2-14 所示。重力式货架是现代物流系统中的一种应用广泛的装备。其原理是利用货体的自重，使货体在有一定高度差的通道上，从高向低处运动，从而完成进货、储存、出库的作业。

（1）结构

① 托盘重力货架。托盘重力货架和一般层架从正面看基本相似，但是，其深度比一般层架深得多，类似许多层架密集靠放。每一层隔板成前端（出货端）低，后端（进货端）高的坡度。有坡度的隔板可制成滑道形式，货体顺滑道从高端向低端滑动，也可制成滑轨、辊子或滚轮，以提高货体的运动性能，尽量将坡度做得小一些。

② 容器（箱）式重力货架。利用一边通道作为存放，一边通道作为取出，负载是置放于滚轮（流利条）上。且货架是朝出口的方向往下稍微倾斜，利用重力使货品朝出口方向向下滑动。

（2）特点

重力式货架具有以下优点：

① 密集程度很高。单位库房存储面积增大，能够大规模密集存储货物；由于重力式货架的密集程度很高，减少了仓库中通道的数量，提高了仓库的利用率。

② 存储货物的范围很大。从一千克以下的轻小物体到小型集装箱，都可以采用重力式货架。

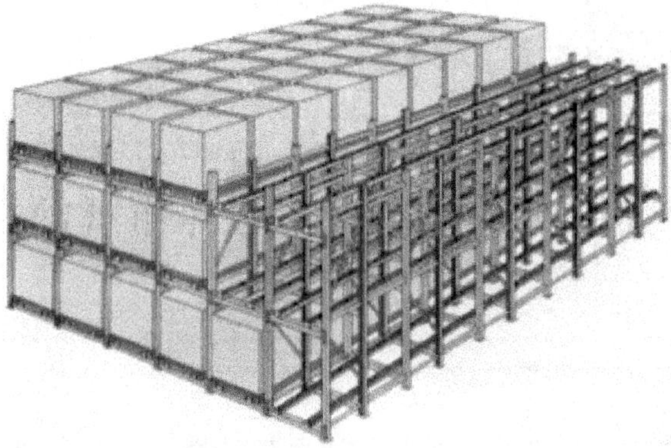

图 2-13　托盘重力货架

图 2-14　箱式重力货架

③ 作业效率高。由于重力式货架固定了出入库的位置，在进行搬运作业时，搬运工具无须在通道中穿行，因此可以减少出入库工具的运行距离，提高作业效率。

④ 安全性好。重力式货架的入库作业和出库作业完全分离，搬运工具不相互交叉、不相互干扰，事故率降低，具有很高的安全性。

⑤ 保证先进先出。重力式货架可以保证先进先出的原则，并且有利于货物的拣选作业。

由于重力式货架具有以上优点，因此，适合应用于大量存储的领域，比如配送中心、物流中心的仓库，可同时方便拣货作业。

12. 后推式货架

（1）结构：后推式货架是搁板或滑轨向前方倾斜。用叉车把后到的货物由前方存入货架时，此货物便把原先的货物用到后方。当从前方取货时，后方的货物自动滑向前方，以待拣取，如图 2-15 所示。

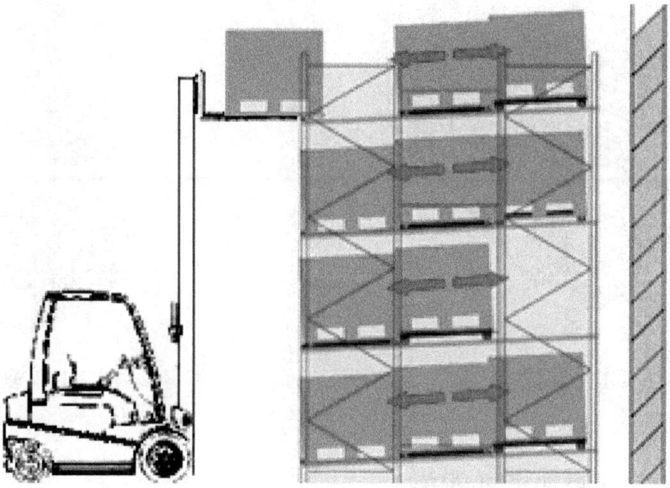

图 2-15　后推式货架

（2）特点及应用

① 储存密度高，一般为 3 个储位，多的达 5 个储位，较托盘货架省下约 1/3 空间；

② 存取性差，无法先进先出；

③ 适用于一般堆高机存取；

④ 货品会自动滑至最前储位；

⑤ 不适合承载太重物品；

⑥ 适合少样多量物品。

13. 旋转式货架

旋转式货架又称回转式货架。它是适应目前生产及生活资料由少品种大批量向多品种小批量发展趋势而发展起来的一类现代化保管贮存货架，这种货架的出现可以满足目前由于品种的迅猛增加，拣选作业的工作量、劳动强度日益增大，系统日益复杂的要求。

旋转式货架在存取货物时，可用计算机控制，也可用控制盘控制，根据下达的货格指令，该货格以最近的距离自动旋转至拣货点停止。旋转式货架一般有水平旋转式货架和垂直旋转式货架。

（1）结构

① 水平旋转式货架：如图 2-16 所示，将储存料斗架固定在一个架空的环形轨道上，使它可以沿轨道循环移动。这种货架又分为单台电动机驱动和多台电动机驱动。用一台电动机驱动的方式是整个货架实现水平方向旋转。用多台电动机驱动的方式是分层旋转，即在各层设置驱动装置使每层能够独立地水平旋转。

② 垂直旋转式货架：如图 2-17 所示，货架的钢结构部分固定在地基上，储存部分沿垂直方向做上下循环运动。这种货架充分利用了货架上部空间，是一种节省空间的仓储设备。垂直旋转式货架的旋转速度比水平旋转式货架慢。

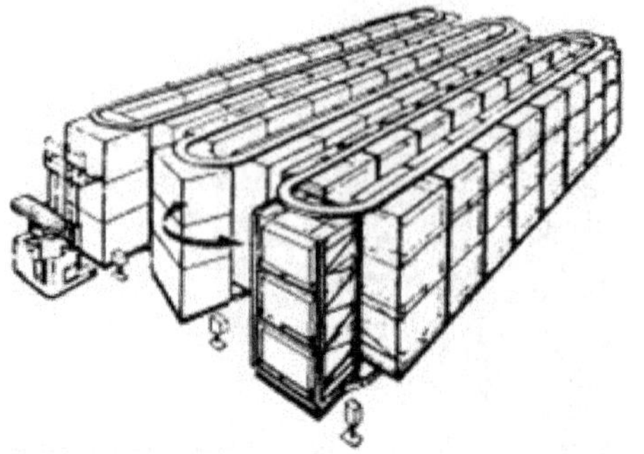

图 2-16　水平旋转式货架

图 2-17　垂直旋转式货架

（2）特点

① 减少人力，并可增加空间利用。

② 采用标准化组件及模块式设计，能适合各种空间配置。

③ 存取入出口固定，货品不易失窃。

④ 可利用计算机快速检索、寻找指定的储位，适合拣货。

⑤ 操作人员位置固定，故可采用人体工学来改善工作环境，适合操作人员长时间作业。

⑥ 需要使用电源，且维修费用高。

⑦ 储物形态：纸箱、包、小件物品为主。

（3）用途：适宜于电子元件、精密机械等小批量、多品种小物品的储存。

三、仓库货架的选型

仓库货架的选型应首先了解仓库的平面布局、存储货物的规格、特性、重量，若采用托盘存放货物则必须了解托盘的规格、堆高以及载重量；货架的选型应同时考虑货物的存取方式，无论选择人工存取、机械存取还是自动化存取都会影响货架的结构和布局；仓库的储存量、进出库频率以及管理系统形式也会影响货架的选型。

1. 货架的选型原则

（1）适应性原则。货架的核心作用是存放货物，因此首先应该适应所储存货物的品种、规格尺寸和性能的要求，能满足物资先入先出的原则要求；同时，货架应适合配套仓储机械设备的存取作业；对于存放危险品的货架应有特殊的保障措施。

（2）经济性原则。货架是仓库的重要组成部分，应满足低成本、高效益的要求，应在满足使用要求的基础上，尽量地选择普通货架，以降低成本。

（3）安全可靠性原则。货架的强度和刚度要满足载重量的要求，并有一定的安全余量，防止因货架损坏而造成存储货物损伤。

（4）先进性原则。货架是物流系统中的重要组成部分，可以通过适当地改造使它更好地适应整个系统的高效一体化集成功能要求，比如大型的综合配送中心，这就要求采用先进的物流技术，再比如可以采用智能化货架系统，用户使用安装于特别设计的货架上的射频阅读器来获得放置于货架上的货物信息，在此基础上进行物流跟踪、客流分析等应用层面的工作，还可以通过标签本身传递丰富的信息，包括商品的生产商，保质期和各种按需定制的属性可直接通过读取得到，无须在业务系统中管理繁杂的数据，极大地提高了管理水平和仓储作业效率。

（5）标准化原则。作为物流系统中的一个节点，货架应该实现标准化，以适应整个物流系统的一体化要求，应该考虑与装卸、搬运等进行无缝衔接，以提高整个物流系统的运行效率。

2. 选择货架的考虑因素

货架的选择要考虑的因素有物品特性、存取性、出入库量、搬运设备、厂房架构等，最主要的就是依据储区的功能做出适当的选择。例如保管储区的主要功能为供应补货，则可选用一些高容量的货架；而动态储区的主要功能为提供拣货，则可选用一些方便拣货的流动架等，以达到作业的方便。

储存货架的选用要从经济及效率的观点，综合考虑各项因素，以决定最适用的设备型式。

（1）物品特性：物品的尺寸大小、外形包装等将会影响储存单位的选用，由于储存单位的不同，相对的使用货架就不同。

例如托盘货架适用于托盘储放，而箱架则适合箱品使用；若外形尺寸特别，则有一些特殊的储放设备可选用；而货品本身的物化性质，如易腐性或易燃性等货品，在储放设备上就必须做防护性方面的考虑。

（2）存取性：一般存取性与储存密度是相对的。也就是说，为了得到较高的储存密度，则必须相对牺牲物品的存取性。有些货架型式虽可得到较佳的储存密度，但会使储位管理较为复杂。立体自动仓库存取性与储存密度俱佳，但相对投资成本较高。因此，选用何种型式的货架，是各种因素的折中，需统筹考虑。各种货架存取性与储存密度的比较，可参考表 2-1 所示。

表 2-1 各种货架存取性与储存密度的比较

比较项目	托盘货架	窄道式	倍深式	驶入式	驶出式	流动式	后推式	移动式	自动仓储高层货架
通道占用面积	大	中大	中	小	小	小	中	小	小
储存密度	低	中	中	高	高	高	中	高	高
空间利用	普通	佳	佳	很好	很好	非常好	佳	非常好	很好
存取性	非常好	很好	普通	差	普通	普通	普通	好	非常好
先进先出	可	可	不可	不可	可	可	不可	可	可
通道数	多	多	中	少	少	少	少	少	多
单位纵深储位数	1	1	2	最多 15	最多 10	最多 15	最多 5	1	2
货架高度（m）	6	15	10	10	10	10	10	10	10～20
入出库能力	中	中	中小	小	小	大	小	小	大

（3）出入库量：出入库量高低是非常重要的数据，可由此数据来选用适当的货架型式。某些型式的货架虽有很好的储存密度，但出入库量却不高，适合于低频度的作业。另外还必须兼顾库存管理的方式（如先进先出）。有关入出库频率的比较，可参考表 2-2 所示。

表 2-2　货架与出入库频率

储存单位	高频率	中频率	低频率
托盘	● 托盘重力式货架（20～30 托盘/时） ● 立体自动仓储（30～托盘/时） ● 水平旋转自动仓储（10～60 秒/单位）	● 托盘式货架（10～15 托盘/时）	● 驶入式货架（10 托盘/时以下） ● 驶出式货架 ● 后推式货架 ● 移动式货架
容器	● 容器流动式货架 ● 轻负载自动仓储（30～50 箱/时） ● 水平旋转自动仓储（20～40 秒/单位） ● 垂直旋转自动仓储（20～30 秒/单位）	● 中量型货架	● 移动式货架
单品	● 单品自动拣取系统（6 000 件/时）	● 轻量型货架	● 抽屉式储柜

（4）搬运设备：货架的存取作业是以搬运设备来完成。因此选用货架时应一并考虑搬运设备。如货架通道宽度，直接影响到堆高机的型式，是配重式或窄道式；另外尚需考虑举升高度及举升能力。搬运设备的通道宽度比较可参考表 2-3 所示。

表 2-3　巷道宽度与适用堆高机型式

巷道型式	巷道宽度（m）	堆高机型式
传统式	3.0～4.5	配重式堆高机
窄道式	2.1～3.1	直达式（Reach）堆高机 跨立式（Straddle）堆高机 转柱式（Swing-mast）堆高机
超窄道式	2.1 以下	转叉式（Turret）堆高机 拣取机（Order Picker）

（5）厂房架构：梁下有效高度、梁柱位置会影响货架的配置。地板承受的强度、平整度也与货架的设计、安装有关。另外必须考虑防火设施和照明设施。

综上所述，选用货架时要考虑的主要因素，如图 2-18 所示。

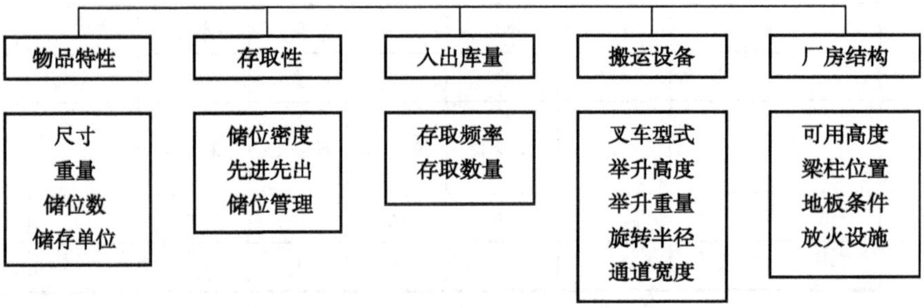

图 2-18　仓储货架选用考虑因素

3. 不同使用条件下的货架选型分析

（1）仓库改造条件下的货架选择。企业原有仓库改造必须考虑自身实际情况，以利于提高仓库的利用率和作业效率为目标，以降低成本为准则。由于原有的堆垛储存仓库的高度比较低，若改建成货架储存仓库，就应尽量采用中低层托盘式货架，以便逐步实现机械化作业。为了提高库存容量，也可以采用阁楼式货架。

（2）新建仓库的货架选择。对于新建仓库，应该根据储存物品的品种、规格、吞吐量、出入库频率以及仓库的高度和面积进行合理选择。对于小型仓库，如果自动化程度要求不高，可以选择托盘式货架、重力式货架、贯通式货架或者移动式货架；对于自动化程度要求较高的大型高层立体化仓库，可以选择托盘式货架或旋转式货架，以实现货物的集装单元作业，同时也有利于实现计算机统一管理控制。目前大型配送中心使用的高层立体化仓库都普遍采用高层托盘式货架，以适应大宗、多品种的货物存储要求。

（3）固定式货架和流动式货架的选择。固定式货架技术比较成熟，可以借鉴的经验较多，投资也相对小一些，同时便于管理，因此目前得到了广泛的应用。但是它灵活性差，不利于改造升级，因此如果当仓库所存储的物资属于多品种、小批量、以拣选作业为主的情况，同时作业空间布局以及配套的仓储机械设备随着仓储作业的需要经常发生变化时，应选用流动式货架，以提高其灵活性。

Mission 任务 2 仓库消防与安全设备

学习指南

本项任务根据仓库的消防和安全要求，将引领大家熟悉安全与监控系统，了解各种安全与监控系统的设备及工作原理。同时，掌握常用安全与监控系统设备的性能及选择。

一、安全与监控系统

1. 入侵防范系统

入侵防范是指如何防止犯罪分子非法入侵某一区域、建筑、单位或家庭，以保护生命和财产的安全。现代化的入侵防范系统是以电子技术、传感器技术和计算机技术为基础的技防系统。与由保安人员防范入侵的原始模式相比，可以大大减少巡逻值班人员，具有反应快、防范空间大、疏漏少的优点，如图 2-19 所示。

2. 门禁控制系统

门禁控制系统就是对出入口通道进行管制的系统，它是在传统的门锁基础上发展而来的。门禁控制系统是新型现代化安全管理系统，它集计算机自动识别技术和现代安全管理措施为一体，它涉及电子、机械、光学、计算机技术、通信技术和生物技术等诸多新技术。

它是解决重要部门出入口实现安全防范管理的有效措施。适用于各种机要部门，如银行、宾馆、写字楼、机房、仓库、智能化小区、工厂等，如图 2-20 所示。

图 2-19　入侵防范系统

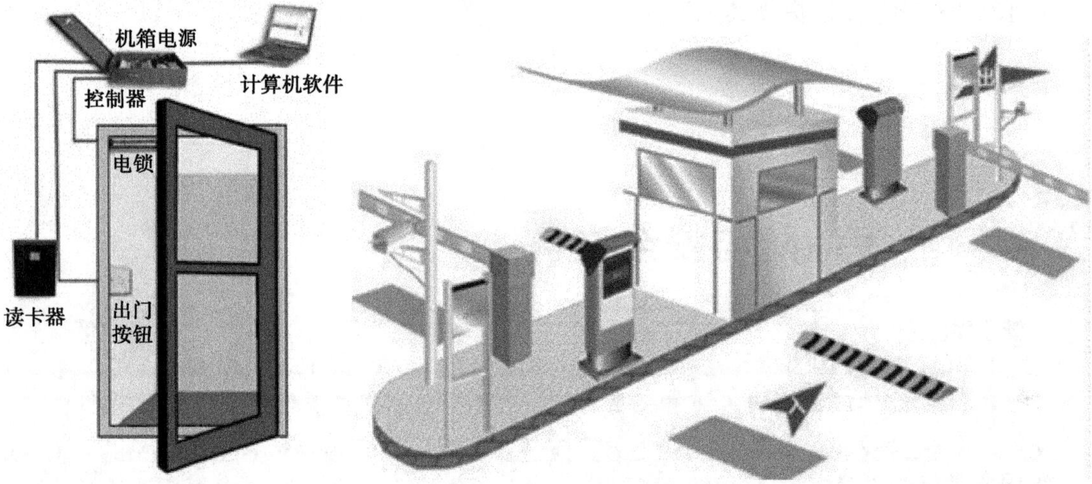

图 2-20　门禁控制系统

3. 监控系统

监控系统的主要功能是在控制室接警后，值班人员通过操作，进行监控跟踪，并实时录像、录音取证，把入侵活动信息记录存储下来，指挥调度防卫力量迅速出击，应对突发事件。

4. 巡更系统

安全管理部门对特定区域安排专门的管理人员定时定点进行巡视检查，称为巡更。比较常见的是物业小区、仓库、码头、博物馆、大型商场、宾馆、工厂、工地的保安管理等。一般的巡更制度，靠管理员在巡更点的记录簿上签到，既难核实时间，管理层也需几天复核一次；对于巡视内容多、人员多、管理要求高的公司来说，摆在管理层的一个现实问题是，如何能确实做到定时、定点、定人管理。因此电子巡更系统应运而生，如图 2-21 所示。

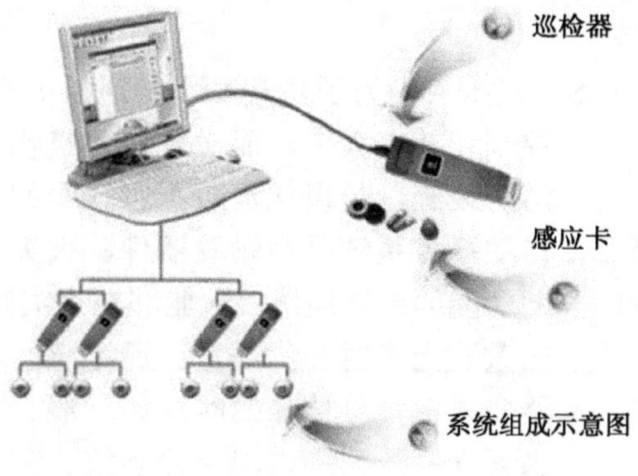

图 2-21　巡更系统

目前巡更巡检产品是以信息钮接触式为主，其优点是坚固耐用、故障率低、加密性强、使用方便、不易受外界恶劣因素影响等。按巡更系统硬件的组成方式，可以分为在线式巡更管理系统和后备式巡更管理系统。

二、消防系统

1. 消火栓系统

该系统在我国被作为最基本的灭火设备，在每一个重要建筑中都有配置。消火栓系统实施灭火需要有两个基本要素：一是消火栓设备，二是消火栓的使用者——消防队员，两者缺一不可。灭火时，赶到火场的消防员从墙上消火栓箱内取下水枪及水龙带，在距火焰约 10m 的范围内用水枪喷水灭火。

2. 防火分区系统

在我国防火分区系统的设置和消火栓系统一样普遍。该系统主要由防火墙、防火板、防火门、防火卷帘、防火阀等及相应的火灾探测装置构成。探测装置探测到火情后，防火门及防火卷帘等自动关闭，把火势封闭在一个局部空间内，阻止其蔓延，以便于消防扑救。防火分区系统本身并不能灭火，必须有其他灭火系统配合才能把火灭掉。否则火势会把该区内可燃物燃尽，或破坏掉分隔物，向其他部分蔓延，如图 2-22 所示。

图 2-22　防火分区系统

3. 火灾自动报警系统

火灾自动报警系统（FAS）是指人们为了早期发现和通报火灾，并及时采取有效措施，控制和扑灭火灾，而设置在建筑物中或其他场所的一种自动消防设施，是现代消防不可缺少的安全技术设施之一。火灾自动报警系统是由触发器件、火灾警报装置以及具有其他辅助功能的装置组成。它能够在火灾初期，将燃烧产生的烟雾、热量和光辐射等物理量，通过感温、感烟和感光等火灾探测器变成电信号传输的时间。一般火灾自动报警系统和自动喷水灭火系统、室内消火栓系统、防排烟系统、通风系统、空调系统、防火门、防火卷帘等相关设备联动，自动或手动发出指令，启动相应的防火灭火装置，如图 2-23 所示。

图 2-23　防火灭火装置

4. 自动喷水灭火系统

自动喷水灭火系统靠喷洒头喷水灭火。喷头集火情探测与喷水灭火于一身。失火点燃烧产生的热使其上方的喷头感温元件（玻璃球或易熔合金）启动，喷头喷水灭火。同时系统中的水流指示器向消防控制中心报警，并显示出失火地点。报警阀的压力开关也向消防控制中心报警并启动了消防水泵。水力警铃也同时发出声音报警，如图 2-24 所示。

由于物流配送中心的仓库一般都比较大，货物和设备比较多而且密度大，而仓库的管理操作人员较少，所以现代化仓库的消防系统大都采用自动消防系统。

5. 灭火器

灭火器是扑救初起火灾最常用的灭火器材，物流配送中心均普遍配置有相当数量的手提式和推车式灭火器，如图 2-25 所示。

图 2-24　自动喷水灭火装置

图 2-25　灭火器

三、通风及采暖系统

1. 通风系统

通风是将未经处理过的室外新鲜空气引入室内，同时排出室内被污染的空气或用来冲淡室内被污染的空气，借以改善空气，以达到安全、卫生条件而进行的一种换气技术。为实现送风和排风所采用的一系列设备装置总称为通风系统，如图 2-26 所示。

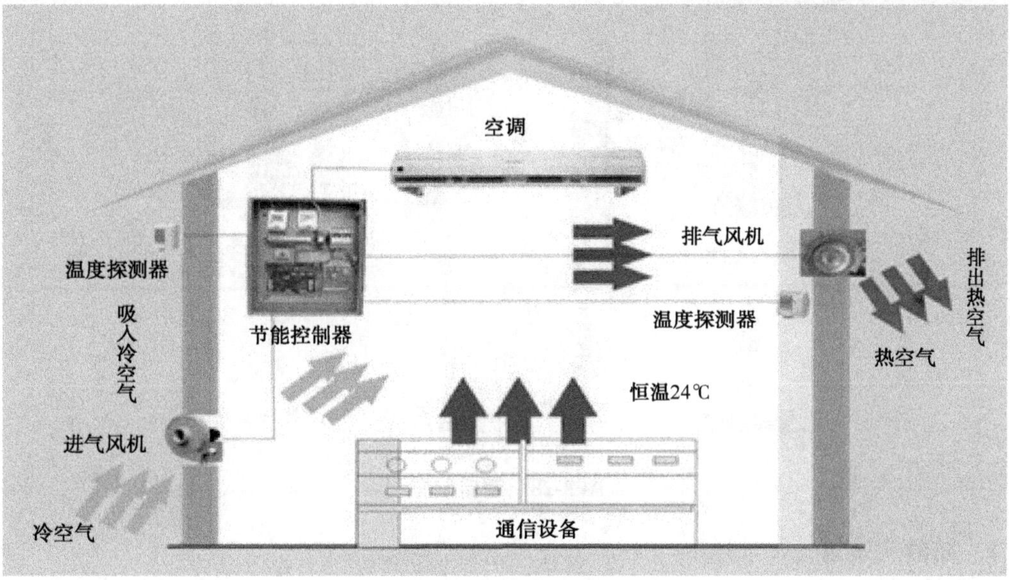

图 2-26　通风系统

按照工作动力的不同，通风系统一般可以分为自然通风和机械通风两大类。

（1）自然通风。是利用空气自然流动规律的通风换气方法。

（2）机械通风。是利用通风机所产生的抽力或压力，并借助于通风管网进行室内外空气交换的通风换气方法。

2. 暖通空调系统

暖通空调系统是保持室内温度适宜、湿度恰当、空气洁净，营造良好工作环境的设施。物流配送中心的占地面积较大，一般均采用大型的专业暖通空调系统。暖通空调系统主要包括：新风机组、空调机组、冷却水系统、热力系统等，如图 2-27 所示。

图 2-27　暖通空调

四、其他安全设备

1. 避雷装置

雷电是大自然中雷云之间或雷云对地之间的大规模放电现象。雷云放电时会产生瞬间功率十分强大的雷电流，具有特殊的破坏力，常常给人类带来巨大的损失。比如造成建筑物损坏、架空线短路，还会造成人员的伤亡。由于雷电对物流配送中心的建筑物和电气设备等有很大的破坏力，因此场区内的建筑物和电气设备都应设置避雷装置。常见的避雷装置主要有避雷针、避雷线、避雷网、避雷带和避雷器等，如图 2-28 所示，不同的避雷装置有着不同的保护对象。

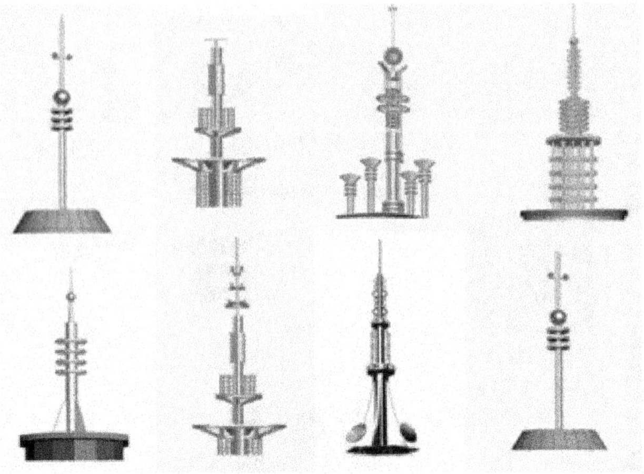

图 2-28　避雷装置

2. 防静电装置

在仓储活动的各个环节中，静电的产生是无法避免的。例如，在物品的装卸、搬运过程中会因摩擦而产生静电；油品在输送过程中也会产生静电；粉尘飞扬的场所会产生静电；操作人员的作业和行走过程中也会产生静电。静电一旦积聚到一定程度，就会产生火花放电，严重时将会导致火灾、爆炸等事故。静电的产生和积聚既看不见，也摸不着。静电的危害瞬间即可完成，无法阻止。因此对静电的危害，只能采取积极的预防措施。静电虽然随时都会产生，但只要防范措施得当，不一定都会构成危害。

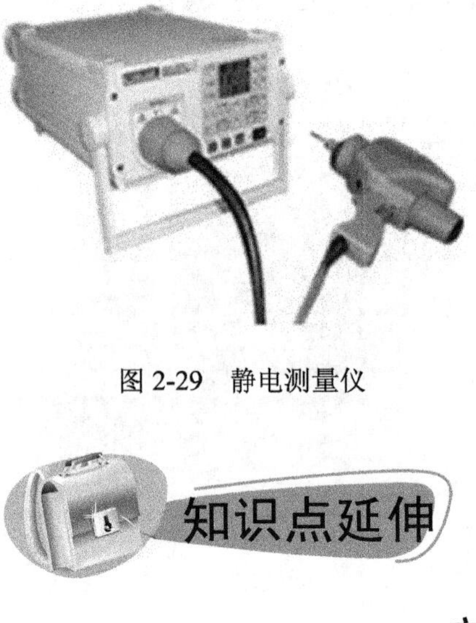

图 2-29　静电测量仪

防静电装置的品种很多，适用的范围也较广。主要有静电测量仪、消静电器、增湿器、防静电作业器材、防静电服装等，如图 2-29 所示。

知识点延伸

立体仓库基本设备配置

立体仓库是目前应用比较广泛的仓储设施，现代化的自动立体仓库是由高层货架，巷道堆垛机（有轨堆垛机）、入出库输送机系统、通信系统、自动化控制系统、计算机仓库管理系统及其周边设备组成，运用一流的集成化物流理念，采用先进的控制、总线、通信和信息技术，通过以上设备的协调动作，按照用户的需要完成指定货物的自动有序、快速准确、高效的入库出库作业，可对集装单元货物实现自动化保管和计算机管理的仓库。广泛应用于大型生产性企业的采购件、成品件仓库、柔性自动化生产系统（FAS），流通领域的大型流通中心、配送中心。

一、根据立体化仓库的类型进行设备配置

立体化仓库的主要设备有：叉车、堆垛机、输送机、计算机控制装置。不同的立体化仓库需要配置适合的机械设备，以保证物流作业高效进行。

1．叉车的配置方式

叉车的主要功能是完成货物的短距离搬运、小高度堆垛和装卸。对于立体化仓库的出入库作业是不可缺少的。无论是哪一种立体仓库，在储存和运输的衔接上，大多数都采用叉车进行作业。

叉车的存取功能受到其起升高度的限制，只能用于高度较低的立体化仓库中。当立体化仓库选择叉车作为存取工具时，其优点是机动性强、灵活性好、可同时服务于多条巷道；其缺点是堆码高度有限，要求巷道宽度较大，不利于提高仓库的利用率。

2．堆垛机械的配置

堆垛起重机械的主要用途是在立体合库的通道内运行，将位于巷道口的货物存入货格，或者将货格中的货物取出，运送到巷道口。由于其起升高度较高，可以用于高层立体化仓库中。

堆垛机的配置可分为以下几种情况：

（1）基本型。即一条巷道配置一台堆垛起重机。在仓库货架排数不多，巷道较少而较长，每一巷道中的堆垛起重机作业量大都能充分被利用的情况下采用。

（2）双排配置型。一台堆垛起重机左右各向两排货架装卸单元货物，货架采用巷道一侧较低而内侧较高的滚轮装置，装货时先装入一个货盘，再将第二个顶进，取货时则类似于重力式货架，当巷道内侧活盘被取出后，后面的货盘会顶滚轮移动至巷道内侧。这种配置方式，一条巷道承担四排货架的存取货作业，工作效率成倍提高，能充分发挥巷道机的作用，且仓库仓容利用率又能得以提高。

（3）多巷道配置一台堆垛起重机方式。在业务量不大，巷道深度不够，因而巷道起重机能力有余时，可在货架端部设堆垛起重机转行轨道，使一台堆垛机能在多条巷道中工作，从而可减少堆垛机的配置数量。这种配置的缺点是巷道机转轨要占用一定的空间，因而使仓库仓容利用率降低，同时出入库作业受到堆垛机移动的影响，效率比较低。

（4）与重力式货架组合配置。巷道堆垛机与重力式货架配合可大幅度提高巷道机的工作效率，大幅度提高仓库的利用率，提高仓库存储能力，是现代仓库配送中心存货中的重要配置方式，适用于快速进出库的领域。这种配置的主要缺点是技术要求和建造成本高。

（5）与悬臂式货架的配合配置。采用门架式巷道机与长材用悬臂货架配合，也可用于存取钢材等长条形材料，使长条形材料也能用立体仓库存储。

（6）多巷道多机与输送机的配置。多巷道多机与输送机的配合，可用于多批次、小批量、多品种的拣选式快速出货的配送领域，也适用于机械工厂的零配件仓库。

二、根据立体化仓库的作业方式进行配置

自动化立体仓库主要作业区是接货区、收货区、拣货区和发货区。当仓储中心收到供应商的送货单和货物后，在收货区对新进入的货物通过条形码扫描仪进行货物验收，确认送货单与货物一致后，对货物进行进一步处理。一部分货物直接放入发货区，属于直通型

货物；另一部分货物属于存放型货物，要进行入库处理，即进入拣货区，拣货通过自动分拣输送系统、自动导向系统自动完成，货物经整理后进入自动化仓库。当货物需要发货时，根据发货单上的显示，通过自动分拣输送设备将货物送到相应的装车线，对货物进行包装处理后，再装车，送货。一般情况下，常用的接货、入库和出库所需配置的设备如下：

1．接货作业

货物通过铁路或公路采用集装箱运送到指定地点，由集装箱作业设备将集装箱卸下，主要采用的集装箱作业设备包括集装箱吊车、轮胎式龙门起重机、有轨龙门起重机等。集装箱内的货物一般情况下是放在托盘上，由叉车将货物连同托盘取出，准备入库检验。

2．入库作业

货物在入库口完成验货作业后，根据指令应放入指定的货台。将货物放在货台上的方式一般是使用叉车、托盘搬运车、输送机和自动导引搬运车，输送机可以是带式输送机，也可以是辊子输送机。一般情况下，输送机和自动导引搬运车是通过计算机集中控制完成作业的。

货物被放在货台上之后，由巷道堆垛机根据动作指令将货物放入指定的货格。巷道堆垛机沿巷道做纵向运行，同时，载货台沿堆垛机的立柱上升，在巷道堆垛机的运行和起升过程中，不断地向计算机反馈认址信息，同时，计算机向巷道堆垛机发出各种指令，控制巷道堆垛机的运行过程，最后将货物放入货架中指定位置。

3．出库作业

货物的出库作业与入库作业受同一控制系统的控制，作业过程相反。

图 2-30　入出库输送机

目前已经出现了多种专用的作业机械，比如入出库输送机，它是大型、复杂自动化仓库的重要组成部分，与堆垛机等机械实现作业衔接，实现货物的高速传输作业，如图 2-30 所示。

虽然每个用户的入出库输送机系统是各不相同的，但还是由下列几种型式的输送机及其基础模块组成：链式输送机、辊道输送机、链式——辊道复合型输送机、链式——带辊道输送功能的升降台的复合型输送机。立体仓库中高层货架、堆垛机易实现标准化产品；但入出库输送机系统要根据仓库的平面布置、入出库作业的内容、入出库的工位数、分流和合流的需求等进行具体规划和设计。入出库输送机系统的规划和设计是自动化仓库适用性的关键。入出库输送机系统的规划设计与托盘的外形尺寸、下部结构，相关物流设备的装卸方法、自动化控制、检测方法等都有密切的关系。

知识测试

一、判断题

1．阁楼式货架是一种充分利用空间的简易货架，适合存放中小件货物或储存期短的货物。（是□　否□）

2．库存成本是仓库的主要参数之一，是规划设计仓库时首先要确定的问题。（是□　否□）

3．第一座高层货架仓库1959年出现在德国，高8.5m，使用由司机操作的巷道堆垛起重机。（是□　否□）

4．驶入式货架不能做到先进先出。（是□　否□）

5．按库房高度分类，高架仓库可分为高层、中层、低层三种，一般认为10～20m较佳。（是□　否□）

二、选择题

1．下列说法正确的是（　　）。

A．驶入式货架保证能实现先进先出

B．驶出式货架保证能实现先进先出

C．后推式货架保证能实现先进先出

D．倍深式托盘货架比一般托盘货架出入库更方便

2．不能实现“先进先出”的货架有（　　）。

A．后推式货架　B．重力式货架　C．驶出式货架　D．自动化高层货架

3．典型的高层货架仓库的高度多在（　　）m之间。

A．10～30　B．5～30　C．10～40　D．5～40

4．（　　）是自动化仓库的指挥中心，相当于人的大脑，它指挥着仓库中各设备的运行。

A．控制装置　B．监控及调度

C．计算机管理系统　D．数据通信

5．（　　）结构简单，但强度很高，价格较低，码放时可叠高，因而可提高仓库的利用率。

A．U型货架　B．托盘货架　C．驶入式货架　D．驶出式货架

6．对仓储系统的基本要求是多、快、好、省和安全，对“多”的理解正确的是（　　）。

A．储存物品品种多　B．仓库数量多

C．库容量多　D．储存多

7．重型货架的每层货架载重量在（　　）千克以上。

A．100　B．300　C．500　D．1 000

8．将储存空间与叉车作业通道合二为一的货架是（　　）。

A．倍深式货架　B．驶入式货架

C．普通托盘货架　D．移动式货架

9．储存密度是指货架占地面积与仓储区面积之比，下述货架中储存密度最大的是（　　）。

A．倍深式货架　B．普通托盘货架

C．后推式货架　D．移动式货架

10．重力式货架最适宜于下列（　　）的存取。

A．少品种小批量的货物　B．多品种小批量的货物

C．多品种大批量的货物　D．少品种大批量的货物

11．管材、型材、棒材等大型长尺寸金属材料可选用（　　）存放。

A．U 型架　　B．托盘货架　　C．装配式货架　　D．流动式货架

12．通常下列哪种货架可由旧库改造而来？（　　）

A．阁楼式货架　　B．流动式货架　　C．后推式货架　　D．移动式货架

三、简答题

1．仓储机械设备具有哪些特点？
2．请阐述货架的作用与功能。
3．在仓储货架选用过程中，需要考虑哪些因素？
4．请简述桥式堆垛机的结构和具备哪些特点。
5．自动化立体仓库的效益主要来自哪几个方面？
6．比较分析层格式货架与层架货架的特点及用途。
7．请简述自动分拣机基本结构及工作原理，并说明自动分拣机适用物品类型。

技能训练任务单2

<table>
<tr><td>任务名称</td><td colspan="3">库区安全消防</td></tr>
<tr><td>学生学号</td><td></td><td>学生姓名</td><td></td></tr>
<tr><td>任务导入</td><td colspan="3">1．学生以小组的形式，在训练单 1 的调研基础上，针对几所家电储存条件要求，结合库区安全因素，对该物流中心安全与消防进行优化设计，并提交配置安全与消防的设备清单。
2．任务以小组为单位，每组 4～5 人，设 1 名组长。
3．在任务实施之前，进行相关资料的收集并做好知识准备。
4．在学生调研分析过程中，教师对学生关于储存条件、消防等知识疑惑，加以指导，解答学生的疑问，注重设计的规范性</td></tr>
<tr><td>成果形式</td><td colspan="3">1．根据该物流中心实地调研与分析，以小组形式提交库区安全与消防设计方案以及配置的设备清单。
2．以小组形式进行课堂答辩，说明配置的库区安全与消防设备功能，其他小组参与评判，指出该小组存在的问题，总结该物流中心安全与消防最佳方案</td></tr>
<tr><td>任务破解</td><td colspan="3"></td></tr>
<tr><td>学习体会</td><td colspan="3"></td></tr>
<tr><td rowspan="2">老师评价</td><td colspan="3">评语：</td></tr>
<tr><td colspan="3">成绩：________　　　　____年____月____日</td></tr>
</table>

Project 3 项目3 货物运载设备

职业素养目标

- 爱岗敬业
- 职业守则
- 学习能力
- 交流能力

知识培养目标

- 掌握汽车类型及车辆使用的选型
- 理解汽车基本结构及汽车编号规则
- 理解货运船舶类型、机车类型、货运飞机集装设备
- 了解飞机性能及技术参数、管道设备的维护、货运船舶的构造
- 熟悉铁路货运车辆类型、飞机类型及结构、管道系统

能力培养目标

- 能够进行公路货运车辆的选型
- 会阐述常见铁路货运车辆类型、飞机类型及结构、货运船舶类型、货运飞机集装设备
- 能够根据具体的案例分析货物运载设备的配置

Mission 1 任务1 公路运输运载设备

学习指南

本项任务将引领大家掌握汽车类型及车辆使用选型，熟悉汽车基本结构及汽车编号规则。同时，掌握公路运输车辆使用的选型。

一、汽车类型及基本结构

汽车是由动力装置驱动，具有 4 个或 4 个以上车轮的无轨道无架线的车辆，是用于物流领域完成道路运输任务的主要物流技术装备。

1. 汽车的类型

（1）汽车编号规则。根据国标汽车产品编号规则，国产汽车型号由汉语拼音和阿拉伯数字组成，包括首部、中部和尾部三部分内容。首部：由两个或三个汉语拼音字母组成，是企业名称代号。例如：CA 代表一汽，EQ 代表二汽，TJ 代表天津汽车工业公司等。中部：由四位阿拉伯数字组成。首位表示汽车类型；中间两位是汽车的主要特征参数；末尾是产品的生产序号。尾部：分为两部分，前部分由汉语拼音字母组成，表示专用汽车分类代号，X 为厢式汽车，G 为罐式汽车，Z 为专用自卸汽车，T 为特种结构汽车，J 为起重举升汽车，C 为仓栅式汽车；后部为企业自定代号，当同一种汽车结构略有变化需加以区别时，可用拼音或数字表示，位数由企业自定，基本型一般没有尾部。图 3-1 为 CA1200 车型图片。其型号含义为：

图 3-1　CA1200 货车

- CA 表示一汽解放；
- 1200 表示货车，主参数 20 表示满载总重 20 吨（载重 15 吨），一般中小吨位货车载重量为其总重的一半左右，中型车则一般载重量大于自重；末位 0 表示没有改型，即第一代产品。

为了与国际标准接轨，我国原机械工业部 1996 年 12 月发布了“车辆识别代号（VIN）管理规则”，要求 1999 年 1 月 1 日后，所有新生产的汽车必须使用车辆识别代号。车辆识别代号由三部分组成，如图 3-2 所示。

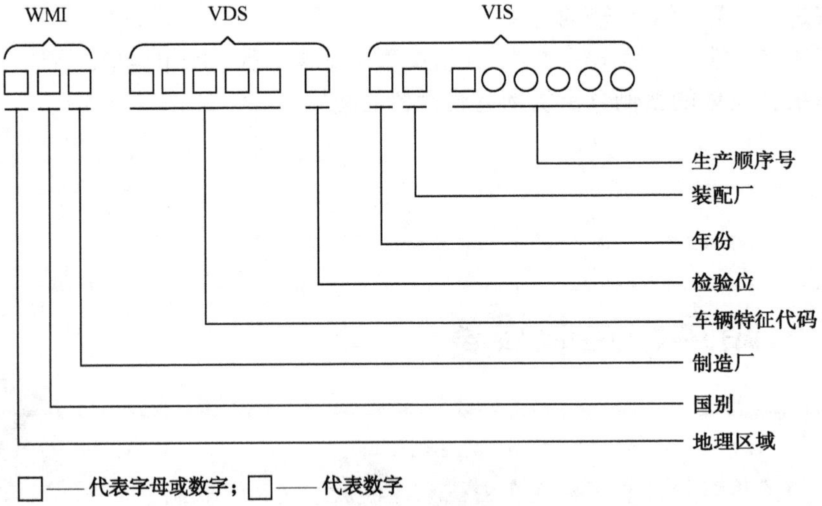

图 3-2　车辆识别代号

（2）汽车的类型。根据我国国家标准的有关规定，汽车分为以下几种类型：

① 货车。又称为载货汽车、载重汽车、卡车。主要用来运送各种货物或牵引全挂车。按其用途和使用条件可分为普通货运汽车和专用汽车两大类。普通货运汽车是具有栏板式车辆、用于运载各种普通货物的汽车；专用汽车是装置有专用设备，具备专用功能，用于承担专门运输任务的汽车。

普通货车：按其载重量分为轻型（小于 3.5 吨）、中型（大于 4～8 吨）和重型（大于 8 吨）货车。

特种车：为普通货车的变型，具有特殊货箱，并考虑到货物装载和运输上的专门需求。如有保温箱货车、罐式货车等。

自卸车：货箱能自动举升并倾卸散装货物、固体货物，如煤、砂石、矿料等。

牵引车：专门用来牵引挂车、半挂车和长货挂车的主体，一般车上不搭乘旅客，没有装载货物的车厢（少数具有短货箱）的汽车称为牵引车。又称载货列车，一般可分为全挂牵引车和半挂牵引车，半挂车的载荷由自身和牵引车共同承受，全挂车的载荷全部由自身承受，如图 3-3 所示。

图 3-3 牵引车

② 越野汽车。主要用于非公路上载运人员和货物或牵引设备，一般为全轴驱动。按驱动型式可分为 4×4、6×6、8×8 几种。

③ 客车。指乘坐 9 人以上，具有长方形车厢，主要用于载运人员及其行李物品的车辆。根据车辆的长度（3.5 米、7 米、10 米、12 米），可将客车分为微型、轻型、中型、大型、特大型五种。

④ 轿车。乘坐 2 至 8 人的小型载客车辆。根据发动机排量大小（1 升、1.6 升、2.5 升、4 升），可分为微型、普遍级、中级、中高级和高级轿车五种。

2. 汽车基本结构

现代汽车是由多个装置和机构组成的。不同型号、不同类型及不同厂家生产的汽车其基本构造都是由发动机、底盘、电器设备和车身四大部分组成，如图 3-4 所示。

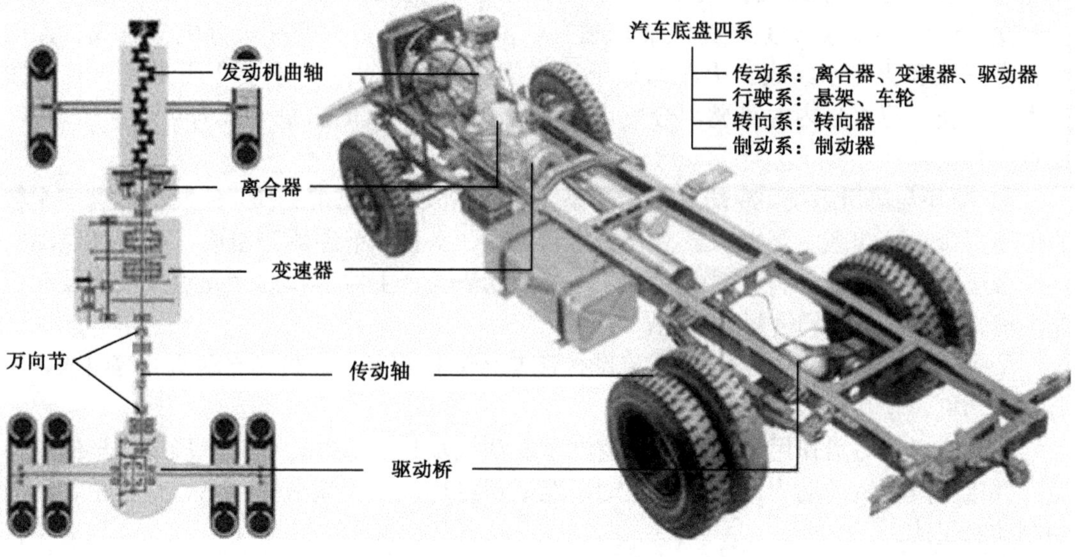

图 3-4 汽车的基本结构

（1）发动机。发动机是为汽车行驶提供动力的装置。其作用是使燃料燃烧产生动力，然后通过底盘的传动系统驱动车轮使汽车行驶。发动机主要有汽油机和柴油机两种。

现代汽车广泛采用往复活塞式内燃发动机。它是通过可燃气体在汽缸内燃烧膨胀产生压力，推动活塞运动并通过连杆使曲轴旋转来对外输出功率的。主要包括两大机构和五大系统，它们是由曲柄连杆机构、配气机构、燃料供给系统、点火系统（汽油发动机）、启动系统、冷却系统和润滑系统组成。柴油发动机的点火方式为压燃式，所以无点火系。

① 曲柄连杆机构。主要由缸体、活塞环、连杆、曲轴和飞轮等组成。缸体上部为汽缸、下部为曲轴箱。活塞位于汽缸内。活塞环用来填充汽缸与活塞之间的间隙，防止汽缸内的气体泄漏到曲轴箱内。曲轴安装于曲轴箱内。飞轮固定于曲轴后端，伸出到发动机缸体之外，负责对外输出动力。连杆用来连接活塞与曲轴，负责传递两者之间的动力与运动。汽车发动机是多缸发动机，活塞与连杆的数目与缸数相同，但曲轴只有一根。

② 配气机构。该机构主要由凸轮轴、气门及气门传动件组成。每一个汽缸都有一个进气门和排气门，分别位于进、排气道口，负责封闭和开放进、排气道。凸轮轴通过正时齿轮或者齿型皮带由曲轴驱动，通过气门传动组件定时将气门打开，将新鲜液体充入汽缸或者将燃烧后的废气排除汽缸。

③ 汽油机燃料供给系统。主要由空气滤清器、化油器（或者燃油喷射装置）、进气管、排气管、消声器、汽油泵和汽油箱组成。主要功用是将汽油雾化、蒸发后，与空气混合成不同浓度的可燃混合气充入汽缸，供燃烧使用。同时，将燃烧后的废气排出汽缸。进入汽缸内的混合气量由驾驶员通过加速踏板控制，以满足发动机不同负荷的需要。

④ 柴油机燃料供给系统。主要由空气滤清器、进气管、排气管、消声器、柴油箱、输油泵、喷油器等组成。通过空气滤清器和进气管进入汽缸内部的是空气。柴油箱内的柴油被油泵抽出并进入喷油泵，经喷油泵加压后，通过喷油器直接以雾状喷入汽缸燃烧室内。柴油在燃烧室内完成蒸发、混合后自燃。燃烧后的废气则由排气管排出汽缸。驾驶员通过加速踏板根据发动机负荷的大小，控制每次喷入汽缸的柴油量。

⑤ 点火系统。点火系统为汽油机独有，由蓄电池、点火开关、分电器总成、点火线圈、高压线和火花塞组成。火花塞位于汽缸燃烧室。该系统的主要作用是使火花塞按时产生电火花，将汽缸内的可燃混合气点燃而做功。柴油机的燃烧方式为自燃（压燃），不设点火系。

⑥ 冷却与润滑系统。冷却系与润滑系负责保护发动机正常工作，使发动机有一个较长的使用寿命。冷却系主要由水泵、散热器、风扇、水套和节温器等组成，负责使发动机有一个合适的工作温度。润滑系由机油泵、机油滤清器、主油道和油底壳组成，在发动机上起润滑、冷却、清洁和密封等作用。

⑦ 启动系统。主要由蓄电池、启动控制与传动机构和启动机（电动机）等组成，用来启动发动机，使其投入运转。

（2）底盘。底盘作用是支承、安装汽车发动机及其各部件、总成，形成汽车的整体造型，并接受发动机的动力，使汽车运动，保证正常行驶。底盘由传动系、行驶系、转向系和制动系组成。

① 传动系。传动系由离合器、变速器、万向传动装置和驱动桥组成，用来将发动机输出的动力传给驱动轮，并使之适应与汽车行驶的需要。

② 行驶系。行驶系是汽车的基础，由车架、车桥、车轮与轮胎以及位于车桥和车架之

间的悬挂装置组成。车架是汽车的装配基体，将整个汽车装成一体。车桥与车轮负责汽车的行驶，由悬挂装置组成。悬挂装置将车桥安装于车架，起到传力、导向和缓冲减振的作用。车架是汽车的装配基体，将整个汽车装成一体。行驶系除影响汽车的操纵稳定性外，还对汽车的乘座舒适性起重要作用。

③ 转向系。转向系用来改变或者恢复汽车的行驶方向。它是通过使前轮相对于汽车纵向平面偏转一定的角度来实现转向的。转向系主要由转向操纵机构、转向器和转向传动机组成。

④ 制动系。制动系的作用是使行进中的汽车迅速减速直至停下，使停放的汽车可靠地驻留原地不动。行车制动装置由设在每个车轮上的制动器和制动操纵机构组成，由驾驶员通过制动踏板来操纵。驻车制动装置的制动器有装在变速器第二轴上的，但大多数是与后桥制动器合一的，驻车制动器由手操纵杆来操纵。

（3）车身。车身容纳驾驶员、乘客和货物，并构成汽车的外壳。载重汽车车身由驾驶室的货厢组成，客车与轿车的车身由统一的外壳构成。其他专用车辆还包括其他特殊装备等。车身还包括车门、窗、车锁、内外饰件、附件、座椅及车前各钣金件等。

（4）电器设备。电器设备由电源和用电设备组成。电源包括发电机和蓄电池。用电设备的内容很多，不同车型不太一样，主要有点火系、启动系、照明、仪表信号系统、空调以及其他用电设备等。

二、车辆使用的选型

车辆的选择是指根据货物的种类、特点及运输批量等对车辆的类型和主要使用性能等进行合理选择。选配车辆必须遵循技术上先进、经济上合理、生产上适用、维修上方便的基本原则。

货运车辆类型的选择主要应根据货物的特性、包装的类型和形状来确定。普通货车能够满足一般货物的运输需要，专用车辆能够很好地满足特殊货物的运输需要，是保证运输质量、降低运输成本和提高运输效率的理想设备。

车辆的使用性能主要包括发动机性能、汽车的动力性、燃油经济性、行车安全性、操纵稳定性、行驶平顺性、通过性和环保性能等。

1. 车辆类型的选择

随着我国高速公路和现代物流业的不断发展，专用汽车需求量将呈逐年递增态势。厢式车、罐式车、冷藏保温车等主要专用车种在货车中的占比将不断增加。

（1）普通栏板式货车。普通栏板式货车具有整车重心低、载重量适中的特点。适合于装运百货和杂品，如图 3-5 所示。

（2）厢式车。厢式车主要用于全密封运输各种物品，特殊种类的厢式货车还可以运输化学危险物品。具有机动灵活、操作方便，工作高效、运输量大，充分利用空间及安全、可靠等优点。厢式货车运输各类货物，广泛适用于各大工厂、超市、个人。厢式货车可采用：铁瓦楞、彩钢板、铝平板、铝合金瓦楞、发泡保温等材料。厢式货车有后开门、左右开门、全封闭、半封闭、仓栅等种类，如图 3-6 所示。

（3）自卸车。自卸车是指通过液压或机械举升而自行卸载货物的车辆。自卸车在土木工程中，经常与挖掘机、装载机、带式输送机等工程机械联合作业，构成装、运、卸生产线，进行土方、砂石、散料的装卸运输工作，如图 3-7 所示。

图 3-5　普通栏板式货车

图 3-6　厢式车

（4）罐式车。罐式车装有罐状容器，密封性强，一般用于运送易挥发、易燃、危险品和粉状物料等，如图 3-8 所示。

图 3-7　自卸车

图 3-8　罐式车

（5）汽车列车。汽车列车是由汽车或牵引车和挂车组成的车列。通常全挂车也简称挂车。具有快速、机动灵活、安全等优势，可方便地实现区段运输、甩挂运输、滚装运输。

汽车列车主要有全挂汽车列车、半挂汽车列车、双挂汽车列车和长货汽车列车四种，如图 3-9 所示。

全挂汽车列车：由汽车或牵引车和全挂车组成的汽车列车。

半挂汽车列车：由牵引车和半挂车组成的汽车列车。

双挂汽车列车：由牵引车和两辆挂车组成的汽车列车。

长货汽车列车：专门用于运输长件货物如型钢、电缆柱、木材等的汽车列车。

（a）全挂汽车列车

（b）半挂汽车列车

图 3-9　汽车列车类型

（6）冷藏保温车。冷藏保温车是用来运输冷冻或保鲜货物的封闭式厢式运输车，是装有制冷机组的制冷装置和聚氨酯隔热厢的冷藏专用运输汽车，常用于运输冷冻食品（冷冻车）、奶制品（奶品运输车）、蔬菜水果（鲜货运输车）、疫苗药品（疫苗运输车）等，如图 3-10 所示。

（7）集装箱运输车。集装箱运输车是指专门用来运输集装箱的专用汽车。主要用于港口码头、铁路货场与集装箱堆场之间的运输。

图 3-10　冷藏车

2. 车辆使用性能选择

汽车的使用性能是指汽车能够适应使用条件而表现出最大工作效能的能力。它既是评价和选择汽车的主要标准，又是正确使用汽车的基本依据。评价汽车使用性能的指标很多，有动力性、燃料经济性、制动性、操纵稳定性、舒适性、可靠性、维修适应性和通过性等，下面对几个主要性能指标加以阐述。

（1）动力性。汽车在一定道路条件下以尽可能高的平均车速运送旅客、货物的能力。高动力性可以节约运送时间，提高运输生产率。汽车动力性通常用在良好路面上的最高行驶车速、加速时间和能克服的最大坡度来评价。一般轿车的最高行驶车速为 150～200 千米/小时，原地起步至车速 80 千米/小时的加速时间为 7～20 秒；载货汽车的最高行驶车速一般为 85～120 千米/小时，最大爬坡度为 25%～30%。

汽车动力性是由汽车的驱动功率和行驶阻力决定的。发动机的输出功率通过传动系推动汽车前进，扣除传动损失，即为驱动功率。汽车的行驶阻力有滚动阻力、空气阻力、坡道阻力与加速行驶时的惯性阻力。阻力与车速的乘积为阻力功率。汽车在行驶中，其驱动功率等于阻力功率。汽车的阻力功率随汽车总重和车速增加而增大，所以汽车的动力性基本上取决于单位汽车总重具有的发动机功率——比功率（千瓦/吨）。汽车的比功率大，行驶阻力小，汽车动力性就好。此外，因为发动机的功率是经传动系传递到驱动轮的，所以传动系的挡数和传动比都与动力性有密切的关系。

（2）燃料经济性。汽车以最少的燃料消耗量完成运输工作的能力。燃料费用在汽车运输总成本中所占比例很大，提高燃料经济性是提高汽车运输经济效益的主要措施之一。中国常用每百车公里消耗燃油的升数或每百万吨公里消耗燃油升数作为燃料经济性的评价指标。

（3）制动性。包括制动效能和制动的方向稳定性两个方面。制动效能是指汽车行驶时可靠而迅速地减速直至停车的能力，常用制动距离或制动减速度来评价。一些国家对汽车的制动效能用法律形式作出规定，如中国规定总重 4.5 吨以下的汽车，在车速为 30 千米/小时的条件下，制动距离应小于 6.2 米；瑞典规定总重在 3.5 吨以下的汽车，在车速为 80 千米/小时的条件下制动，减速度应大于 5.8 米/秒。制动的方向稳定性是制动时不发生跑偏、侧滑而维持直线行驶或按预定弯道行驶的能力，常用汽车通过给定通道的制动试验来评定。

（4）操纵稳定性。汽车按照驾驶员通过操纵机构给定的方向行驶和在行驶中抵抗外界干扰保持稳定行驶的能力。良好的操纵稳定性是汽车安全行驶的重要保证。这一性能常以汽车的稳定转向特性（横摆响应）作为重要的评价指标。

稳定转向特性有三种状况：不足转向、过度转向和中性转向。有不足转向特性的汽车在固定方向盘转角的情况下绕圆周加速行驶时，转弯半径会增大；有过度转向特性的汽车在这种条件下转弯半径则会逐渐减小；有中性转向特性的汽车则转弯半径不变。汽车一般都有适当的不足转向量，以防止汽车出现突然甩尾现象和保持良好的驾驶性能。过度转向的汽车，因转弯半径逐渐减小会使汽车的离心力迅猛增大，直至出现甩尾现象。

（5）通过性。汽车在一定的载重下以足够高的平均车速通过各种坏路和无路地带（松软地面、沙漠、雪地、沼泽等）以及克服各种障碍（陡坡、侧坡、台阶、壕沟等）的能力。在农林区、矿区、建设工地用的车辆和军用汽车一般都要具备良好的通过性。汽车通过性常用单位车重的挂钩牵引力来评价。

3. 汽车的质量参数选择

（1）整车装备质量。是指汽车的干质量加上冷却液和燃料（不少于油箱容量的 90%）及备用车轮和随车附件的总质量。那什么是汽车的干质量呢？干质量就是指仅装备有车身、全部电气设备和车辆正常行驶所需要的完整车辆的质量。通俗地说整备质量就是汽车在正常条件下准备行驶时，尚未载人（包括驾驶员）、载物时的空车质量。

（2）厂定最大总质量。是指汽车满载时的总质量。包括整车装备质量、最大装载质量、驾驶员的质量之和。

（3）最大装载质量。最大总质量和整车装备质量之差。

（4）最大轴载质量。汽车单轴所承载的最大总质量。

在上述 4 个质量指标中，装载质量是人们所关心的主要使用指标，车辆装载时决不允许超过车辆的额定最大装载质量。

4. 汽车的尺寸参数选择

汽车的主要尺寸有外廓尺寸、轴距、轮距、前悬、后悬、货车车头长度和车箱尺寸等，如图 3-11 所示。

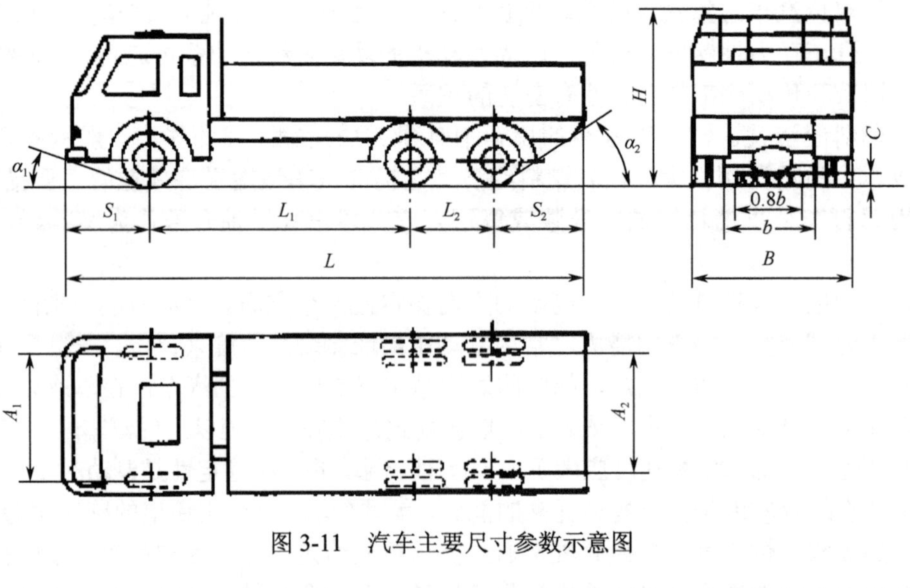

图 3-11　汽车主要尺寸参数示意图

（1）外廓尺寸（长 L、宽 B、高 H）。GB1589-89 汽车外廓尺寸限界规定汽车外廓尺寸长：货车、越野车、整体式客车不应超过 12m，半挂汽车列车不超过 16.5m，全挂汽车列车不超过 20m；不包括后视镜，汽车宽不超过 2.5m；空载、顶窗关闭状态下，汽车高不超过 4m；后视镜等单侧外伸量不得超出最大宽度处 250mm；顶窗、换气装置开启时不得超出车高 300mm。不在公路上行驶的汽车，其外廓尺寸不受上述规定限制。

（2）轴距（L_1、L_2）。轴距是指汽车两轴中心线之间的距离（mm）。对多轴汽车，轴距应从前至后分别注明相邻两轴间距离，总轴距为各轴距之和。

（3）轮距（A_1、A_2）。轮距是指汽车同一轴上左右两轮中心面之间的距离（mm）。若为双轮胎时，则为同一轴左右双轮中心面之间的距离。

（4）前后悬（S_1、S_2）。前悬是指汽车最前端至通过前轴轴线的垂面间的距离（mm），如上图中 S_1；后悬是指汽车最后端至通过后轴轴线的垂面间的距离（mm），如上图中 S_2。

（5）最小离地间隙（C）。最小离地间隙是指汽车满载时，汽车最低点至地面的距离（mm）。

Mission 任务 2 水路运输运载设备

学习指南

本项任务将引领大家了解主要类型货运船舶，熟悉货运船舶的结构，理解不同类型船舶的性能，从而掌握水路运输运载设备选择。

一、货运船舶类型

船舶是指能航行或停泊于水域进行运输或作业的运输工具，按不同的使用要求具有不同的技术性能、装备和结构型式。货船载运货物为主的专用船舶。其大部分舱位用于堆贮货物的货舱。货船的船型很多，大小悬殊，排水量可从数百吨至数十万吨。

1. 干散货船

又称散装货船，专用于运送煤炭、矿砂、谷物、化肥、水泥、钢铁等散装物资。目前其数量仅次于油船，如图 3-12 所示。其特点为，驾驶室和机舱布置在尾部，货舱口宽大；内底板与舷侧以向上倾斜的边板连接，便于货物向货舱中央集中，甲板下两舷与舱口处有倾斜的顶边舱以限制货物移动；有较多的压载水舱用于压载航行。按载运的货物不同，又可分为矿砂船、运煤船、散粮船、散装水泥船、运木船等。

图 3-12　干散货船

2. 液货船

专门载运液体货物的船舶。液体货物主要有油、液化气、淡水和化学药液等。其中运量最大的是石油及其制品。按载运的货物不同，又可分为原油船、成品油船、液体化学品船、液化气船等。

图 3-13　原油船

3. 原油船

专门用于载运原油的船舶，简称油船，如图 3-13 所示。由于原油运量巨大，油船载重量亦可达 50 万吨，是船舶中的最大者。结构上一般为单底，随着环保要求的提高，结构正向双壳、双底的形式演变。上层建筑设于船尾。甲板上无大的舱口，用泵和管道装卸原油。设有加热设施在低温时对原油加热，防止其凝固而影响装卸。超大型油船的吃水可达 25 米，往往无法靠岸装卸原油，而必须借助于水底管道。

4. 成品油船

专门载运柴油、汽油等石油制品的船舶。结构与原油船相似，但吨位较小。有很高的防火、防爆要求。

5. 杂货船

又称普通货船、通用干货船或统货船，主要用于装载一般包装、袋装、箱装和桶装的件杂货物，如图 3-14 所示。由于件杂货物的批量较小，杂货船的吨位亦较散货船和油船为小。典型的载货量在 1～2 万吨左右，一般为双层甲板，配备完善的起货设备。货舱和甲板分层较多，便于分隔货物。新型的杂货船一般为多用途型，既能运载普通件杂货，也能运载散货、大件货、冷藏货和集装箱。

图 3-14　杂货船

6. 集装箱船

又称箱装船、货柜船或货箱船，是一种专门载运集装箱的船舶，如图 3-15 所示。其全部或大部分船舱用来装载集装箱，往往在甲板或舱盖上也可堆放集装箱。集装箱船的货舱口宽而长，货舱的尺寸按载箱的要求规格化。装卸效率高，大大缩短了停港时间。为获得更好的经济性，其航速一般高于其他载货船舶，最高可达 30 节。液体化学品船门用于运输有毒、易挥发、属于危险品的液体化学品，如甲醇、硫酸、苯等的船舶。货舱区域均为双层壳结构，以减少船舶受损时货品溢出的危险。货舱与船员起居处所、饮水和机舱等处用空舱隔离。货舱容积按其装运货物的危险程度受到一定的限制。

7. 液化气运输船

专门运输液化气体的船舶。所运输的液化气体有液化石油气、液化天然气、氨水、乙烯、液氯等。这些液货的沸点低，多为易燃、易爆的危险品，有的还有剧毒和强腐蚀性。因此液化气运输船货舱结构复杂，造价高昂。如图 3-16 所示。

图 3-15　集装箱船

图 3-16　液化气运输船

液化气运输船按液化气的储存方式分为三类：压力式、冷压式和冷却式。在压力式液化气船中，货物在常温下装载于球型或圆筒型的耐压液罐内。冷压式和冷却式液货气船对货物的温度和压力都进行控制，因此需要液罐的隔热和货物的冷却装置。

8. 冷藏船

专门载运如水果、蔬菜、肉类和鱼类等需冷藏的货物的船舶。往往设多层甲板，货舱内通常分隔成若干独立的封闭空间。船上具有大功率的制冷装置，可以在比较恶劣的环境中，使各冷藏货舱内保持货物所需的适当的温度。

9. 载驳船

专门载运货驳的船舶，又称母子船。其运输方式与集装箱运输方式相仿，因为货驳也可视为能够浮于水面的集装箱。其运输过程是：将货物先装载于统一规格的方形货驳（子船）上，再将货驳装上载驳船（母船）上，载驳船将货驳运抵目的港后，将货驳卸至水面，再由拖船分送各自目的地。载驳船的特点是不需码头和堆场，装卸效率高，便于海河联运。但由于造价高，货驳的集散组织复杂，其发展也受到了限制。滚装船利用车辆上下装卸货物多用途船舶，最初也称滚上滚下船。将装有集装箱等大件货物的挂车和装有货物的带轮的托盘作为货运单位，由牵引车或叉车直接进出货舱进行装卸。滚装船通常在船尾设有货门和跳板，车辆可通过跳板、货门和各层甲板间的活动的斜坡道或升降平台，直接驶入各层甲板。因此滚装船不需要船上或码头上传统的起货设备而获得很高的装卸效率。

二、货运船舶的认知

1. 船舶的组成

船舶是由许多部分构成的，按各部分用途，可综合归纳为船体、船舶动力装置、船舶舾装等三大部分。

（1）船体。船体是船舶的基本部分，可分为主体部分和上层建筑部分。主体部分一般指上甲板以下的部分，它是由船壳（船底及船侧）和上甲板围成的具有特定形状的空心体，是保证船舶具有所需浮力、航海性能和船体强度的关键部分。船体一般用于布置动力装置、装载货物、储存燃油和淡水，以及布置其他各种舱室，如图 3-17 所示。

为保障船体强度、提高船舶的抗沉性和布置各种舱室，通常设置若干强固的水密舱壁和内底，在主体内形成一定数量的水密舱，并根据需要加设中间甲板或平台，将主体水平分隔成若干层。

上层建筑位于上甲板以上，由左、右侧壁，前、后端壁和各层甲板围成，其内部主要用于布置各种用途的舱室，如工作舱室、生活舱室、储藏舱室、仪器设备舱室等。上层建筑的大小、层楼和型式因船舶用途和尺度而异。

（2）船舶动力装置。船舶动力装置包括：推进装置——主机经减速装置、传动轴系以驱动推进器（螺旋桨是主要的型式）；为推进装置的运行服务的辅助机械设备和系统，如燃油泵、滑油泵、冷却水水泵、加热器、过滤器、冷却器等；船舶电站为船舶的甲板机械、机舱内的辅助机械和船上照明等提供电力；其他辅助机械和设备有锅炉、压气机、船舶各系统的泵、起重机械设备、维修机床等。通常把主机（及锅炉）以外的机械统称为辅机。

（3）船舶舾装。船舶舾装包括舱室内装结构（内壁、天花板、地板等）、家具和生活设施（炊事、卫生等）、涂装和油漆、门窗、梯和栏杆、桅杆、舱口盖等。

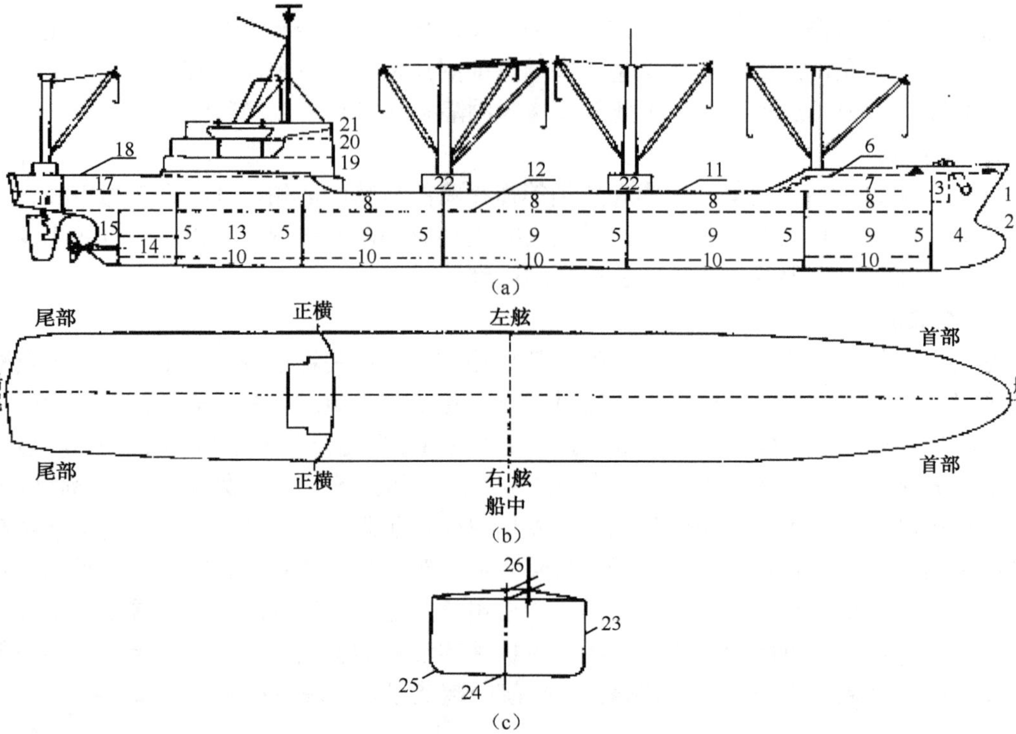

图 3-17　主船体主要部位、舱室名称

1—首柱；2—球鼻首；3—锚链舱；4—首尖舱；5—水密舱壁；6—首楼甲板；7—首楼；8—甲板间舱；9—货舱；10—双层底；11—上甲板；12—下甲板；13—机舱；14—轴隧；15—尾尖舱；16—舵机舱；17—尾楼；18—尾楼甲板；19—艇甲板；20—驾驶甲板；21—罗经甲板；22—桅屋；23—舷侧；24—平板龙骨；25—舭部；26—梁拱

船舶的其他装置和设备中，除推进装置外，还有锚设备与系泊设备；舵设备与操舵装置；救生设备；消防设备；船内外通信设备；照明设备；信号设备；导航设备；起货设备；通风、空调和冷藏设备；海水和生活用淡水系统；压载水系统；液体舱的测深系统和透气系统；舱底水疏干系统；船舶电气设备；其他特殊设备（依船舶的特殊需要而定）。

2. 船舶主要技术特征

船舶的主要技术特征有船舶排水量、船舶主尺度、舱容和登记吨位、船体型线图、船体结构图等。

（1）船舶排水量。根据阿基米德原理，船体水线以下体积所排开水的质量，即为船舶的浮力，并应等于船舶总质量，船的自重（固定于船上的不变质量）等于空船排水量，船的自重加上装到船上的各种载荷重量的总和（载重量）是变化的，即等于船的总重量。

（2）船舶主尺度。船舶主尺度包括总长、设计水线长度、垂线间长、最大船宽、型宽（一般指船体型线设计排水量水线处最大宽度）、型深（船体型线从船底到最上层连续甲板处，分舱甲板或干舷甲板的舷边最低处的垂直距离）、满载（设计）吃水、干舷（一般指干舷甲板处型深减设计吃水）等。钢船主尺度的度量指量到船壳板内表面的尺寸，称为型宽和型深，水泥船、木船等则指量到船体外表面的尺寸。

（3）舱容和登记吨位。舱容指货舱、燃油舱、水舱等的体积，从容纳能力方面表征船舶的装载能力、续航能力，它影响船舶的营运能力。登记吨位是历史上遗留下的用以衡量船舶装载能力的度量指标，作为买卖船舶、纳税、服务收费的依据之一。登记吨位是按《船舶吨位丈量规范》所核定的合法吨位，是总吨位和净吨位的统称。总吨位指民用船舶按《船舶吨位丈量规范》所测定的内部总容积，净吨位是从总吨位中减除按《船舶吨位丈量规范》规定为非营运处所的容积而得出的吨位，吨位的单位为登记吨，1 登记吨等于 2.832 米。国际上有《1969 年船舶吨位丈量公约》，其计算方法较为简便。吨位与舱容关系密切，两者都与船的长×宽×深密切相关。登记吨位和载重量分别反映船舱的容纳能力和船的承重能力。它们虽互有联系，但属不同的概念。

（4）船体型线图。表征船舶主体（包括舷墙和首楼、尾楼）的型表面的形状和尺寸，是设计和建造船舶的主要图纸之一。它由三组线图构成：横剖线图、半宽水线图和纵剖线图。三者分别由横剖面、水线面和纵剖面与船体型表面切割而成。

（5）船体结构图。反映船体各部分的结构情况。船体各相关部分的结构既独立又相互联系。船舶主体结构是保证船舶纵向和横向强度的关键，通常把它看成一个空心梁进行设计，并用船中横剖面结构图来反映它的部件尺寸和规格。

3. 船舶主要性能

船舶的主要性能有浮性、稳性、抗沉性、快速性、耐波性、操纵性和经济性等。

（1）浮性是指船在各种装载情况下，能浮于水中并保持一定的首、尾吃水和干舷的能力。根据船舶的重力和浮力的平衡条件，船舶的浮性关系到装载能力和航行的安全。

（2）稳性是指船受外力作用离开平衡位置而倾斜，当外力消失后，船能回复到原平衡位置的能力。一般水面船舶的稳性主要是指横倾斜时的稳性。船宽、水线面系数、干舷、重心高度、水面以上的侧面积大小和高度，以及船体开口密封性的好坏等，是影响船舶稳性的主要因素。

（3）抗沉性是指船体水下部分如发生破损，船舱淹水后仍能浮而不沉和不倾覆的能力。中国宋代造船时就首先发明了用水密隔舱来保证船舶的抗沉性。船舶主体部分的水密分舱的合理性、分舱甲板的干舷值和完整船舶稳性的好坏等，是影响抗沉性的主要因素。

（4）快速性是表征船在静水中直线航行速度，与其所需主机功率之间关系的性能。它是船舶的一项重要技术指标，对船舶使用效果和营运开支影响较大。船舶快速性涉及船舶阻力和船舶推进两个方面。合理地选择船舶主尺度、船体系数（尤其是方形系数 G 和棱形系数 G）和线型，是降低船舶阻力的关键。

（5）耐波性指船舶在波浪中的摇荡程度、失速和甲板溅浸（上浪、溅水）程度等。耐波性不仅影响船上乘员的舒适和安全，还影响船舶安全和营运效益等，因而日益受到重视。

（6）船舶的操纵性指船舶能按照驾驶者的操纵保持或改变航速、航向或位置的性能，主要包括航向稳定性和回转性两个方面，是保证船舶航行中少操舵、保持最短航程、靠离码头灵活方便和避让及时的重要环节，关系到船舶航行安全和营运经济性。

（7）经济性是指船舶投资效益的大小。它是促进新船型的开发研究、改善航运经营管理和造船工业发展的最活跃因素，日益受到人们的重视。船舶经济性属船舶工程经济学研究的内容，它涉及使用效能、建造经济性、营运经济和投资效果等指标。

4. 船籍和船旗

船籍指船舶的国籍。商船的所有人向本国或外国有关管理船舶的行政部门办理所有权登记，取得本国或登记国国籍后才能取得船舶的国籍。

船旗是指商船在航行中悬挂其所属国的国旗。船旗是船舶国籍的标志。按国际法规定，商船是船旗国浮动的领土，无论在公海还是在他国海域航行，均需悬挂船籍国国旗。船舶有义务遵守船籍国法律的规定并享受船籍国法律的保护。

方便旗船就是在船舶登记开放，或者宽松的国家进行登记，从而取得该国国籍，并悬挂该国国旗的船舶。通常有巴拿马、利比里亚、洪都拉斯、塞浦路斯、巴哈马、缅甸、柬埔寨等国家的方便旗船。

5. 船级

船级是表示船舶技术状态的一种指标。在国际航运界，凡注册总吨在 100 吨以上的海运船舶，必须在某船级社或船舶检验机构监督之下进行监造。在船舶开始建造之前，船舶各部分的规格需经船级社或船舶检验机构批准。每艘船建造完毕，由船级社或船舶检验局对船体、船上机器设备、吃水标志等项目和性能进行鉴定，发给船级证书。证书有效期一般为 4 年，期满后需重新予以鉴定。

船舶入级可保证船舶航行安全，有利于国家对船舶进行技术监督，便于租船人和托运人选择适当的船只，以满足进出口货物运输的需要，便于保险公司决定船、货的保险费用。

世界上比较著名的船级社有：英国劳埃德船级社、德国劳埃德船级社、挪威船级社、法国船级局、日本海事协会、美国航运局、中国船舶检验局。

6. 船舶的主要文件

船舶文件是证明船舶所有权、性能、技术状况和营运必备条件的各种文件的总称。船舶必须通过法律登记和技术鉴定并获得这类有关正式证书后，才能参加营运。国际航行船舶的船舶文件主要有：船舶国籍证书（Certificate of Nationality）、船舶所有权证书（Certificate of Ownership）、船舶船级证书（Certificate of Classification）、船舶吨位证书（Tonnage Certificate）、船舶载重线证书（Certificate of Load Line）、船员名册（Crew List）、航行日志（Log Book）。

此外，还有轮机日志、卫生日志和无线电日志等。根据我国现行规定，进出口船舶必须向港务管理机关（港监）呈验上述所有文件。

Mission 任务 3 铁路运输运载设备

学习指南

本项任务将引领大家掌握铁路车辆及机车主要类型，了解铁路车辆的特点。同时，可根据铁路货运车辆的性能，并结合运输对象选择铁路运载工具。

一、机车类型及特点

铁路车辆本身没有动力装置，无论是客车还是货车，都必须把许多车辆连接在一起编成一列，由机车牵引才能运行，如图 3-18 所示。

图 3-18 铁路车辆

所以，机车是铁路车辆的基本动力。铁路上使用的机车按照机车原动力，可分为热力机车和电力机车两种。随着铁路电气化改造，电力机车的比重越来越大。

（1）热力机车。所装的原动机属于热机，如蒸汽机车、柴油机车、燃气轮机车等，如图 3-19 所示。这类机车都携带燃料和水，是自带能源的机车，能独立地行驶，只要有合适的轨道和添加燃料与水的设备，就能运行。但机车重量和外形尺寸分别受轴重和铁路限界的约束，不能造得过重过大，因而装于机车内的动力装置的重量和尺寸也受到约束。

图 3-19 热力机车

柴油机和燃气轮机均属内燃机，装用这两种原动机的机车称为内燃机车。柴油机车安装用的传动装置的传动方式，又可分为机械传动柴油机车、电力传动柴油机车和液力传动柴油机车；燃气轮机车也是如此。

（2）电力机车。一种由外部电站输给沿铁路的变电所，再经轨道上空的接触网或铺设于轨道一侧的第三轨供给电能的机车，如图 3-20 所示。供电容量不受额定功率限制，因此，它具有功率大，短时过载能力强，运行速度高，加速快，牵引力大，没有排烟排气污染环境等优点，适用于运输繁忙或坡度大、隧道长的铁路线上，尤其适用于大城市城郊运输和地下铁道运输。但这种机车只能运行于架有接触网或铺设第三轨并供电的线路上，不如热力机车机动灵活。电气化铁路还对附近电信通信有干扰。因为要架设接触网或铺设第三轨以及每隔一定距离设置变电所等，所以基本建设投资较大。

图 3-20　电力机车

二、货运车辆类型

铁路车辆是运送旅客和货物的工具，它本身没有动力装置，需要把车辆连接在一起由机车牵引，才能在线路上运行。

铁路车辆可分为客车和货车两大类。铁路货车的种类很多，按照用途或车型可分为通用货车和专用货车两大类。

铁路货车的车种、用途与特点见表 3-1。

表 3-1　铁路货车的车种、用途与特点

车辆类型		基本型号	用途及特点
通用货车	棚车	P	棚车车体由端墙、侧墙、棚顶、地板、门窗等部分组成。主要装运怕日晒、雨淋、雪浸的货物（粮食、日用品、贵重仪器设备等）。部分棚车还可运送人员和马匹，图 3-21
	敞车	C	敞车仅有端、侧墙和地板。主要装运煤炭、矿石、木材、钢材等，也可装运质量不大的机械设备，苫盖篷布可装运怕雨淋的货物，图 3-22
	平车	N	大部分平车只有一平底板。供装运特殊长大重型货物，因而也称作长大货物车
	冷藏车	B	车体装有隔热材料。车内设有冷却、加温等装置，具有制冷、保温和加温三种性能。用于运送新鲜蔬菜、水果、鱼、肉等易腐的货物，图 3-23
	罐车	G	其车体为圆筒形，罐体上设有装卸口。罐车主要用于运送液化石油气、汽油、硫酸、酒精等液态货物或散装水泥等，图 3-24
专用货车	专用敞车	C	供具有翻车机的企业使用，主要用于装运块粒状货物且采用机械化方式装卸
	专用平车	X，SQ	运送小汽车（型号为 SQ）与集装箱（型号为 X）的平车。运送小汽车的平车车体一般分为 2～3 层，并没有跳板，以便汽车自行上下
	漏斗车	K	用于装运块粒状散装货物，主要运送煤炭、矿石、粮食等
	水泥车	U	用来运送散装水泥的专用车
	家畜车	J	用于运送活家禽、家畜等的专用车。车内有给水、饲料的储运装置，还有押运人乘坐的设施

我国的货车可分为 20 吨以下、25～40 吨、50 吨、60 吨、65 吨、75 吨、90 吨等各种不同的车辆。为适应我国货物运量大的客观需要，有利于多装快运和降低货运成本，我国目前以制造 60 吨车辆为主。

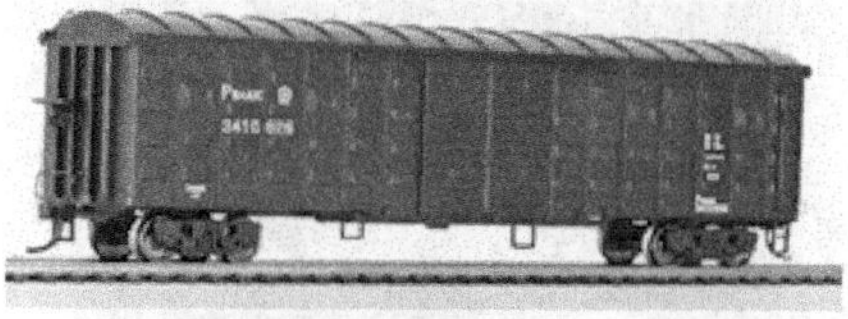

图 3-21　棚车

图 3-22　敞车

图 3-23　冷藏车

图 3-24　罐车

Mission 任务 4 航空运输运载设备

学习指南

本项任务将引领大家了解飞机的分类及结构，理解飞机主要性能指标，同时掌握货运飞机集装设备及各种集装设备的适用对象。

一、飞机类型及结构

1. 飞机的分类

航空器可分为轻于空气的航空器（如气球、飞艇等）与重于空气的航空器（如飞机与各种直升机、滑翔机、旋翼机等）。飞机是最重要的航空器，由于它的用途很多，其分类方法也很多。

（1）按构造分类

按机翼数目：分为双翼机和单翼机。

按发动机类型：活塞式发动机及螺旋桨组飞机和喷气式飞机。

按发动机数目：单发动机、双发动机、三发动机和四发动机飞机。

按起落地点：陆上、雪（冰）上、水上、两栖飞机和舰载飞机。

按起落方式：滑跑起落式和垂直/短距起落式飞机。

此外，还可按尾翼位置或数量、机身数量分类。

（2）飞机按用途分类

可分为军用机、民用机、研究机三类，如图 3-25 和图 3-26 所示。

图 3-25 军用机

图 3-26 民用机

旅客机：用于运载旅客和邮件。旅客机可按大小和航程分为：洲际航线上使用的大型旅客机、国内干线上使用的中型旅客机、支线上使用的轻型旅客机。目前各国使用的旅客机大多是亚音速机。超音速旅客机有两种，其最大巡航速度为二倍音速。

货机：用于运送货物，一般载重较大，有较大的舱门，或机身可转折，便于装卸货物；货机修理维护简易，可在复杂气候下飞行。

教练机：用于训练飞行人员，一般可分初级教练机和高级教练机。

农业机、林业机：用于农业喷药、施肥、播种、森林巡逻、灭火等。大部分属于轻型飞机。

体育运动机：用于发展体育运动，如运动跳伞等，可作机动飞机。

多用途轻型飞机：这类飞机种类与用途繁多，如用于地质勘探、航空摄影、空中游览、紧急救护、短途运输等。

目前世界上最大的货机是安-225 大型货机，全球只生产了一架。该机飞机翼展 88.40 米，机长 84 米，机高 18.2 米，最多可装载 250 吨货物，起飞全重达 600 吨。

2. 飞机的结构

飞机主要有机翼、机身、动力装置、起落装置、操纵系统等部件组成。

（1）机翼。机翼是为飞机飞行提供举力的部件。机翼由内骨架、外部蒙皮和机身连接的接头组成。它还作为油箱和起落架舱的安放位置。机翼的翼型是流线型的，上表面凸起弯曲大，下表面弯曲小或是平面，机翼的前缘和后缘加装了很多改善或控制飞机气动性能的装置，这些装置包括副翼、襟翼、缝翼和扰流板等。

（2）机身。机身是飞机的主体，它左右对称并呈流线型。机身用来装载人员、货物、安装设备，并将飞机的各部件连接为整体。大型客机机身由机头、前段、中段、后段和尾锥组成。机头主要是雷达天线和整流罩；前段和中段为气密增压舱，空间被地板分成上、下两部分，上部为驾驶舱和客舱，下部为货舱、设备舱和起落架舱；后段主要安装尾翼及部分设备；尾锥主要是辅助动力装置的排气管。

（3）动力装置。飞机的发动机以及保证发动机正常工作所必需的系统和附件的总称。飞机的动力装置可分为活塞式、涡轮式、原子能式。

时速<600km：螺旋桨活塞式发动机；

时速<800km：涡轮螺旋桨发动机；

时速>800km：涡轮喷气式发动机。

（4）起落装置。飞机起落装置的功能是使飞机能在地面或水面平顺起飞、着陆、滑行和停放，降落时吸收撞击能量以改善起落性能。起落装置主要分为起落架和改善起落性能的辅助装置两部分。

（5）操纵系统。飞机操纵系统分为主操纵系统和辅助操纵系统。主操纵系统主要是对升降舵、方向舵和副翼 3 个主要操纵面的操纵。辅助操纵系统是对水平安定面、襟翼、调整片等的操纵。

二、飞机性能及技术参数

1. 速度性能

反映飞机速度性能的指标主要有两个：即飞机的“最大平飞速度”和“巡航速度”。

最大平飞速度：指飞机做水平直线飞行，当飞机的阻力与发动机的最大可用推力相等，飞机所能达到的最大飞行速度。飞机在不同的高度上有不同的最大平飞速度。在 11km 左右的高度上，飞机的最大平飞速度最大。

巡航速度：即发动机每公里消耗燃油最少时的飞行速度。显然，当飞机以巡航速度飞行时，最为经济，航程最远或航时最长。

飞机不能长时间地以最大平飞速度飞行，因为，一方面会损坏发动机，另一方面消耗的燃油也太多。因此对需做长途飞行的飞机而言，更注重的是巡航速度。

2. 爬升性能

爬升性能主要指飞机的最大爬升速率和升限。最大爬升速率是指单位时间内飞机所上升的最大高度。飞机的爬升高度要受到发动机推力的限制，因为高度越高，发动机的推力就越小，当飞机爬升到某一高度，发动机的推力只能克服平飞阻力时，飞机就不能再继续爬升了，这一高度称为飞行的“理论升限”。通常使用的概念是实用升限，即飞机还能以每秒 0.5m 的垂直高度爬升时的飞行速度。

3. 续航性能

续航性能主要指航程和续航时间（航时）。航程是指飞机起飞后，爬升到平飞高度平飞，再由平飞高度下降落地，且中途不加燃油和滑油，所获得的水平距离的总和。

飞机的航程既取决于飞机的载油量和飞机单位飞行距离耗油量，同时也和其业务载重量有关。飞机的最大航程是指飞机在最大载油量和飞机单位飞行距离耗油量最小的情况下飞行所获得的航程。

续航时间是指飞机一次加油，在空中所能持续飞行的时间。

4. 起降性能

飞机的起降性能包括飞机起飞离陆速度和起飞滑跑距离、飞机着陆速度和着陆滑跑距离。

在地面滑跑的飞机，当其前进速度产生的升力略大于飞机的起飞重量时，飞机就能够离陆了。

离陆距离包括起飞滑跑距离和起飞爬升距离两部分。起飞滑跑距离是指飞机从松开刹车沿跑道向前滑跑至机轮离开地面所经过的距离。起飞爬升距离是指机轮离开地面到升高至规定的安全高度，飞机沿地平线所经过的距离。飞机发动机的推力越大，最小平飞速度越小，其离陆距离也就越短。

着陆速度是指飞机着陆过程中，飞机飘落、机轮触地时的水平速度。这一速度越小越安全。

着陆距离是指飞机由50英尺（15.3m）高度到完全停止的距离。

三、货运飞机集装设备

货运飞机集装设备是指为提高运输效率而采用的托盘、集装箱等成组装载设备。为使用这些设施，飞机的甲板和货舱都设置了与之配套的固定系统。装运集装器的飞机，其舱内应有固定集装器的设备，当集装器固定于飞机上时，集装器就成为飞机的一部分，所以飞机的集装器的大小有严格的规定。

1. 集装器按注册与非注册划分

（1）注册的飞机集装器：注册的飞机集装器是国家政府有关部门授权集装器生产厂家生产的，适宜于飞机安全载运的，在其使用过程中不会对飞机的内部结构造成损害的集装器。

（2）非注册的飞机集装器：非注册的集装船是指未经有关部门授权生产的，未取得适航证书的集装器，非注册的集装器不能看作飞机的一部分。因为它与飞机不匹配，一般不允许装入飞机的主货舱，仅适合于某些特定机型的特定货舱。

2. 按用途划分

（1）集装板：集装板是具有标准尺寸的，四边带有卡销轨或网带卡销限，中间夹层为硬铝合金制成的平板，以使货物在其上码放。网套是用来把货物固定在集装板上，网套是靠专门的卡锁装置来固定。

（2）集装棚：有非结构式集装棚和结构式集装棚之分。非结构式集装棚：无底、前端敞开，套到集装板及网套之间；结构式集装棚：与集装板固定成一体，不需要网套。

3. 航空集装箱

航空集装箱是指在飞机的底舱与主舱中使用的一种专用集装箱，与飞机的固定系统直接结合，不需要任何附属设备，如图3-27所示。

图3-27 航空集装箱

Mission 任务5 管道运输运载设备

学习指南

本项任务将引领读者了解管道运输系统的组成及分类，理解管道运输设备的维护技术，可根据货物状态选择相应管道运输方式。

一、管道系统构成

管道运输（Pipeline Transport）是用管道作为运输工具的一种长距离输送液体和气体物资的运输方式，是一种专门由生产地向市场输送石油、煤和化学产品的运输方式，是统一运输网中干线运输的特殊组成部分。管道运输主要有输油管道、输气管道和固体浆料管道运输等，它们采用的设备也各不相同。下面以输油管道系统的组成为例进行介绍。

1. 输油管道系统的组成

长距离输油管由输油站和线路两大部分组成。输油管起点有起点输油站，也称首站，其主要组成部分是油罐区、输油泵房和油品计量装置。首站的任务是收集原油或石油产品，经计量后向下一站输送，如图3-28所示。

图3-28 西气东输塔里木油田轮南站

油品沿管道向前流动，压力不断下降，需要在沿途设置中间输油泵站继续加压以便将油品送到终点，为继续加热则设置中间加热站。输油管的终点又称末站，它可能属于长距离输油管的转运油库，也可能是其他企业的附属油库。末站的任务是接受来油和向用油单位供油，所以有较多的油罐与准确的计量系统。

长距离输油管的线路部分包括管道本身，沿线阀室，通过河流、公路、山谷的穿（跨）越构筑物，阴极保护设施，以及沿线的简易公路、通信与自控线路、巡逻人员住所等。

对低凝固点原油都采用常温输送，而对高凝固点的原油则需采用加热输送。

2. 管道运输的基本设施设备

管道运输系统的基本设施包括管道、储存库、压力站（泵站）和控制中心。

（1）管道。管道是管道运输系统中最主要的部分，它的制造材料可以是金属、混凝土或塑胶，完全依靠输送的货物种类及输送过程中所要承受的压力大小而决定。

（2）储存库。由于管道运输的过程是连续进行的，因此管道两端必须建造足够容纳其所承载货物的储存库。

（3）压力站（泵站）。压力站是管道运输动力的来源，靠压力推动货物经由管道从甲地输送到乙地。一般管道运输压力的来源可有气压式、水压式、重力式及最新的超导体磁力式。通常气体的输送动力来源靠压缩机来提供，这类压力站彼此之间的设置距离一般为80～160km。液体的输送动力则是靠泵提供，这类的压力站设置距离为30～160km。

（4）控制中心。管道运输虽具有高度自动化的特点，但它仍需要有良好的控制中心如图3-29所示。并配合最现代的监测器及熟练的管理与维护人员，随时检测、监视管道运输设备的运转情况，以防止意外事故发生时所造成的漏损及危害。

图3-29 管道运输控制中心

二、运输管道的分类

1. 按所输送的物品不同分

（1）输油管道。输油管道又可分为原油管道和成品油管道。

原油运输主要是自油由将原油输给炼油厂，或输给转运原油的港口或铁路车站，或两者兼而有之。因此其运输特点是：输量大、运距长、收油点和交油点少，特别适宜用管道输送。世界上的原油约有85%以上是用管道输送的。

成品油管道输送汽油、煤油、柴油、航空煤油和燃料油，以及从油气中分离出来的液化石油气等成品油（油品）。每种成品油在商业上有多种牌号，常采用在同一条管道中按一定顺序输送多种油品的工艺，这种工艺能保证油品的质量和准确地分批运到交油点。成品油管道的任务是将炼油厂生产的大宗成品油输送到各大城镇附近的成品油库，然后用油罐汽车转运给城镇的加油站或用户。其运输特点是：批量多、交油点多。因此，管道的起点段管径大，输油量大；一经多处交油分输以后，输油量减少，管径亦随之变小，从而形成成品油管道多级变径的特点。

（2）输气管道。输气管道输送天然气和油田伴生气的管道，包括集气管道、输气干线和供配气管道。就长距离运输而言，输气管道系指高压、大口径的输气干线。这种输气管道约占全世界管道总长的一半。

图 3-30　固体料浆管道

（3）固体料浆管道。固体料浆管道主要用于输送煤、铁矿石、磷矿石、铜矿石、铝矾土和石灰石等矿物，配置浆液主要用水，还有少数采用燃料油或甲醇等液体作载体。其输送方法是将固体粉碎，与适量的液体配置成可泵送的浆液，再用泵按液体管道输送工艺进行输送。到达目的地后，将固体与液体分离送给用户，如图 3-30 所示。

2. 运输管道按用途不同分

（1）集输管道。集输管道（或集气管道）是指从油（气）田井口装置经集油（气）站到起点压力站的管道，主要用于收集从地层中开采出来的未经处理的原油（天然气）。

（2）输油（气）管道。以输气管道为例，它是指从气源的气体处理厂或起点压气站到各大城市的配气中心、大型用户或储气库的管道，以及气源之间相互连通的管道，输送经过处理符合管道输送质量标准的天然气，是整个输气系统的主体部分。

（3）配油（气）管道。对于油品管道来说，它是指在炼油厂、油库和用户之间的管道。对于输气管道来说，是指从城市调压计量站到用户支线的管道。该类管道压力低、分支多、管网稠密、管径小，除大量使用钢管外，低压配气管道口也可用塑料管或其他材质的管道。

三、管道设备的维护

1. 管道防腐技术

尽管管道系统有便于管理、运行安全的特点，但由于其输送管道大多深埋于地下，给日常维护带来一定困难。尤其是管道和储罐的腐蚀，不仅会造成因穿孔而引起的油、气、水跑漏损失与污染，给维修带来材料和人力的浪费，而且还可能引起火灾和爆炸。针对发生腐蚀的原因，通常可采取下列措施：

（1）选用耐腐蚀材料制造的管道。如聚氯乙烯管，海洋油气管道中采用的含钼和钛的合金钢管。

（2）在输送或储存介质中加入缓蚀剂以抑制管道的内壁腐蚀。

（3）在管道内外壁上采用防腐绝缘涂层，使钢管与腐蚀介质隔离。例如，在输气管道内壁喷涂环氧树脂，既可防止内腐蚀，也可减少输送时的摩擦阻力。

（4）采用阴极保护法。即对被保护的金属管道通以外接电流，使整个管道成为腐蚀电池的阴极而得到保护。

2. 管道清洗技术

管道运输是原油、天然气最主要的运输方式。但因油、气中含有各种盐类、杂质、硫化物、细菌等，管线经长期运行而造成结垢、被腐蚀等影响生产的因素，因此，需对管道进行清洗、修复，输油（气）管道清洗技术也随之产生，清洗是一门工程技术，也是一个新兴的科学技术领域。

输油（气）管道清洗技术是该科学技术领域的一部分，是一项延长管道使用寿命，保证管道正常运行的实用技术。按其清洗目的可分为投产前的清管、运行中的除垢、改输前的清洗。

目前，对于管线清洗技术主要分为三大类：物理清洗法、化学清洗法、物理和化学结合清洗法。

（1）物理清洗法。包括高压水射流清洗、机械法清洗、PIG 清洗、喷砂清洗、电子跟踪式清洗、爆炸清洗法等。

（2）化学清洗法。多用于一般金属管道、不锈钢管道和管道脱脂，化学法清洗管道是向管道内投入含有化学试剂的清洗液，与污垢进行化学反应，然后用水或蒸汽吹洗干净。为了防止在化学清洗过程中损坏金属管道的基底材料，可在酸洗液里加入缓蚀剂；为提高管道清洗后的防锈能力，可加入钝化剂或磷化剂使管道内壁金属表层生成致密晶体，提高防腐性能。

（3）物理和化学结合清洗法。物理和化学清洗这两类方法，对工业管线及相关设备清洗各有千秋，然而单独使用哪一种方法都不具备把两者结合起来使用时所具有的优势，从技术上说应取长补短，相辅相成；从经济上来说，也应合理选用、兼收并蓄。单独用化学试剂来清洗，会降低管道寿命，提高清洗成本，而且有些污垢难以用化学方法完全处理干净。同样，对长期输送沉积速度较快的输油管线，单纯用清管器也难以达到改输后理想的效果。物理清洗与化学清洗多种方法结合使用已成为当今清洗技术发展的一种趋势，现已开发出多种实用的复合清洗技术，可获得最佳效果。

总之，对管线及设备进行更为有效的清洗，必须对管线现状，清洗要求及相关信息、资料进行综合分析评价，优化组合，这样才能有针对性地筛选出最好的制剂和方法，达到最佳清洗效果。

知识点延伸

车辆的使用管理

车辆管理是指对车辆进行择优选配、正确使用、定期检测、强制维护、视情修理、合理改造、适时更新的一系列活动过程。对车辆管理的总体要求是：为运输和配送活动提供性能优良、高效低耗的运输车辆，不断保持和提高运输车辆的先进性与适用性。

车辆管理包括两大方面的内容：一是车辆的技术管理，即对车辆物质运动形态的管理；二是车辆的经济管理，即对车辆价值运动形态的管理。在此，主要讲述车辆的技术管理。

从车辆的技术使用角度，其管理的内容主要有：车辆档案管理；建立科学的使用维护制度；合理组织车辆装载和拖挂；注意车辆在不同条件下的正确使用等。

1．车辆在一般条件下的使用

（1）车辆装载

① 车辆的额定装载质量，应符合制造厂或行政主管部门规定。

② 经过改造的车辆，或因其他原因需要重新标定装载质量时，应经车辆所在地主管部门核定。

③ 车辆换装轮胎时，轮胎负荷能力要符合原厂要求。

④ 车辆装载要均匀，否则会使车轴和轮胎超载。

⑤ 车辆载运易散落、飞扬、污秽物品时，应封盖严密。

（2）汽车拖挂

汽车拖挂应注意以下问题：

① 汽车拖挂总质量应根据不同使用条件，通过试验。

② 汽车拖带挂车时，只准许拖挂一辆。挂车的装载质量不准超过汽车的装载质量。连接装置必须牢固，防护网和挂车的制动器、标杆、标杆灯、制动灯、转向灯、尾灯必须齐全。

③ 汽车技术状况不良的汽车，不应组织拖挂。

④ 新车或大修车在走合期不应拖挂。

⑤ 汽车空载不得拖带重载挂车。

⑥ 驾驶操作不熟练的驾驶员不得驾驶带挂汽车。

⑦ 应在道路条件良好路线上组织拖挂，路况差的不宜拖挂。

（3）车辆运输危险货物的使用

① 在运输危险货物前，了解所运危险品的性质和注意事项，制定安全防范措施。

② 在运输时，要匀速行驶，避免急加速、急减速和紧急制动。

③ 运输易燃、易爆物品时，禁止在车上或周围吸烟或用明火，车上不得坐无关人员，在行人稠密的地方或有火源的地方严禁停车。

④ 对油罐车接地线要触地。

⑤ 在运载有毒物品时，应及时冲刷车辆，但严禁在河流、饮用水源处冲刷。

（4）车辆在通过危险路段等情况时的使用

车辆在通过危险的路段、渡口、桥梁和遇有临时开沟、设线、水毁、塌方、冰坎、翻浆等情况时必须采取有效的技术措施，保障行车安全。

（5）汽车燃润料和轮胎的使用

① 燃润料的规格必须符合汽车制造厂说明书的规定。

② 燃料的运输和存放要注意防火、防爆，预防损失和变质。

③ 燃润料应保持清洁，柴油必须经过沉淀、过滤后方能使用。

④ 不同种类、牌号的燃润料不得混合使用。

⑤ 按有关规定，做好废润滑油的回收和管理工作。

⑥ 加强轮胎管理，提高轮胎使用维修技术水平。

2．车辆在特殊条件下的使用

（1）车辆在低温条件下使用时，应采取预热、保温、防冻和防滑等措施。

（2）车辆在高温条件下使用时，应采取降温、防爆（防爆燃、防爆胎）和防气阻等措施。

（3）在山区或高原条件下使用车辆，汽车选型时应注意在山区或高原条件下使用的适应性，采用增压个冷柴油机，配气相位与车辆在山区或高原使用条件相适应，行车制动器具有辅助制动功能。对点火系和供油系作适当调整，加强制动系和操纵系的维护，安全驾驶。

3．车辆驾驶操作基本要求和日常维护

（1）车辆驾驶操作基本要求。行车前，做到预热启动、低速升温、低挡起步。行驶中，注意保持发动机温度，及时换挡、行驶平稳、安全滑行、合理节油。在拖带挂车时，加强主、挂车之间连接机构的检查，避免冲击。

（2）车辆日常维护

日常维护的主要内容归结为以下三个方面：

① 对车辆外观、发动机外表进行清洁，保持车容整洁。

② 对车辆各部润滑油（脂）、燃油、冷却液、制动液、各种工作介质、轮胎气压进行检视补给。

③ 对汽车制动、转向、传动、悬架、灯光、信号等安全部位和装置以及发动机的运转状况进行检视、校紧，确保行车安全。

4．车辆技术档案管理

车辆技术档案是记录车辆使用、维修、检测、事故、变更等情况的重要技术资料，是道路运输业户了解运输车辆技术状况的重要依据，同时也是道路运输管理机构对运输车辆实施技术管理的重要内容。

车辆技术档案是车辆管理的重要基础工作，其主要内容一般包括以下四个方面。

（1）车辆基本情况和技术性能记录。主要记载车辆名称、厂牌、型号、出厂日期、接收日期等基本情况，车辆技术性能参数，车辆装备，总成改装和变动情况等。依靠此类记录，可有效地指导车辆的使用、维护与修理等工作。

（2）车辆运行记录。主要记载车辆运行过程中燃料消耗、轮胎使用、技术故障、行驶里程、完成的运输周转量等。依靠此类记录，可考核车辆的使用寿命与运行效率。

（3）车辆检测维修记录。主要记载每次车辆检测的内容、结果、原因及解决对策，车辆每次维修的间隔里程、维修级别、占用行车日数及维修竣工后的技术状况等。依靠此类记录，可指导我们分析车辆故障规律，及早采取防范措施，有效开展车辆维护与修理工作。

（4）车辆肇事记录。主要记载每次车辆肇事的经过、原因、损坏情况、损失情况及处理结果等内容，以便指导企业的安全管理工作。

车辆技术档案工作必须要有专人管理，各项记录必须真实可靠、连续有序、详细完整，否则车辆技术档案将失去意义。

5．车辆技术鉴定与技术等级

（1）车辆技术鉴定。车辆技术鉴定一般应按省、直辖市、自治区交通运输厅（局）制定的“车辆技术状况等级鉴定规定”进行鉴定。企业应成立以技术部门为主的鉴定小组，每年至少进行一次年度车辆鉴定，分析一年中车辆技术状况的变化情况及原因，做出年度鉴定报告，鉴定结果应记入车辆技术档案，作为编制下年度车辆维修计划的依据。

（2）汽车技术等级评定。运输业所有车辆分为四级：一级，完好车；二级，基本完好车；三级，需修车；四级，停驶车。

行驶的汽车按性能和使用年限分为：一级车、二级车和三级车。

一级车：使用年限在七年以内；关键项分级的项目达到一级，关键项不分级的项目为合格；项次合格率大于等于90%；在运行中无任何保留条件。

二级车：使用年限超过七年；关键项分级的项目达到二级以上，关键项不分级的项目为合格；项次合格率大于等于80%；在运行中无任何保留条件；

三级车：凡达不到二级车技术等级标准的汽车均为三级车。

6．汽车技术经济定额评价指标

汽车技术经济定额指标是企业实行经济核算、分析经济效益和考核经营管理水平的重要依据。汽车技术经济定额评价指标主要有以下几项：

（1）行车燃料消耗定额。汽车百公里或完成百吨公里周转量所消耗燃料的限额。根据国标依据车型、使用条件、载质（客）量和燃料种类分别制定。

（2）轮胎行驶里程定额。新轮胎开始使用，经翻新到报废总行驶里程的限额。

（3）车辆维护和小修费用定额。车辆每行驶一定里程，维护和小修耗用的工时和物料费用的限额。

（4）车辆大修间隔里程定额。新车到大修，或大修到大修之间所行驶里程的限额。

（5）发动机大修间隔里程定额。新发动机到大修，或大修到大修之间所使用的里程的限额。

（6）车辆大修费用定额。车辆大修费用定额是指车辆大修所耗工时和物料费用的限额。

（7）完好率。指报告期内完好车日在总车日中所占比重。

车辆完好率表明在报告期内，技术状况良好可随时出车进行运输工作的车辆的情况，是反映车辆的技术状况、车辆管理、运用和修理、保养工作质量的指标。

（8）车辆平均技术等级。车辆技术等级评定就是对长期运行的车辆在一定时期的技术状况按统一的评定指标加以评估和划分。

车辆平均等级是指所有运输车辆技术状况的平均等级。

（9）车辆二级维护实施率

$$\text{二级维护实施率}=\frac{\text{完成的二级维护车辆数}}{\text{计划完成的二级维护车辆数}-\text{计划变更的二级维护车辆数}}\times 100\%$$

（10）维护返工率。车辆维护出厂后，返工量次占维护竣工总量次的百分比。

$$\text{车辆维护返工率}=\frac{\text{维护返工辆次}}{\text{维护竣工总辆次}}\times 100\%$$

（11）车辆新度系数。车辆新度系数是综合评价运输单位车辆新旧程度的指标。

$$车辆新度系数=\frac{年末单位全部运输车辆固定资产原值-累计折旧费}{年末单位全部运输车辆固定资产原值}\times 100\%$$

（12）小修频率。小修频率是指每千公里发生小修的次数（不包括各级维护作业中的小修）。

（13）轮胎翻新率。在统计期内经过翻新的报废轮胎占全部报废轮胎的百分比。

7．车辆的检测、维护与修理

汽车在使用过程中，随着行驶里程的增加，汽车的技术状况逐渐变差，出现动力性下降，经济性下降，排放污染物增加，使用可靠性降低，故障率上升等现象，严重时汽车不能正常运行。因此，对车辆进行定期检测、强制维护、视情修理是保证车辆运行技术状况良好的重要手段。

（1）车辆的检测诊断。车辆的检测诊断是利用现代化的检测仪器和设备，在汽车不解体的情况下，对汽车的动力性、经济性、安全性、可靠性、噪声和污染排放进行全面检查，以发现故障，并诊断出故障的原因和隐患部位。

（2）车辆维护。车辆维护（或保养）是为了减少零部件磨损和防止车辆早期损伤，保证车辆技术状况的良好，延长车辆使用寿命而采取的技术组织措施，其目的是维持车辆原有的运行能力。

车辆维护是根据维护作业范围和内容来确定的，可分为日常维护、一级维护、二级维护。车辆维护的目的是保持车容整洁，及时发现和消除故障、隐患，防止车辆早期损坏。车辆维护的时间间隔一般以行驶里程确定为好。

一级维护指除日常维护作业外，以清洁、润滑、紧固为作业中心内容，并检查制动、操纵等安全部件，由维修企业负责执行的车辆维护作业。

二级维护指除完成一级维护作业外，以检查、调整转向节、转向摇臂和悬架等经一定时间使用容易磨损或变形的安全部件为主，并拆检轮胎，进行轮胎换位，检查调整发动机工况和排气污染控制装置等，由维修企业负责执行的车辆维护作业。

二级维护要求在维护前进行不解体检测诊断以确定附加作业项目；尤其强调对安全部件检查（或拆检）、调整；检查调整发动机工况和排气污染控制装置的要求。

必须严格按要求到维修企业进行，在技术人员的指导下由专业汽车维护技工来完成。

（3）车辆修理。车辆修理是为了消除车辆故障，恢复车辆某个总成或个别零件的技术性能，延长车辆使用寿命所采取的技术组织措施，其目的是恢复车辆已经丧失了的运行能力，以便能继续安全、可靠、低耗地完成运输生产任务。

车辆修理按作业范围分为车辆大修、总成大修、车辆小修和零件修理。

车辆大修是新车或经过大修的车辆在行驶一定里程（或时间）后，经过检测诊断和技术鉴定，用修理或更换车辆任何零部件的方法，恢复车辆的完好技术状况，完全或接近完全恢复车辆寿命的恢复件修理。

总成大修是车辆的总成经过一定使用里程（或时间）后，用修理或更换总成任何零部件（包括基础件）的方法，恢复其完好技术状况和寿命的恢复性修理。

车辆小修是用修理或更换个别零件的方法，保证恢复车辆工作能力的运行性修理除车辆在运行过程或维护作业道程中发生或发现的故障或隐患。

零件修理是对因磨损、变形、损伤等而不能继续使用的零件进行修理。

8．车辆的更新与报废

（1）车辆更新。以新车辆或高效率、低消耗、性能先进的车辆更换在用车辆，称为车辆更新。

车辆更新包含了四个方面的含义：

① 同类型新车辆替换在用车辆；

② 高效率、低消耗、性能先进的汽车或大吨位车辆替换性能差或小吨位车辆；

③ 在用车辆尚未达到报废程度，但性能较差而被替换：

④ 在用车辆已达报废条件而被替换；

由此可见，凡属上述四个方面的车辆替换都属车辆更新范围。

（2）车辆报废。车辆经长期使用，车型老旧，性能低劣，物料超耗严重，维修费用过高，继续使用不经济、不安全的应予报废。具体按《汽车报废标准》的规定执行。

船舶货运的常识

1．船舶的载重性能

船舶作为运载货物的工具，其装载货物重量大小的能力，主要取决于船舶载重性能，通常用船舶水量、载重量和载重线标志等方法表示。

（1）排水量（displacement，D）。排水量是指船体在水中的部分所排开水的重量（单位：t）。按照船舶装载状态的不同，排水量可分为：

空船排水量（Light displacement，D1）。指船舶装备齐全但无载重时的排水量。空船排水量等于空船重量。按规定应包括船体、机器及设备、机器中的燃料及润料等重量的总和。新船的空船重量是一个定值，可在船舶资料中查得。

满载排水量（Full load displacement，DF）。指船舶的吃水达到规定的满载水线（通常指夏季载重线）时的水量。满载排水量等于船舶满载时的总重量，应包括空船重量、货物、燃润料、淡水、压载水、船员及行李、粮食和供应品、船用备品等各类载荷重量的总和。

装载排水量（Loaded displacement，DL）。指船舶时载一定货物的排水量。其大小可根据船舶的装载状态确定。

（2）载重量。在船舶运输生产中更为重要的是船舶的载重能力，即船舶的载重量。载重量分为总载重量和净载重量。

① 总载重量（Dead weight，DW）。是指船舶在某一吃水情况下所能装载的货物、燃润料、淡水、供应品及其他物品的总重量，该值等于装载排水量与空船排水量之差。即

$$DW=DL-D1$$

总载重量随排水量（或吃水）的变化而不同。总载重量（DW）一般指吃水达到夏季载重线时的载重量，也称为船舶最大载重量、满载载重量度，它等于夏季满载排水量与空船排水量之差。

② 净载重量（Net dead weight，NDW）。净载重量是船舶具体航次所能装载货物的最大重量，等于载重量减去该航次总储备量（包括航次所需的燃料、淡水、供应品、船员、行李等重量）及船舶常数，即

$$NDW=DW-\Sigma G-C$$

式中：ΣG——航次总储备量（t）；

C——船舶常数（t）。

船舶常数是指船舶经过营运一段时间后的空船排水量与新船出厂时的空船排水量之差。

（3）载重线标志。载重线标志是勘绘在船中部两侧船壳板上作为在不同条件下的船舶的载重量限制，保证船舶在不同条件下航行的安全，如图 3-31 所示。

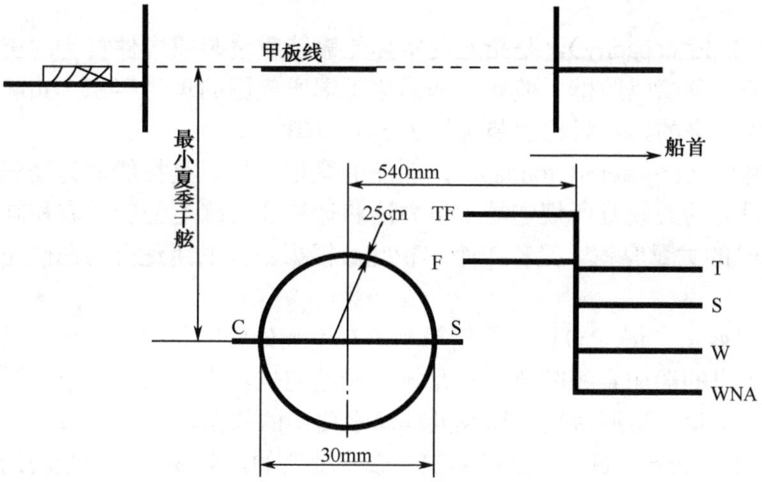

图 3-31　船舶载重线标志

载重线标志包括一个圆环和与圆环相交的一条水平线，该水平线上缘通过圆环的中心，而圆环中心正处于船中处。在它正上方有一长水平线叫做甲板线，该甲板线上缘正通过干舷甲板的上表面，圆环中心至甲板本上缘的垂直距离为夏季干舷。在圆环两侧加绘的字母“C”和“S”表示勘定干舷的机构是“中华人民共和国船级社”。圆环向船首方向还绘有不同区域和不同季节的载重水线，它们是：

① 夏季载重线“X”（summer load-line，S）。该水线与圆盘中心线处于同一高度。

② 冬季载重线“D”（winter load-line，W）。

③ 北大西洋冬季载重线“BDD”（Winter North Atlantic loadline，WNA）。长度大于 100m 的船舶可不绘此线。

④ 热带载重线“R”（tropical loadline，T）。

⑤ 夏季淡水载重线“Q”（summer fresh water loadline，F）。

⑥ 热带淡水载重线“RQ”（tropcal fresh water loadline，TF）。

载重线规定了船舶在不同区域和季节的干舷大小，船舶应严格遵守载重线海图中载重线的海区、季节规定。

我国沿海的季节期只有热带和夏季之分，故沿海航行船舶不需要勘绘冬季载重线，并且圆环下半圆为实心半圆。

对于甲板上运木材的船舶，干舷可以小些，因此在圆环船尾方向另绘有木材载重线，并在各载重线前面加一个如“M”字，如“MX”“MD”等。

2．船舶的容积性能

船舶所具有的容纳各类货载体积的性能就是船舶的容积性能，通常由船舶的货舱容积、登记吨位和舱容系数来反映。

（1）货舱容积（capacity of cargo hold）。船舶的货舱容积是指船舶货舱内实际能够装货物的空间，一般分为散装容积与包装容积两种。

散装容积（grain capacity）。是指货舱内实际能够装载散装货物的空间。它是由两舷外板内侧、两横隔舱壁和舱底板所包围的理论容积，扣除肋骨、横梁、支柱等所占容积计算出来的。

包装容积（bale capacity）。是指舱内实际能够装载包装或成件货物的空间。它是由两舷肋骨护板内侧、两横隔舱壁、舱底板和横梁下端所包围的理论容积，扣除空间内的支柱等所占容积计算出来的，一般比散装容积小5%～10%。

（2）登记吨位（registered tonnage）。船舶的登记吨位，是指船舶为登记注册的需要，按照有关的丈量公约或规范所规定的丈量办法和计算公式确定的船舶容积吨位，一个“吨位”等于$2.83m^3$的丈量容积，又称1个容积吨。根据不同的用途分为总吨位、净吨位和运河吨位。

总吨位（gross tonnage，GT）。是指船舶所有围蔽处所的总容积，按丈量公约或规范规定的测算公式求出的船舶容积吨位。它是统计船舶吨位，表示船舶大小，区别船舶等级，计算船舶建造、买卖、租船费用，以及处理海事赔偿的依据。

净吨位（net tonnage，NT）。是指船舶各载货处所的总容积，按丈量公约或规范规定的测算公式求出的船舶容积吨位。它是计算船舶各种港口使费，如引航费、灯塔费、停泊费等各项费用的依据。

运河吨位（canal tonnage）。是指苏伊士运河和巴拿马运河等运河管理当局按各自制定的丈量办法计算出来的船舶容积吨位。它是船舶通过这些运河时需交付运河费的计算依据。

（3）舱容系数（coefficient of load）。舱容系数是指货舱总容积和船舶净载重量的比值，即第一吨净载重量所拥有的货舱容积。

$$\text{舱容系数}（\mu）=\frac{\text{货舱总容积}（V）}{\text{净载重量}（NDW）}$$

舱容系数可表示船舶适宜装载重货还是轻货。船舶资料中所列的舱系数是指船舶在夏季满载水线下为保持最大续航能力而装足燃油、淡水、供应品等重量的这一条件下的数值。

3．船舶装载能力

船舶载货能力是指船舶在具体航次中所能承运的货物数量的最大限额以及承运特殊货物或忌装货物的可能条件和数量限额。船舶载货能力包括载重能力、容量能力和其他载货能力三个方面。载重能力是指船舶在具体航次中所能承运货物重量的最大限额，用净载重量表示。容量能力是指船舶所能容纳货物体积的最大限额。其他载货能力对杂货船是指对性质互抵的货物的隔离能力以及对重大件、冷藏货、散装液体货、集装箱等特殊货物的承运能力。

提高船舶装载能力的基本途径：

（1）提高船舶的载重能力

① 根据航线上的限制水深或航次所应使用的载重线正确确定总载重量DW；

② 确定合理的燃料、淡水补给方案尽可能减少航次储备量ΣG；

③ 清除船上垃圾、废料和污物，减小船舶常数C。

④ 确定船舶的净载重量 NDW，$NDW=DW-\Sigma G-C$。

（2）轻重货物合理搭配。当货源充足时，船舶能否达到满舱满载，取决于货物的组成，即取决于船舶舱容系数ω与所运货物的加权平均积载因数 SF 之间的关系。货物积载因数简称 SF，是指货物所具有的平均量尺体积与货物的重量之比，单位为（m^3/t），量尺体积是指货物的最大外形尺寸之长、宽、高的乘积。

积载因数小于舱容系数，称为重货，反之为轻货。

在为船舶分配货载时，应注意轻、重货的合理搭配，尽量做到满舱满载。

（3）合理确定货位及提高堆装质量，减少亏舱。除了货种轻重搭配外，实际工作中还要根据货物特点合理选择舱位。如将笨重大件货尽量装在体积较大、形状规则的舱室，并配备一些小件货填空位；狭窄的舱位应堆装体积小的货或软包货，不在二层舱柜等高度不大的舱位堆积包装尺寸很大的货件，避免增加操作难度以致上边出现剩余空位无法装货而浪费舱容。装货质量的高低直接影响到舱容的利用程度，因此，要使装卸工人与船方密切配合，按照积载图的要求使货物在舱内紧密堆装，尽量减少亏舱损失。

（4）利用特殊舱室和舱面甲板装载货物。当舱容紧张，而载重能力又未得到充分利用的情况下，可考虑利用特殊舱室和舱面甲板装载货物。如当深舱和冷藏舱没有得到利用时，可考虑把一些小包装、质量轻、易于搬运的货物装在这些舱室里。另外，当有可供在甲板上积载的货物，如重大件、坚固包装的桶装货，在征得货物托运人同意的条件下，应尽量利用舱面甲板装载。这些措施也是充分利用船舶装载能力不可忽视的有效办法。

知识测试

一、判断题

1. 载货汽车的车身是指货厢和驾驶室。（是□　否□）
2. 载货汽车按整车装备质量进行分级。（是□　否□）
3. 货车轮距是指同一轴上两个轮胎中心线的距离。（是□　否□）
4. 船舶抗沉性是指船舶不发生沉没的能力。（是□　否□）
5. 铁路货车中的保温车车辆的基本型号是 B。（是□　否□）
6. 整车装备质量是指汽车满载时的总质量。（是□　否□）
7. 在所有船舶中油轮的总吨位最大。（是□　否□）

二、选择题

1. 需装运防雨、潮，防止丢失、散失等较贵重的物品时选用的铁路机车应为（　　）。

A．棚车　B．敞车　C．特种车　D．漏斗车

2. 微型载货汽车的最大总质量要求是（　　）。

A．不大于 1.0 吨　B．不小于 1.0 吨

C．不大于 1.8 吨　D．不小于 1.8 吨

3. 轿车按（　　）分级。

A．车辆长度　B．发动机排量

C．最大总质量　D．载客人数

4．电力机车获取电能的方式是（　　）。

A．车载发电机　　B．电瓶

C．蓄电池　　D．铁轨上方的输电网

5．适合于江海联运而无须码头装卸设备的船舶是（　　）。

A．杂货船　　B．散货船　　C．滚装船　　D．载驳船

6．机车是铁路运输的基本动力，从原动力来看，机车可分为蒸汽机车、（　　）和内燃机车。

A．电力机车　　B．电瓶机车

C．柴油机车　　D．柴电机车

7．牵引汽车的类别代号是（　　）。

A．1　　B．4　　C．5　　D．7

8．表示船舶总体规模大小的量是（　　）。

A．船舶排水量　　B．船舶总载重量

C．船舶总吨位　　D．船舶净吨位

9．机车是铁路运输的基本动力，其中前景最好，获得能量不受限制，功率较大的是（　　）。

A．蒸汽机车　　B．内燃机车

C．电力机车　　D．快速列车

10．汽车通常由（　　）组成。

A．发动机　　B．车身

C．底盘　　D．电气设备

E．制动设备

11．下述铁路货车的基本型号正确的是（　　）。

A．平车 N　　B．敞车 C　　C．棚车 P　　D．罐车 B

E．矿石车 K

12．特种货车主要包括（　　）。

A．全挂牵引车　　B．越野货车

C．专用作业车　　D．专用货车

E．平台式货车

三、简答题

1．在进行货运汽车选型时应考虑哪些主要使用性能？

2．提高船舶装载能力的主要途径有哪些？

3．航空运输的集装设备有什么特点？

4．双挂汽车列车是否为全挂汽车列车中的一种？

5．水泥车是否为火车通用车辆中的一种？

6．船舶的总载重量是否小于船舶的排水量？

7．航空集装设备与普通集装设备有哪些相同点？

8．试述什么叫水路运输设备，其特点有哪些？

9．货车有哪些类型？各有什么用途？

10．简述汽车的性能参数。

11．简述汽车的基本结构和各部分的作用。

12．铁路运输具备哪些特点？

13．提高船舶装载能力有哪些方面要求？

14．货运船舶有哪些主要类型？各有什么特点？

技能训练任务单3

<table>
<tr><td>任务名称</td><td colspan="3">货运车辆养护</td></tr>
<tr><td>学生学号</td><td></td><td>学生姓名</td><td></td></tr>
<tr><td>任务导入</td><td colspan="3">1．学生以小组的形式，在训练任务 1 的基础上，根据该物流中心对货运车辆养护管理要求，为保证运载资源稳定和可靠，对该中心相关车辆设计养护方案。
2．任务以小组为单位，每组 4～5 人，设 1 名组长。
3．在任务实施之前，在老师指导下进行相关资料的收集并做好知识准备。
4．在车辆养护方案设计过程中，教师对学生关于车辆结构、工作原理等知识的疑惑，加以指导，解答学生的疑问，注重设计的规范性。</td></tr>
<tr><td>成果形式</td><td colspan="3">1．在该物流中心实地调研与分析基础上，以小组形式提交该中心货运车辆养护方案。
2．以小组形式进行课堂答辩，其他小组参与评判，指出该小组货运车辆养护方案存在的问题，从而进一步优化，提高该方案可行性。</td></tr>
<tr><td>任务破解</td><td colspan="3"></td></tr>
<tr><td>学习体会</td><td colspan="3"></td></tr>
<tr><td rowspan="2">老师评价</td><td colspan="3">评语：</td></tr>
<tr><td colspan="3">成绩：________　　　　____年____月____日</td></tr>
</table>

Project 4 项目4 集装单元化设备

职业素养目标

- 职业理想
- 职业守则
- 学习能力
- 动手能力
- 创新精神

知识培养目标

- 掌握托盘与集装箱的概念
- 理解托盘破损的原因
- 理解集装箱的标记
- 了解集装箱类型及结构及其他集装设备
- 熟悉托盘规格与尺寸托盘类型

能力培养目标

- 能够进行托盘的维修保养
- 能够识别集装箱的标记
- 能够进行托盘分类

Mission 1 任务1 托盘使用与管理

学习指南

本项任务将引领大家掌握托盘的概念，熟悉托盘的分类及结构，进而理解托盘破损的原因。同时，掌握托盘维修保养的方法。

一、托盘概述

中华人民共和国国家标准物流术语（GB/T 18354-2001）对托盘（Pallet）的定义是，“用于集装、堆放、搬运和运输的放置作为单元负荷的货物和制品的水平平台装置。”

托盘是为了使货物有效地装卸、运输、保管，将其按一定数量组合放置于一定形状的台面上，这种台面供叉车从下部插入并符托起的叉入口中。在实际操作中，凡是满足上述基本结构的平台和在这种基本结构的基础上所形成的各种形式的集装器具均可称为托盘。

托盘是一种重要的集装器具，是物流领域中适应装卸机械化而发展起来的一种常用器具，托盘的发展总是与叉车同步，叉车与托盘的共同使用，形成的有效装卸系统大大地促进了装卸活动的发展，使装卸机械化水平大幅度提高，使长期以来在运输过程中的装卸瓶颈得以改善。它区别于普通的集合包装的地方，是随时处于“备战”状态，使静态的货物转变为动态的货物。将托盘与货物固定搭配，形成了托盘包装。托盘包装是以托盘为承载物，将包装件或产品码放在托盘上，通过捆扎、裹包或胶粘等方法加以固定，形成一个搬运单元，以便用机械设备搬运。

托盘既具有搬运器具的作用，又具有集装容器的功能。托盘的出现还促进了集装箱和其他集装方式的形成和发展。托盘作为物流系统化的重要工具，对物流系统的建立和形成都具有重要作用。托盘已成为和集装箱一样重要的集装方式，形成了集装系统的两大支柱。

1. 托盘的规格

国际上主要国家使用率最高的托盘的三种规格是：800mm×1 100mm、900mm×1 100mm、1 100mm×1 100mm。

因此，在 GB/T2934-2007《联运通用平托盘主要尺寸及公差》中，我国将 1 200mm×1 000mm 和 1 100mm×1 100mm 两种规格作为国家标准，并优先推荐使用 1 200mm×1 000mm 规格，其中木质托盘的上述尺寸应说明其具体的含水量，塑料托盘的上述尺寸应在 23℃± 2℃温度环境下进行尺寸测量。

2. 托盘的尺寸

托盘尺寸主要指托盘长度和托盘宽度。托盘长指纵梁或纵梁板方向上的面板尺寸（无纵梁或纵梁板的托盘长指较长的面板尺寸）。托盘宽是指垂直于托盘长度方向的铺板尺寸。端面是指宽度方向的托盘垂直面。而侧面是指托盘长度方向的托盘垂直面。托盘的尺寸如图 4-1 所示，世界部分国家（地区）托盘标准尺寸见表 4-1。

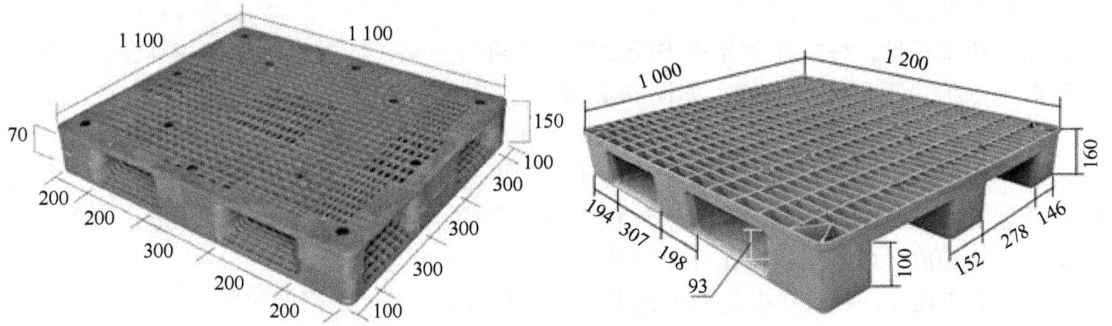

图 4-1　托盘的尺寸

表 4-1 世界部分国家（地区）托盘标准尺寸

国家（地区）	标 准 号	平 面 尺 寸	标 准
美国	ANSI/ASMEMH 1.2.2	48×78in、48×48in、48×42in、48×40in、48×36in、46×46in、44×44in、42×42in、40×40in、36×36in、35×47in、30×30in	其中：48×40in 名义尺寸为 1 200mm×1 000mm，44×44in 名义尺寸为 1 100mm×1 100mm
澳大利亚	AS 4068	1 100mm×1 100mm、1 165mm×1 165mm	平托盘
日本	JIS Z 0601	1 100mm×1 100mm	联运通用平托盘
韩国	KSA2155	1 100mm×1 100ram	联运通用平托盘
中国台湾	CNS 8172，Z 5099	1 100mm×1 100mm、1 200mm×1 100mm	联运通用平托盘
新加坡	SS 334	1 100mm×1 100mm、1 100mm×1 400mm、1 200mm×800mm、1 200mm×1 000mm、1 200mm×1 200mm、1 200mm×1 800mm	平托盘
德国	DIN 15141-1	1 200mm×800mm（欧洲）、1 200mm×1 000mm	联运通用平托盘
法国	NF H 50-001	1 200mm×800mm、1 200mm×1 000mm	联运通用平托盘
英国	BS/ISO 6780	1 140mm×140mm、1 200mm×800mm、1 200mm×1 000mm、1 219mm×1 016mm	联运通用平托盘，等同 ISO6780
俄罗斯	A 0CT 9078	1 200mm×800mm、1 200mm×1 000mm、1 200mm×1 600mm、1 200mm×800mm	平托盘

二、托盘类型及结构

（一）托盘类型

通常，按托盘的适用性可分为通用托盘和专用托盘两大类；按托盘的结构可以分为平托盘、柱形托盘、箱式托盘、轮式托盘、特种专用托盘五种；按材料分为木制托盘、钢制托盘、塑料托盘、高密度合成板制托盘、免熏蒸托盘、塑木托盘等。

1. 按托盘结构分

（1）平托盘。平托盘是托盘中使用最广泛的一种，也是托盘中通用托盘，一般所说的托盘主要指平托盘。

（2）柱式托盘。柱式托盘是在平托盘的四个角装上立柱构成的，其目的是在多层码放保管时，保护最下层托盘货物，如图 4-2 所示。托盘上的立柱大多是可卸式，高度多为 1 200mm 左右。立柱的材料多为钢制，耐负荷 3t，自重 30kg 左右。这种托盘的进一步演化又可从对角的柱子上端用横梁连接，使柱子成门框形。柱式托盘的主要作用有两个，一是防止托盘上所置货物在运输、装卸等过程中发生踏跺，二是利用柱子支撑承重，可以将托盘货载堆高叠放，而不用担心压坏下部托盘上的货物。

（3）箱式托盘。箱式托盘是沿平托盘四个边有板式、栅式、网式等各种平面组成箱体，如图 4-3 所示。有些箱体上有顶板，有些箱体上没有顶板。箱板有固定式、折叠式、可卸式三种。这种托盘的特点是使包装简易并可将形状不规则的货物集装，防护能力强，可以有效防止踏跺，防止货损。

图 4-2　柱式托盘

图 4-3　箱式托盘

（4）轮式托盘。它们是在柱式、箱式托盘下部安装小型脚轮，按上部构造物的形式分为固定式、可卸式和折叠式三种，如图 4-4 所示。这种托盘不但具有一般柱式、箱式托盘的优点，而且可利用轮子做小距离运动，不需搬运机具就能实现搬运，也可以利用轮子作为滚上滚下的装卸，还有利于在装放车、船内后移动位置，所以轮式托盘有很强的搬运性。此外，轮式托盘在生产物流系统中还可以兼作作业车辆。滚轮箱式托盘大多用于一般杂货的配送，装货面的大小为 800mm×550mm，最大装载量为 300kg。

（5）特种专用托盘。由于托盘制作简单，造价低，所以某些较大数量运输的货物，都可制出装载效率高、装运方便、适于有特殊要求的某种物品的专用托盘，这类托盘在实际应用中种类不计其数，这里不再一一介绍。①航空托盘：用铝合金制成，一般是平托盘。②玻璃集装托盘：可以固定和支撑玻璃。③油桶专用托盘：也叫异形平托盘，是双面型。两个面都有固定油桶的波形表面或侧档板，使油桶放置在上面不会发生滚动移动，如图 4-5 所示。④托盘货架式托盘：是一种框架型托盘，架子下面有四个支腿，形成叉车叉入的空间。此外，还有长尺寸物托盘、轮胎专用托盘等。

图 4-4　轮式托盘

图 4-5　油桶专用托盘

2. 按托盘的材质分类分

（1）木质托盘。木制托盘制造方便，便于维修，本体也较轻，货物在其上不易打滑，是使用最广泛的平托盘，如图 4-6 所示。

（2）钢制托盘。用角钢等异型材焊接而成，其最大的特点是强度高，寿命长，不易损坏和变形，维修工作量小。钢制平托盘制成翼形平托盘比较有优势，不但可以利用叉车装卸，而且可以利用两翼吊具进行吊装作业，如图 4-7 所示。

（3）塑料托盘。采用塑料模具制成，一般为双面使用型，其最大特点是本体重量轻，耐腐蚀性强，可着各种颜色分类区分。但塑料制托盘承载能力不如钢、木制托盘，如图 4-8 所示。

图 4-6 木质托盘

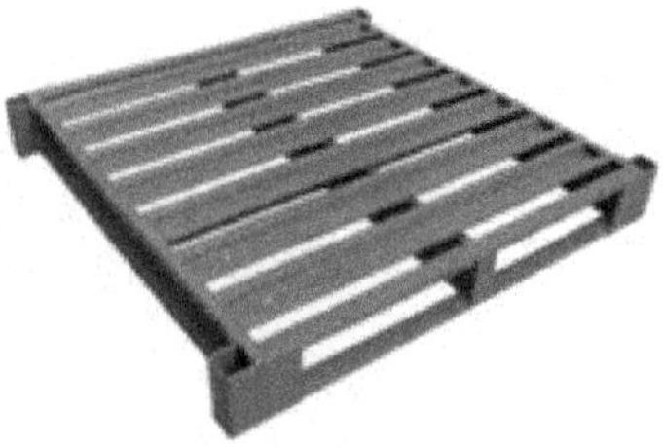

图 4-7 钢制托盘

图 4-8 塑料托盘

（4）高密度合成板制托盘。利用各种废弃物经高温处理压制而成，如图 4-9 所示。由于它由再生环保材料制成，因而具有抗高压、承重性能好，成本低的特点。而且，它避免了传统木托盘的木结、虫蛀、色差、湿度高等缺点，适合各类货物的运输，尤其是重货（化工、金属等类产品）成批运输，也是替代木托盘的最佳选择。

（5）免熏蒸托盘。免熏蒸复合托盘集传统木质包装和纸质包装优点于一身，如图 4-10 所示。产品表面平整，免熏蒸、免商检载重高防水无毒，可以承载任何出口产品。其外观和性能大大优于过去曾大量使用的天然木质包装，有利于提高出口产品的档次，并且可以减少熏蒸商检等复杂的程序和手续，提高工作效率，促进外贸出口。免熏蒸包装产品的特点是不需要烦琐的商检及熏蒸手续，可以直接通关出口，而且与其他同类产品相比具有：坚固结实、承重力强、外形美观、价格便宜等优势，是目前出口包装物的最佳选择。

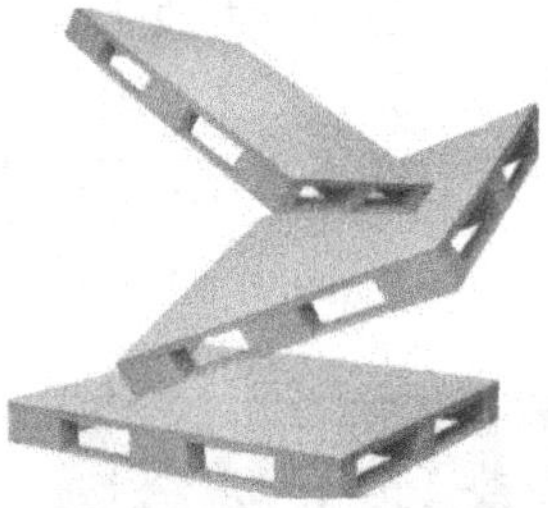

图 4-9 高密度合成板制托盘

图 4-10 免熏蒸托盘

（6）塑木托盘。采用塑木材料，通过组装而成的各种规格、尺寸的托盘、垫板。它综合了木托盘和塑料托盘及钢制托盘的优点而基本摒弃了其不足，价格却低于其他各类托盘；产品具有强度高、韧性好、不变形、不吸潮、不霉蛀、抗腐蚀、耐老化、易加工、低成本、可回收、无污染等优点。

（二）托盘的结构及其选择

托盘的结构包括单面、双面，田字型或者是川字型，单向叉入型、双向叉入型、四向叉入型，等等。托盘的结构直接影响托盘的使用效率，合适的结构能够充分发挥搬运、存储高效率作业的特点。因此，选择托盘时需要考虑其主要用途。

1. 托盘作为地铺板使用

即托盘装载货物以后不再移动，只是起到防潮防水的作用，可选择结构简单成本较低的托盘。如简易的木托盘或简易的塑料托盘，但是使用时应该注意托盘的静载量。

2. 常用于运输、搬运、装卸等

此时需要选择强度高、动载大的托盘。这类托盘由于要反复使用并且要配合叉车使用，因此对托盘的强度要求较高，要求托盘的结构是田字型或者是川字型。

3. 根据托盘装载货物以后是否要堆垛

此时需要考虑选择单面托盘还是双面托盘。单面托盘由于只是一个承载面，不适合用于堆垛，否则容易造成下层货物的损坏。装载货物后需要堆垛的要尽量选择双面托盘。

4. 需要用在立体库的货架上

要考虑托盘的结构是否适合码放在货架上。通常由于只能从两个方向从货架上插取货物，因此用于货架上的托盘应该尽可能选用四向叉入的托盘，这样便于叉车叉取货物，提高工作效率。这样的托盘一般选择田字型的结构。

三、托盘的维修

1. 托盘破损的原因

托盘的破损大多因下列原因产生：叉车驾驶员野蛮的驾驶操作、货叉损伤盘面或行架、人工装卸空托盘时跌落而造成损伤。

木制平托盘的破损最多的部位是盘面。从修理的实例看，盘面的重钉修理占总数的60%～80%，所以托盘的物理寿命除了因叉车操作不当，使横梁损伤报废之外，更取决于盘面的重钉次数。盘面靠三个钉子钉在横梁上，考虑到横梁的钉穴，重钉修理次数仅限为3 次左右，如果从目前修理的实际情况为每两年一次来考虑，其寿命为 8 年。对场内保管用的托盘，应当以提高寿命为目标，进行有益于降低成本和有效利用资源的努力。实际工作中，也有的地方对横梁采取增强措施，将使用寿命提高到10年以上。从一般的实际使用情况看，运输用托盘的寿命平均为 3 年；场内保管用托盘寿命平均为 6 年。

2. 托盘的保养

为延长托盘使用寿命，使用时应注意：在使用叉车操作时，应避免直接推拉或者撞击托盘，直接推拉或撞击很容易使托盘发生破损；在使用叉车叉取货物时，应保证叉车工作臂完全进入到托盘内，提升货物时叉车臂应保持水平；货物在托盘上的摆放应该均匀平整，使托盘表面受力均匀；避免一些非操作性损坏，做好日常管理，如对不使用托盘进行遮盖，禁止非工作人员对托盘进行操作。

就目前主流的塑料托盘的保养而言，还需注意如下几个方面：

（1）塑料托盘应避免遭受阳光暴晒，以免引起老化，缩短使用寿命。

（2）严禁将货物从高处抛掷在塑料托盘内。合理确定货物在托盘内的堆放方式。货物均匀放置，不要集中堆放、偏心堆放。承载重物的托盘应放在平整的地面或物体表面上。

（3）严禁将塑料托盘从高处抛落，避免因猛烈的撞击而造成托盘破碎、产生裂纹。

（4）叉车或手动液压车作业时，叉刺尽量向托盘叉孔外侧靠足，叉刺应全部伸进托盘内，平稳抬起托盘后才可变换角度。叉刺不可撞击托盘侧面以免造成托盘破碎、产生裂纹。

（5）托盘上货架时，必须采用货架型托盘，承载量根据货架结构而定，严禁超载使用。

Mission 任务2 集装箱使用与管理

学习指南

本项任务将引领大家掌握集装箱的概念，熟悉集装箱的类型及结构，进而理解集装箱的标记，掌握集装箱标记的识别方法，并可根据运载货物要求选择较为合适的集装箱。

一、集装箱概述

集装箱（container）是指海、陆、空不同运输方式进行联运时用以装运货物的，且具有固定规格和足够强度，能装入若干件整装货或散装货的专用周转的大型容器。香港称之为“货箱”，台湾称之为“货柜”。关于集装箱的定义，国际上不同国家、地区和组织的表述有所不同。我国的GB/T1413—1998《系列1集装箱——分类、尺寸和额定质量》国家标准《集装箱名词、术语》中，对集装箱有如下定义：

（1）具有足够的强度，能长期反复使用；

（2）适于一种或多种运输方式运送货物，途中无须倒装；

（3）设有供快速装卸的装置，便于从一种运输方式转到另一种运输方式；

（4）便于箱内货物装满和卸空；

（5）内容积等于或大于1立方米。

集装箱这一术语的含义不包括车辆的一般包装。

集装箱中，通用集装箱是主体，对其有如下的专门定义：它是用于运输和储存若干单元货物、包装货物或散装货的风雨密封型、长方形集装箱，它可以限制和防止发生货损货差，可脱离运输工具作为单元货物进行装卸和运输，无须倒装箱内货物。

二、集装箱类型及结构

（一）集装箱的类型

1. 根据集装箱的用途分

（1）干货集装箱。也称杂货集装箱，这是一种通用集装箱，使用范围极广，其结构特点是常为封闭式，一般在一端或侧面设有箱门，如图4-11所示。这种集装箱通常用来装运文化用品、化工用品、电子机械、工艺品、医药、日用品、纺织品及仪器零件等。这是平时最常用的集装箱。不受温度变化影响的各类固体散货、颗粒或粉末状的货物都可以由这种集装箱装运输。

（2）开顶集装箱。也称敞顶集装箱，这是一种没有刚性箱顶的集装箱，但有可折式顶梁支撑的帆布、塑料布或涂塑布制成的顶篷，其他构件与干货集装箱类似，如图 4-12 所示。开顶集装箱适于装载较高的大型货物和需吊装的重货。

图 4-11　干货集装箱

图 4-12　开顶集装箱

（3）台架式集装箱（Platform Based Container）它是没有箱顶和侧壁，甚至连端壁也去掉而只有底板和四个角柱的集装箱，如图 4-13 所示。台架式集装箱有很多类型，它们的主要特点是：为了保持其纵向强度，箱底较厚，箱底的强度比普通集装箱大，而其内部高度则比一般集装箱低。在下侧梁和角柱上设有系环，可把装载的货物系紧。台架式集装箱没有水密性，怕水湿的货物不能装运，或用帆布遮盖装运。这种集装箱可以从前后、左右及上方进行装卸作业，适合装载长大件和重货件，如重型机械、钢材、钢管、木材、钢锭等。

（4）平台集装箱（Platform Container）这种集装箱是在台架式集装箱上再简化而只保留底板的一种特殊结构集装箱，如图 4-14 所示。该集装箱装卸作业方便，适于装载长、重大件。平台的长度与宽度与国际标准集装箱的箱底尺寸相同，可使用与其他集装箱相同的紧固件和起吊装置。这一集装箱的采用打破了过去一直认为集装箱必须具有一定容积的概念。

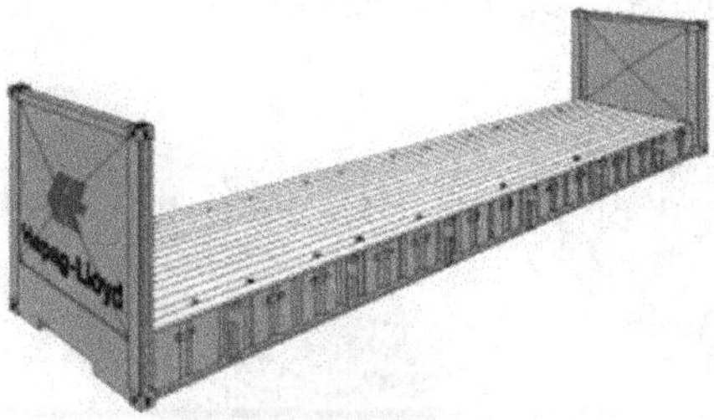

图 4-13　台架式集装箱

图 4-14　平台集装箱

（5）敞顶集装箱（Open Top Container）这是一种没有刚性箱顶的集装箱，由可折叠式或可折式顶梁支撑的帆布、塑料布或涂塑布制成的顶篷，其他构件与通用集装箱类似。这种集装箱适于装载大型货物和重货，如钢铁、木材，特别是像玻璃板等易碎的重货，利用吊车从顶部吊入箱内不易使货物损坏，而且也便于在箱内固定。

（6）保温集装箱（Keep Constant Temperature Container）它们是为了运输需要冷藏或保温的货物。所有箱壁都采用导热率低的隔热材料而制成的集装箱可分为以下三种：

① 冷藏集装箱（Reefer Container）。它是以运输冷冻食品为主，能保持所定温度的保温集装箱。适用装载肉类、水果等货物，如图 4-15 所示。冷藏集装箱造价较高，营运费用较高，使用中应注意冷冻装置的技术状态及箱内货物所需的温度。目前国际上采用的冷藏集装箱基本上分两种：一种是集装箱内带有冷冻机的叫机械式冷藏集装箱；另一种箱内没

有冷冻机而只有隔热结构，即在集装箱端壁上设有进气孔和出气孔，箱子装在舱中，由船舶的冷冻装置供应冷气，这种叫做离合式冷藏集装箱（又称外置式或夹箍式冷藏集装箱）。

② 隔热集装箱。它是为载运水果、蔬菜等货物，防止温度上升过高，以保持货物鲜度而具有充分隔热结构的集装箱，如图 4-16 所示。通常用于冰作制冷剂，保温时间为 72 小时左右。

图 4-15　冷藏集装箱

图 4-16　隔热集装箱

③ 通风集装箱（Ventilated Container）。它是为装运水果、蔬菜等不需要冷冻而具有呼吸作用的货物，在端壁和侧壁上设有通风孔的集装箱，如将通风口关闭，同样可以作为杂货集装箱使用，如图 4-17 所示。

（7）散货集装箱。散货集装箱除了有箱门外，在箱顶部还设有 2～3 个装货口，适用于装载粉状或粒状货物。使用时要注意保持箱内清洁干净，两侧保持光滑，便于货物从箱门卸货，如图 4-18 所示。它是一种密闭式集装箱，有玻璃钢制和钢制两种。前者由于侧壁强度较大，故一般装载麦芽和化学品等相对密度较大的散货，后者则用于装载相对密度较小的谷物。散货集装箱顶部的装货口应设水密性良好的盖，以防雨水侵入箱内。

图 4-17　通风集装箱

图 4-18　散货集装箱

（8）罐式集装箱。这是一种专供装运液体货而设置的集装箱，如酒类、油类及液状化工品等货物。它由罐体和箱体框架两部分组成，装货时货物由罐顶部装货孔进入，卸货时，则由排货孔流出或从顶部装货孔吸出，如图 4-19 所示。这种集装箱有单罐和多罐两种，罐体四角由支柱、撑杆构成整体框架。

（9）动物集装箱。这是一种装运鸡、鸭、鹅等活家禽和牛、马、羊、猪等活家畜用的集装箱。为了遮蔽太阳，箱顶采用胶合板露盖，侧面和端面都有用铝丝网制成的窗，以求有良好的通风，如图 4-20 所示。侧壁下方设有清扫口和排水口，并配有上下移动的拉门，可把垃圾清扫出去。另外还装有喂食口。动物集装箱在船上一般应装在甲板上，因为甲板上空气流通，便于清扫和照顾。

图 4-19 罐式集装箱

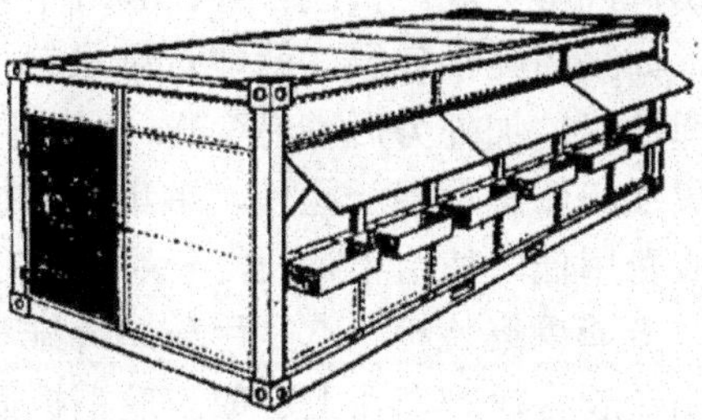

图 4-20 动物集装箱

（10）汽车集装箱（Car Container）。它是一种运输小型轿车用的专用集装箱，其特点是在简易箱底上装一个钢制框架，通常没有箱壁（包括端壁和侧壁），如图 4-21 所示。这种集装箱分为单层集装箱和双层集装箱两种。因为小轿车的高度为 1.35～1.45 米，如装在 8 英尺（2.438 米）的标准集装箱内，其容积要浪费 2/5 以上。因而出现了双层集装箱。这种双层集装箱的高度有两种：一种为 10.5 英尺（3.2 米），一种为 8.5 英尺高的 2 倍。因此汽车集装箱一般不是国际标准集装箱。

（11）服装集装箱（Garment Container）。这种集装箱的特点是：在箱内上侧梁上装有许多根横杆，每根横杆上垂下若干条皮带扣、尼龙带扣或绳索，成衣利用衣架上的钩，直接挂在带扣或绳索上，如图 4-22 所示。这种服装装载法属于无包装运输，它不仅节约了包装材料和包装费用，而且减少了人工劳动，提高了服装的运输质量。

图 4-21 汽车集装箱

图 4-22 服装集装箱

运输货物用的集装箱种类繁多，从运输家用物品的小型折叠式集装箱直到 40 英尺标准集装箱，以及航空集装箱等，不一而足。这里仅介绍在海上运输中常见的国际货运集装箱。

2. 根据箱体材料分

（1）钢集装箱。钢集装箱的外板用钢材，结构部件也均采用钢材。这种集装箱的最大优点是强度大、结构牢，焊接性和水密性好，而且价格低廉。但其重量大，易腐蚀生锈。由于自重大，降低了装货量；而且每年一般需要进行两次除锈涂漆，使用期限较短，一般为 11～12 年。

（2）铝集装箱。通常说的铝集装箱，并不是纯铝制成的，而是各主要部件使用最适量的各种轻铝合金，故又称铝合金集装箱。一般都采用铝镁合金，这种铝合金集装箱的最大优点是重量轻，铝合金的相对密度约为钢的 1/3，20 英尺的铝集装箱的自重为 1 700kg，比钢集装箱轻 20%～25%，故同一尺寸的铝集装箱可以比钢集装箱能装更多的货物。铝集装箱不生锈，外形美观。铝镁合金在大气中自然形成氧化膜，可以防止腐蚀，但遇海水则易受腐蚀，如采用纯铝包层，就能对海水起很好的防蚀作用，最适合于海上运输。铝合金集装箱的弹性好，加外力后容易变形，外力除去后一般就能复原。因此最适合于在有箱格结构的全集装箱船上使用。此外，铝集装箱加工方便，加工费用低，一般外表需要涂其他涂料，维修费用低，使用年限长，一般为 15～16 年。

（3）玻璃钢集装箱。它是用玻璃纤维和合成树脂混合在一起制成薄薄的一层塑料，用黏合剂贴在胶合板的表面上形成玻璃钢板而制成的集装箱。玻璃钢集装箱的特点是强度大、刚性好。玻璃钢的隔热性、防腐性、耐化学性都比较好，能防止箱内产生结露现象，有利于保护箱内货物不遭受湿损。玻璃钢板可以整块制造，防水性好，还容易清洗。此外，这种集装箱还有不生锈、容易着色的优点，故外形美观。维修简单，维修费用也低。玻璃钢集装箱的主要缺点是重量较大，与一般钢集装箱相差无几，价格也较高。

（4）不锈钢集装箱。不锈钢是一种新的集装箱材料，它有如下优点：强度大，不生锈，外形美观；在整个使用期内无须进行维修保养，故使用率高，耐蚀性能好。其缺点是：价格高，初始投资大；材料少，大量制造有困难，目前一般都用作罐式集装箱。

3. 根据结构分

（1）内柱式和外柱式集装箱。这里的"柱"指的是集装箱的端柱和侧柱。内柱式集装箱即侧柱和端柱位于侧壁和端壁内；反之则是外柱式集装箱。一般玻璃钢集装箱和钢集装箱均没有侧柱和端柱，故内柱式和外柱式集装箱均指铝集装箱。内柱式集装箱的优点是外表平滑，美观，受斜向外力不易损坏，印刷标记时比较方便。外板和内衬板之间隔有一定空隙，防热效果较好，能减少货物的湿损。外柱式集装箱的优点是受外力作用时，外力由侧柱或端柱承受，起到了保护外板的作用，使外板不易损坏。由于集装箱内壁面平整，有时也不需要有内衬板。

（2）折叠式和固定式集装箱。折叠式集装箱是侧壁、端壁和箱门等主要部件，能很方便地折叠起来，反复使用时可再次撑开的一种集装箱。反之，各部件永久固定地组合在一起的称固定式集装箱。折叠式集装箱主要用在货源不平衡的航线上，为了减少回空时的舱容损失而设计的。目前，使用最多的还是固定式集装箱。

（3）预制骨架式集装箱和薄壳式集装箱。集装箱的骨架由许多预制件组合起来，并由它承受主要载荷，外板和骨架用铆接或焊接的方式连为一体，称之为预制骨架式集装箱。通常是铝质和钢质的预制骨架式集装箱，外板采用铆接或焊接的方式与骨架连接在一起，而玻璃钢的预制骨架式集装箱，其外板用螺栓与骨架连接。薄壳式集装箱则把所有构件结合成一个刚体，优点是重量轻，受扭力作用时不会引起永久变形，集装箱的结构一般或多或少都采用薄壳理论进行设计。

4. 按外部尺寸分类

目前国际标准集装箱的宽度均为 8 英尺，高度有 8 英尺、8 英尺 6 英寸和小于 8 英尺三种；长度有 40 英尺、30 英尺、20 英尺和 10 英尺四种。

（二）集装箱的结构

集装箱通常是六面形的箱体。它是由两个侧壁、一个端壁、一个箱顶、一个箱底和一对箱门所组成。组成部分包括角配件、角柱、上（下）横梁、上（下）侧梁、顶（底）板、顶（底）梁、叉槽、侧（端）壁板、侧（端）柱、门楣（槛）、端（侧）门、门把手、门铰链、锁杆凸轮、把手锁件、门锁杆托板、箱门搭扣件等，如图 4-23 所示。

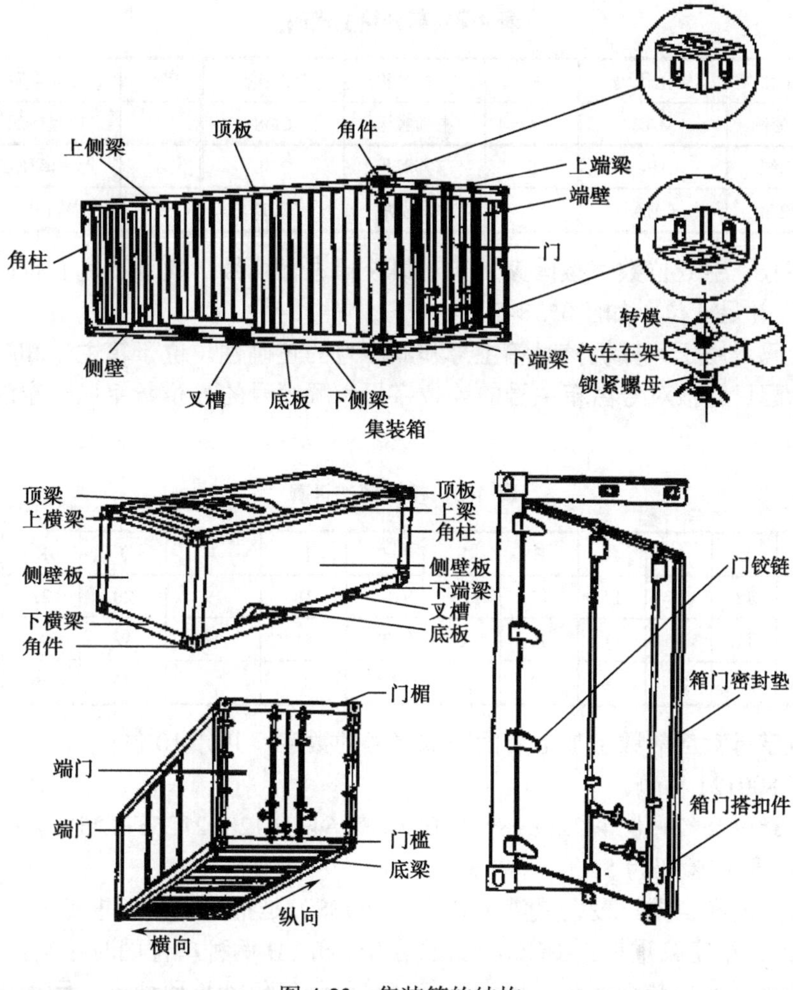

图 4-23　集装箱的结构

三、集装箱的标记

（一）集装箱标记的内容

1. 必备标记内容

（1）箱主代号。集装箱所有者的代号，前 3 位由箱主规定（需由经国际集装箱（BIC）注册的 3 个大写字母组成），最后 1 位区分类型（如 U 表示所有集装箱、J 表示带有可拆卸设备的集装箱、Z 为集装箱拖挂车或底盘车）。

我国集装箱的箱主代号采用（汉语拼音）字母表示，如铁道部为（TB）、交通部为（JT），外贸部为（WM）、商业部为（SB）等。为便于实现集装箱运营（自动化）和向（国际统一）标记代号靠拢，箱主代号由（四个大写）的拉丁字母组成表示，第四个字母为（U），如 TBJU、

SBJU 分别表示（铁道部）和（商业部）所属的集装箱，见表 4-2。

如中远集团通用集装箱的箱主代号为 COSU。

在宁波港口 EDI 中心共列出了 381 个箱主代码，这里仅列举部分。

表 4-2 部分箱主代码

序号	公司名称	箱主代码	序号	公司名称	箱主代码	序号	公司名称	箱主代码
1	马士基海陆	MAE	4	中远集运	COS	7	以星轮船	ZIM
2	美国总统	APL	5	东方海外	OOL	8	地中海航运	MSC
3	达飞轮船	CMA	6	中海发展	CSD	9	中国海运	TEX

（2）顺序号。用 6 位数字按国家规定对集装箱进行编号，数字不足 6 位时，则在有效数字前用“0”补足 6 位。如“053842”。

（3）校验码。用于计算机核对箱主号和顺序号的正确性。位于箱主号和顺序号后，加一方框，以示醒目。核对号由箱主号的 4 位字母和顺序号的 6 位数字以一定的方式换算而得，见表 4-3。

表 4-3 校检码的计算

字母	A	B	C	D	E	F	J	H	I	J	K	L	M
数字	10	12	13	14	15	16	17	18	19	20	21	23	24
字母	N	O	P	Q	R	S	T	U	V	W	X	Y	Z
数字	25	26	27	28	29	30	31	32	34	35	36	37	38

将前 4 位字母对应的数字加上后面的顺序号的数字，共计 10 位。

以 COSU 800121 为例：

（13*1+26*2+30*4+32*8+8*16+0*32+0*64+1*128+2*256+1*512）/11

余数为 5，即校验码为 5。

（4）最大重量和自重。最大重量（MAX GROSS）是指最大载货重量与空箱重量之和。自重（TARE）是指空箱重量。ISO688 要求用 KG 和 LB 两种单位同时标出。

（5）空陆水联运集装箱标记。由于该集装箱的强度仅能堆码两层，因而国际标准化组织对该集装箱规定了特殊的标志，该标记为黑色，位于侧壁和端壁的左上角，并规定标记的最小尺寸为：高 127mm,长 355mm，字母标记的字体高度至少为 76mm，如图 4-24 所示。

图 4-24 集装箱的标记

（6）登箱顶触电警告标记。该标记为黄色底各色三角形，一般设在罐式集装箱和位于登顶箱顶的扶梯处，以警告登梯者有触电危险。

2. 自选标记内容

（1）国别识别代号。国家代号为用三位或两位字母表示集装箱的登记国，如 CN 和 US。下面列举部分，见表 4-4。

表 4-4 部分国家识别代号

国别（地区）	代　号	国别（地区）	代　号
中国	PRC/CN	美国	USA/US
英国	GBX/GB	新加坡	SGP/SG
中国香港	HKX/HK	丹麦	DKX/DK
韩国	ROX/KR	日本	JXX/JP

（2）尺寸和类型代号。尺寸代号由两位数字表示集装箱的尺寸大小，第一位数字表示箱长，第二位数字表示箱高，见表 4-5。

表 4-5 集装箱尺寸代码

箱　长	10 FT	1
	20 FT	2
	40 FT	4
箱　高	8 FT	0
	8.6 FT	2
	9 FT	4
	9.6 FT	5

类型代号用字母和数字表示集装箱箱型和特征，如 CN 22G1。下面列举部分集装箱类型代码，见表 4-6。

表 4-6 部分集装箱类型代码

序　号	代　码	类　型
1	GP	通用集装箱（无通风装置）
2	VH	通风式通用集装箱
3	RT	保温集装箱
4	G1	货物上方有透气罩
5	G2	在一侧或两侧设有全开式箱门
6	G3	在一侧或两侧设有局部箱门
7	V2	箱内设有机械式通风装置
8	R1	机械制冷/加热

（3）作业标记。包括超高标记和国际铁路联盟标记。

超高标记为在黄色底上标出黑色数字和边框，此标记贴在集装箱每侧的左下角，距箱底约 0.6m，同时贴在集装箱主要标记的下方。凡高度超过 2.6m 的集装箱应贴上此标记。

凡符合《国际铁路联盟条例》规定的集装箱，可以获得国际铁路联盟标记。该标志是在欧洲铁路上运输集装箱的必要通行标志。

3. 通行标记

集装箱在运输过程中能顺利地通过或进入它过境，箱上必须贴有按规定要求的各种通行标志，否则，必须办理烦琐证明手续，延长了集装箱的周转时间。集装箱上主要的通行标记有：安全合格牌照、集装箱批准牌照、防虫处理板、检验合格徽及国际铁路联盟标记等。

（二）集装箱代号标记位置

国际集装箱要求在除底面以外的五个面上均标记，但重量只标注在门端，如图 4-25 所示。我国集装箱代号标注时还需要在门端加注制造厂名、出厂日期、大修厂名和日期。

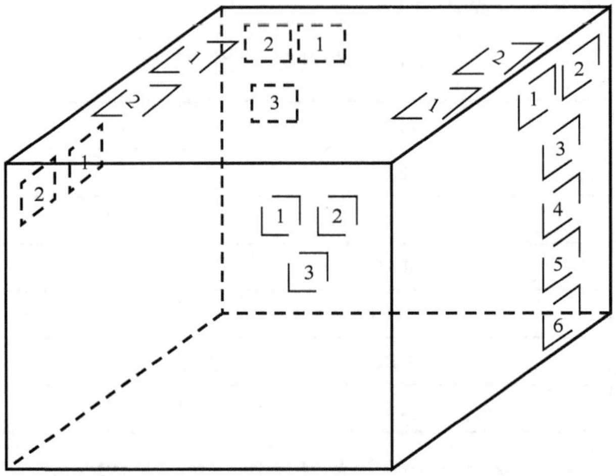

图 4-25　集装箱代号标记的位置

1—箱主代号；2—顺序号 3—尺寸和类型代号；4—总质量；

5—空箱质量和容积及制造厂名和出厂日期；6—大修厂名和日期

（三）集装箱标志的识别

例如：COSU 0012342 R C X 22G1 依照相关标准规定反映了如下集装箱的情况。

（1）COSU 表示箱主代号，代表中国远洋运输公司通用集装箱。

（2）001234 为顺序号、箱号。

（3）2 为校验码。

（4）RCX 为国籍代码，表示我国台湾省。

（5）22 为尺寸代号，表示 20FT 长，8FT6IN 高。

（6）G1 表示类型代号，表示上方有透气罩的通用集装箱。

Mission 3 任务 其他集装设备使用与管理

学习指南

本项任务将引领大家熟悉常用的其他集装设备，理解常用其他集装设备的特性。同时，会使用及管理常用其他集装设备。

除了托盘和集装箱这两种应用面广、适用货场种类多的主体集装方式外，还有若干种在某些货物、技术领域能发挥特殊作用的集装方式，如集装袋、集装罐、货捆、滑板、半挂车等。

一、其他集装设备

1. 集装袋

集装袋又称柔性集装袋、吨装袋、太空袋、子母袋等，英文翻译多种，FIBC，属于集装单元器具，是一种柔性运输包装容器。具有柔软、可折叠、自重轻、密闭隔绝性强、防潮、防尘、耐辐射、牢固安全的优点，而且在结构上具有足够的强度。配以起重机或叉车，就可以实现集装单元化运输，从而适用于装运大宗散状粉粒状物料。

集装袋一般多用聚丙烯、聚乙烯等聚酯纤维纺织而成，也采用天然纤维帆布材料，表面涂有 EVA 塑料、乳胶、聚丙烯及聚氯乙烯等。集装袋可广泛用于食品、粮谷、医药、化工、建材、塑料、矿产品等各类粉状、粒状、块状物品的包装，是仓储、运输等行业的理想用品。发达的国家普遍使用集装袋作为运输、仓储的包装产品。

2. 集装罐

集装罐与罐式集装箱类似，但不属于集装箱系列，而单独构成专用的系列，其集装能力甚至能够超过罐式集装箱。代表性的集装罐有散装水泥集装罐和石油、燃料油等专用集装罐。

3. 货捆

货捆是依靠捆扎将货物组合成大单元的集装方式。许多条形及柱形的强度较高、无须防护的材料，如木材、钢材，其他能进行捆扎组合的铝锭、钢锭、其他金属锭等，采用两端捆扎或四周捆扎的方式，可以组合成各种各样的捆装整体，从而构成集装单元。

4. 滑板

滑板又称薄板托盘或滑片，一般用塑料制造，也有木质的和纸质的，其结构只是一片无支撑的薄板，也可以使叉车的钢叉沿滑板方便滑动的一段插入板底，在不致货损的情况下，将滑板连同滑板上的货物一起进行装卸操作。滑板是托盘的一种变形体，相比于托盘，减少了一面盘面和纵梁、垫块，所以无效操作更少。

5. **半挂车**

半挂车适用于集装方式联运的一种集装与运输工具于一体的集装方式。这种方式以半挂车与车载的货物或车载集装箱为一个单元组合体进行物流，在途中不能个别处理车载货物，而是连同半挂车一起进行装卸、换载。所以，利用半挂车，可以使整个物流过程浑然一体，充分利用联合运输的优势，从而实现“门到门”的运输。

二、集装袋类型及运用

（一）集装袋的类型

1. **按袋形分**

主要有：圆筒形和方形两种。

2. **按吊袋位置和装卸方式分**

可分为顶部吊袋和侧面吊袋。顶部吊袋，仅袋口灌料口 1 根吊袋；底部吊袋 4 根吊袋一直到袋子的底部；侧面吊袋，指吊袋分布于集装两侧，一般有 4 根。其他形式还有叉车式（无吊袋）和托盘式集装袋等，如图 4-26 所示。

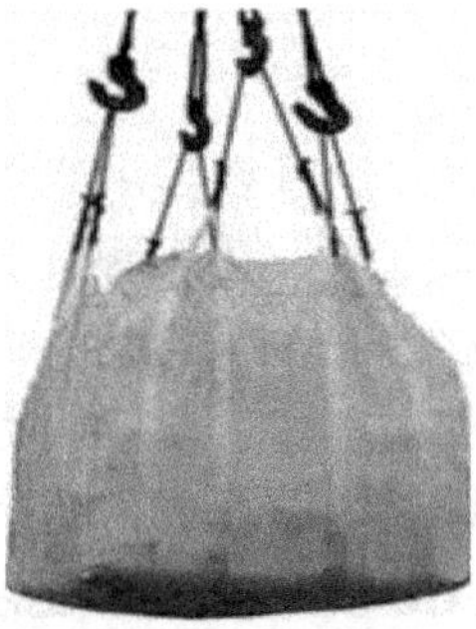

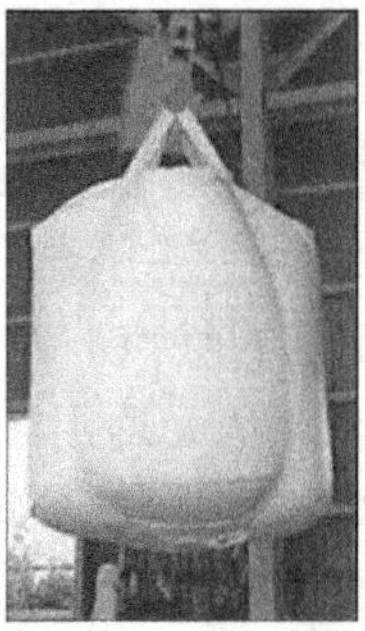

图 4-26　集装袋

3. **按制造材料分**

可分为胶布集装袋、树脂加工布袋和交织布袋等。此外，还有用各种皮革或用复合材料制成的各种集装袋。

4. **按装卸材料方式分**

可分为上装下卸两口、上装上卸一口。

（二）集装袋设计的依据和原则

集装袋设计要严格执行 GB/T10454—2000 国家标准。集装袋作为出口包装，要保证出口货物在装卸、运输和保管过程中有效地保护装载物品，安全完好地将货物运至目的地。因此，集装袋设计必须满足四大要点：即安全性、保管性、使用性、密封性。

1. **安全性**

主要指集装袋的强度。在设计时要考虑包装容积、盛载物重量和包装单位个数，还要考虑运输距离的远近和搬运次数的多少，采用何种运输工具和运输方法。在 GB/T10454—2000 集装袋国家标准中，严格规定了集装袋基布和吊带技术指标要求，从安全角度出发，明确了集装袋结构全部为底吊结构。安全系数必须达到1.6。

2. 保管性

应根据用户的使用条件，合理地选用材料，合理地配比。塑料制品在阳光暴晒下的抗老化能力是目前比较关注的问题，也是集装袋在实际使用过程中经常遇到的问题。在生产过程中注意抗紫剂的使用以及材料的选择。

3. 使用性

在设计集装袋时，要充分考虑客户使用集装袋的具体方式和方法，如提吊、运输方式、装载物料性能等。另外还要考虑是否为食品包装，要考虑对所包食品无毒、无害。

4. 密封性

包装物料不同，密封要求不同。如粉料或有毒物品、怕受污染的物品对密封性能要求非常严格，容易受潮或霉变的物料对气密性也有特殊的要求。所以在设计集装袋时，注意考虑基布覆膜工艺和缝制工艺对密封性的影响。

三、集装罐类型及运用

集装罐与罐式集装箱类似，但不属于集装系列，而是单独构成专用的系列，其集装能力有时超过罐式集装箱。这种集装方式有水泥散装罐和石油、燃料油罐两个典型的代表体系。

1. 水泥集装罐

它是指专用于运输散装水泥的一种器具，如图4-27所示。运输散装水泥时，水泥散装罐放置在专用车辆上，组成散装水泥运输专用集装系统。该系统采用专用的罐式散装汽车、火车及船舶，以水泥散装仓库为配送节点，将火车或船舶运到的大批量散装水泥卸放入散装仓库，以散装仓库为节点，转换运输方式，利用罐式散装汽车将水泥运至用户的“门”。在各个节点，水泥的装卸靠管道进行，采用气力或重力装卸方法，这种节点称水泥散装中转站。

这种专用集装系统的主要缺点是，专门设备不可能载货返程而只能空返，造成运力、费用的浪费。

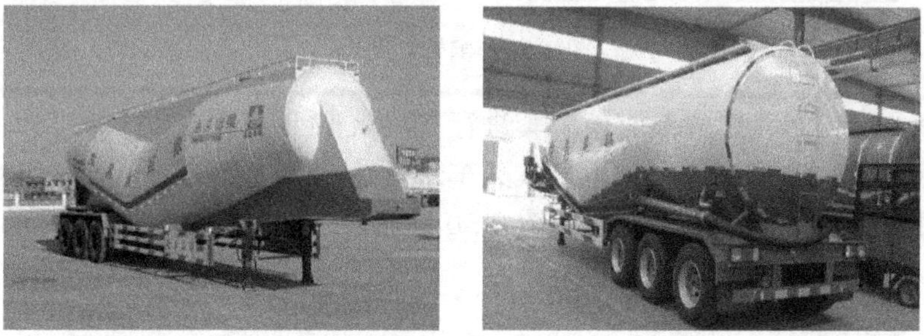

图4-27　水泥集装罐

2. 石油、油料集装罐

它是指专用于运输石油、燃料油的油罐车，如图4-28所示。运输石油、燃料油时，油罐放置于专用车辆或专用油船上，其物流过程为：专用大型油罐车或专用油船将油运送至中转库，一般是大型地下油库或油罐，再由油库或油罐分运至各加油站，在加油站完成对客户的服务。

这种集装化器具是一种专用设备，运输效率高而且安全，是油品运输的主要形式。在这一领域中，罐式集装箱的应用反而减少。

图 4-28　石油、油料集装罐

四、货捆与集装

货捆是依靠捆扎将货物组合成大单元的集装方式。这种方式采用各种材料制成的绳索，将货物进行多种形式的捆扎，使若干件单件货物汇集成一个单元，使其在物流过程中保持不变，从而能与其他机械设备配合，实现装卸作业机械化。

木材、建材、金属之类货物最适于采用货捆集装，如图 4-29 所示。

带有与各种货捆配套的专用吊具的门式起重机和悬臂式起重机是货捆的主要装卸机械，叉车、侧叉车、跨车等是配套的搬运机械。

图 4-29　钢管的货捆

货捆的捆具可与吊具、索具有效配套进行“吊上吊下”式装卸。短尺寸货捆还可采用一般叉车装卸，长尺寸货捆还可采用侧式叉车进行装卸。货捆装卸适于长尺寸货物、块条状货物、强度较高无须保护的货物，如图 4-30 所示。

图 4-30　木材的货捆及装卸

货捆装卸与集装网袋装卸有一个共同的突出优点，即货捆的捆具及集装袋、集装网本身重量轻，又可折叠，因而无效装卸少，装卸作业效率高。而且相对货物而言，货捆具与集装袋，往往成本较低，装卸后又易返运，因而装卸上有优势。

知识点延伸

集装箱规格与标准

集装箱规格与尺寸

根据国际集装箱规范标准，目前全球海上、铁路运输的集装箱的规格共有 300 多种，而在国内外航运上使用的主要为 20 英尺和 40 英尺两种。

为了有效地开展国际集装箱多式联运，必须强化集装箱标准化，应进一步做好集装箱标准化工作。集装箱标准按使用范围分，有国际标准、国家标准、地区标准和公司标准四种。

1．国际标准集装箱的规格标准

集装箱标准化历经了一个发展过程。国际标准化组织 ISO/TC104 技术委员会自 1961 年成立以来，对集装箱国际标准作过多次补充、增减和修改，现行的国际标准为第 1 系列共 13 种，其宽度均为 2 438mm，长度有四种，分别是 12 192mm、9 125mm、6 058mm、2 991mm，高度有四种，分别是 2 896mm、2 591mm、2 438mm、<2 438mm。第 2 系列和第 3 系列均降格为技术报告，见表 4-7。

表 4-7　国际标准集装箱现行箱型系列表

集装箱箱型	长度（L）				宽度（W）				高度（H）				总重	
	mm	公差 mm	ft in	公差 in	mm	公差 mm	ft in	公差 in	mm	公差 mm	ft in	公差 in	kg	Ib
1AAA									2 896		9 6			
1AA	12 192	0-10	40	0-3/8	2 438	0-5	8	0 -3/16	2 591	0-5	8 6	0-3/16	30 480	67 200
1A									2 438		8 6			
1AX									<2 438		<8			
1BBB									2 896		9 6	0-3/16		
1BB	9 125	0-10	29 11.25	0-3/8	2 438	0-5	8	0 -3/16	2 591	0-5	8 6	0-3/16	25 400	56 000
1B									2 438		8	0-3/16		
1BX									<2 438		<8			

续表

集装箱箱型	长度（L）				宽度（W）				高度（H）				总重	
	mm	公差 mm	ft in	公差 in	mm	公差 mm	ft in	公差 in	mm	公差 mm	ft in	公差 in	kg	Ib
1CC	6 058	0-6	19 10.5	0-1/4	2 438	0-5	8	0 -3/16	2 591	0-5	8 6	0-3/16	24 000	52 920
1C									2 438		8	0-3/16		
1CX									<2 438		<8			
1D	2 991	0-5	9 9.75	0-3/16	2 438	0-5	8	0 -3/16	2 438	0-5	8 6	0-3/16	10 160	22 400
1DX									<2 438		<8			

国际标准集装箱长度关系为下述计算：

1A=1B+i+1D=9 125+76+2 991=12 192mm；

1B=1D+i+1D=3×2 991+2×76=9 125mm；

1C=1D+i+1D=2×2 991+76=6 058mm

其中 1A 型为 40ft（12 192mm）；1B 型为 30ft（9 125mm）；1C 型为 20ft（6 058mm）；1D 型为 10ft（2 991mm）；间距 I 为 3min（76mm）。

通常所说的标准箱（TEU）是指长为 20ft 的集装箱（Twenty-foot Equivalent Unit）。而 40ft 集装箱=2 个标准箱；30ft 集装箱=1.5 个标准箱；10ft 集装箱=0.5 个标准箱。

国际集装箱的单箱总质量趋于增加。1976 年 ISO/TC104 第 9 次会议上，有人提出将 20 英尺（1 英尺=0.304 8 米）单箱总质量从 20.32 吨增加到 24 吨的提案，虽然该提案未被通过，但单箱总质量问题开始受到国际集装箱运输界的高度关注。1988 年 ISO/TC104 终于通过 20 英尺单箱总质量 24 吨的规定。

然而目前国际集装箱制造部门以接受订货的方式，制造很多单箱总质量 30.48 吨的 20 英尺箱，并已大量进入运输领域。据 ISO/TC104 在 1985 年会议提供的资料说，当前各国生产的 20 英尺 24 吨国际集装箱已达 20 英尺箱的 90%。英国装盘式的 20 英尺箱和法国罐式 20 英尺箱早已采用 30.38 吨。这对运输环节、运输设施和各种装置提出了要求，对国际集装箱公路运输车的运输模式产生了重要的影响。

2．国家标准集装箱的规格标准

各国政府参照国际标准并考虑本国的具体情况，而制定本国的集装箱标准。

我国现行国家标准《集装箱外部尺寸和客定重量》（GB1413—1985）中集装箱各种型号的外部尺寸、极限偏差及额定重量，见表 4-8。

表 4-8　我国现行的集装箱外部尺寸、极限偏差及额定重量

型号	高度（*H*）mm		宽度（*W*）mm		长度（*H*）mm		额定重量（最大重量）kg
	尺寸	极限偏差	尺寸	极限偏差	尺寸	极限偏差	
1AA	2 591	0～5	2 438	0～5	12 192	0～10	30 480
1A	2 438	0～5	2 438	0～5	12 192	0～10	30 480
1AX	2 438		2 438	0～5	12 192	0～10	30 480

续表

型号	高度（H）mm		宽度（W）mm		长度（H）mm		额定重量
	尺寸	极限偏差	尺寸	极限偏差	尺寸	极限偏差	（最大重量）kg
1CC	2 591	0～5	2 438	0～5	6 058	0～6	20 320
1C	2 438	0～5	2 438	0～5	6 058	0～6	20 320
1CX	2 438		2 438	0～5	6 058	0～6	20 320
10D	2 438	0～5	2 438	0～5	4 012	0～5	10 000
5D	2 438	0～5	2 438	0～5	1 968	0～5	5 000

说明：①5D 和 10D 两种箱型主要用于国内运输，其他 6 种箱主要用于国际运输；

②C 型箱总量仍为 20 320kg，实际使用中已采用 24 000kg。

我国铁路行业集装箱标准：按重量分成 5 吨、10 吨、20 吨、30 吨四种，相应型号为 5D、10D、1CC、1AA。5 吨和 10 吨集装箱主要用于国内运输；20 吨和 30 吨集装箱主要用于国际运输。

3．地区标准集装箱的规格标准

此类集装箱标准，是由地区组织根据该地区的特殊情况制定的，此类集装箱仅适用于该地区。如根据欧洲国际铁路联盟（VIC）所制订的集装箱标准而建造的集装箱。

4．公司标准集装箱的规格标准

某些大型集装箱船公司，根据本公司的具体情况和条件而制定的集装箱船公司标准，这类箱主要在该公司运输范围内使用。如美国海陆公司的 35ft 集装箱，见表 4-9。

此外，目前世界还有不少非标准集装箱。如非标准长度集装箱有美国海陆公司的 35ft 集装箱、总统轮船公司的 45ft 及 48kt 集装箱；非标准高度集装箱，主要有 9ft 和 9.5ft 两种高度集装箱；非标准宽度集装箱有 8.2ft 宽度集装箱等。由于经济效益的驱动，目前世界上 20ft 集装箱总重达 24kt 的越来越多，而且普遍受到欢迎。

表 4-9　常用集装箱箱型尺寸对照表

尺　寸	箱　型	对 应 类 型	95 码
20 英尺	干货箱	GP	22G1
	干货高箱	GH（HC，HQ）	25G1
	挂衣箱	HT	22V1
	开顶箱	OT	22U1
	冷冻箱	RF	22R1
	冷高箱	RH	25R1
	油罐箱	TK	22T1
	框架箱	FR	22P1
40 英尺	干货箱	GP	42G1
	干货高箱	GH（HC，HQ）	45G1
	挂衣箱	HT	42V1
	开顶箱	OT	42U1

续表

尺　寸	箱　型	对应类型	95码
40英尺	冷冻箱	RF	42R1
	冷高箱	RH	45R1
	油罐箱	TK	42T1
	框架箱	FR	42P1
45英尺	干货箱	GP	L2G`
	干货高箱	GH（HC，HQ）	L5G1
	挂衣箱	HT	L2V1
	开顶箱	OT	L2U1
	冷冻箱	RF	L2R1
	冷高箱	RH	L5R1
	油罐箱	TK	L2T1
	框架箱	FR	L2P1

知识测试

一、判断题

1．用托盘装载货物，当各个托盘装载不同的货物时，可以堆垛，以提高库容率。（是□　否□）

2．为了提高货物装卸、存取的效率，自动化立体仓库一般使用周转箱或托盘盛放货物。（是□　否□）

3．换算标准箱TEU是指长度20ft、宽度和高度均为8ft的集装箱。（是□　否□）

4．杂货集装箱的使用范围非常广泛，占全部集装箱总数的70%～80%。（是□　否□）

5．国际标准集装箱的外型宽度均为8ft（2 438mm）。（是□　否□）

6．集装单元化是物流现代化的重要标志之一。（是□　否□）

7. 集装箱是为便于物品运送而专门设计的，在一种或多种运输方式中，无须中途换装，集装箱具有耐久性而能反复使用，设有便于搬运和装卸的装置。（是□　否□）

8．我国联运托盘大多采用平托盘，以便于叉车、货架、仓库的标准化。（是□　否□）

9．平托盘的主要特点是防护能力强，可有效防止塌垛和货损。（是□　否□）

二、选择题

1．不锈钢集装箱主要用作（　　）。

A．汽车集装箱　　　　B．服装集装箱

C．动物集装箱　　　　D．罐式集装箱

2．在托盘保养管理中，最重要的一点是（　　）。

A．驾驶员不野蛮操作　　B．不使用破损状态的托盘

C．每两年进行一次修理　　D．轻拿轻放

3．装载豆类、谷物、硼砂、树脂等各种散堆颗粒状、粉末状物料的集装箱选用（　　）。

A．杂货集装箱　　B．散货集装箱

C．开顶集装箱　　D．罐状集装箱

4．起吊集装箱最理想的方式为（　　）。

A．采用上部四点起吊　　B．采用上部单点起吊

C．采用横架从下部起吊　　D．用叉车货叉举升

5．下列哪种集装箱使用范围最广，又叫通用集装箱（　　）。

A．散货集装箱　　B．开顶集装箱

C．杂货集装箱　　D．框架集装箱

6．亚洲的托盘规格是（　　）。

A．1 100mm×1 100mm　　B．1 219mm×1 016mm

C．1 200mm×800mm　　D．1 140mm×1 140mm

7．最适合于装载不规则货物的托盘是（　　）。

A．轮式托盘　　B．柱式托盘　　C．箱式托盘　　D．平托盘

8．不能用集装箱叉车的货叉举升集装箱的箱型是（　　）。

A．A 型箱　　B．C 型箱　　C．10D 箱　　D．5D 箱

9．在托盘上将包装箱向一个方向并列，从最下层到最上层完全一致的堆码方式称为（　　）。

A．重叠式　　B．纵横交错式

C．正反交错式　　D．旋转交错式

10．一个 40ft 的实物集装箱等于（　　）TEU。

A．0.5　　B．1　　C．1.5　　D．2

11．集装单元器必须具备哪些条件？（　　）。

A．货物集装成一个完整、统一的重量单元　　B．有自己的行走机构

C．有便于机械装卸搬运的结构　　D．有便于捆扎的结构

E．货物集装成一个完整、统一的体积单元

12．我国联运托盘的规格尺寸主要有（　　）。

A．800mm×800mm　　B．800mm×1 000mm

C．800mm×1 200mm　　D．1 000mm×1 000mm

E．1 000mm×1 200mm

13．以集装系统为物流标准化的基点，其作用即以此为准来解决各个环节之间的配合性问题，包括如下（　　）等几种配合性。

A．集装与装卸机具，装卸场所的配合性

B．集装与运输设备（载重、有效空间尺寸）、设施的配合性

C．集装与回收物流的配合性

D．集装与国际物流的配合性

三、简答题

1．什么是集装单元化？集装单元化的特点有哪些？
2．托盘的种类有哪些？ISO 制定的四种托盘国际规格有哪些？
3．简述集装箱的种类、特点以及选用原则。
4．集装箱和托盘相比，有何优缺点？
5．托盘货物码垛和紧固方法有哪些？
6．除了托盘和集装箱，你还知道哪些集装器具？

技能训练任务单4

<table>
<tr><td>任务名称</td><td colspan="3">集装箱装箱与紧固</td></tr>
<tr><td>学生学号</td><td></td><td>学生姓名</td><td></td></tr>
<tr><td>任务导入</td><td colspan="3">1．以 10 人为 1 实训小组，配备 1 个集装箱、1 辆集装箱叉车和若干各种规格纸箱，学生在教师的指导下，结合货物属性和集装箱运输知识进行装箱。
2．任务以小组为单位，每组 10 人，设 1 名组长，轮流装箱。
3．在任务实施之前，做好不同形态货物装箱和紧固知识准备。
4．在任务实施过程中，学生主导，教师指导监督，学生依据工作单开始工作实施，教师对学生出现的问题加以指导，解答学生的疑问，注重操作的规范性、安全性</td></tr>
<tr><td>成果形式</td><td colspan="3">1．以小组形式完成上述各种货物在集装箱中装箱工作。
2．以小组形式进行现场答辩，指出该集装箱装箱方案的可行性，其他小组结合自己装箱情况，与之进行比较，分析存在问题并提出建议</td></tr>
<tr><td>任务破解</td><td colspan="3"></td></tr>
<tr><td>学习体会</td><td colspan="3"></td></tr>
<tr><td rowspan="2">老师评价</td><td colspan="3">评语：</td></tr>
<tr><td colspan="3">成绩：________　　　　____年____月____日</td></tr>
</table>

Project 项目 5 装卸搬运机械设备

职业素养目标

- 爱岗敬业
- 安全意识
- 动手能力
- 适应能力
- 沟通能力

知识培养目标

- 掌握叉车的使用与管理
- 理解输送设备的使用与管理
- 了解起重机械设备、集装箱装卸搬运设备、提升及堆垛设备
- 熟悉叉车类型及其本结构

能力培养目标

- 能够进行叉车的使用与管理
- 能够对常用输送设备进行使用与管理
- 能够结合实际案例分析装卸搬运机械设备的选型

Mission 任务 1 起重机械设备

学习指南

本项任务将引领大家掌握起重机械设备的概念，了解起重机械设备的分类，进而理解不同起重机械设备类型的性能。同时，掌握起重机械设备的使用与管理。

一、装卸起重机械分类

起重机械是用来从事起重和搬运、做循环间歇运动的机械。起重机械设备一个典型的工作循环一般包括：取物装置从取物点由起升机构把货物提起、运行、旋转或变幅机械将

货物移位、在指定位置下降，接着进行反向运动，使取物装置回升原位，以便进行下一轮工作循环。在两个工作循环之间，一般有短暂的停歇，由此可见，起重机械工作时，各机构经常是处于起动、制动以及正向、反向等相互交替的运动状态之中。

装卸起重机械按其起重量及运动方式可分为三大类。

1. 轻小型起重设备

轻小型起重设备通常只有一个升降机构，使货物做升降运动。在某些场合也可作水平运输（如卷扬机）。属于这一类型的起重设备有：千斤顶、滑车、葫芦、卷扬机等。它们具有轻小简练，使用方便的特点，适用于流动性和临时性的作业，手动的轻小型起重设备尤其在无电源的场合使用。

2. 桥式类起重机

桥式类起重机配有起升机构、大车运行机构和小车运行机构。依靠这些机构配合动作，可在整个长方形场地及其上空作业，适用于车间、仓库、露天堆场等场所。桥式起重机包括：通用桥式起重机、堆垛起重机、龙门式起重机、装卸桥、冶金专用起重机等。

3. 臂架类起重机

臂架类起重机配有起升机构、旋转机构、变幅机构和运行机构，液压起重机还配有伸缩臂机构。依靠这些机构的配合动作，可在圆柱形场地及上空作业。臂架式起重机可装在车辆上或其他运输（移动）工具上，构成运行臂架式起重机，这种起重机具有良好的机动性，可适用于码头、货场、矿场等场所。臂架类起重机包括：塔式起重机、门座式起重机、汽车起重机、轮胎式起重机、履带式起重机、浮式起重机、铁路起重机等。

物流装卸起重机的一般分类如图 5-1 所示。

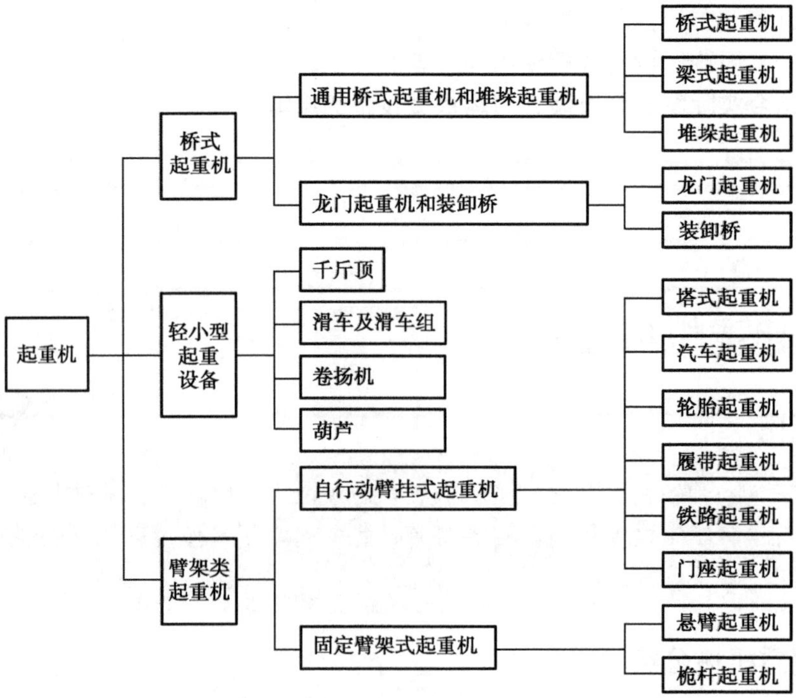

图 5-1　起重机分类

二、桥式类起重机结构及运用

桥式类起重机指由具有能运行的桥架结构和设置在桥架上的能运行的起升机构组成的起重机械。是现代化工厂、仓库中实现生产过程机械化与自动化，减轻繁重体力劳动，提高生产率的重要设备和工具。常用的桥式类起重机包括梁式起重机、通用桥式起重机、龙门起重机、装卸桥等。这类起重机多是固定式，完成固定空间的吊运作业，适用于所有工矿企业、仓库、露天堆场等，进行物料的装卸、搬运和吊装等。

1. 梁式起重机

起重小车（主要是起重葫芦）在单根工字梁或其他简单组合断面梁上运行的简易桥架型起重机，统称为梁式起重机。梁式起重机由桥梁、起重小车两大部分组成，根据桥架结构不同可分为单梁桥式起重机和双梁桥式起重机两种类型。

单梁桥式起重机桥架的主梁多采用工字型钢或型钢与钢板的组合截面（见图 5-2）。起重小车常为手拉葫芦、电动葫芦或用葫芦作为起升机构部件装配而成。梁式起重机各机构的工作速度较低，起重量也较小，属于轻型起重机，具有自重轻，成本低，制造生产容易的特点。

按桥架支承形式不同，分为支承式和悬挂式两种。前者桥架沿车梁上的起重机轨道运行；后者桥架沿悬挂在厂房屋架下的起重机轨道运行。

单梁桥式起重机分手动、电动两种，手动单梁桥式起重机各机构的工作速度较低，起重量也较小（通常为 0.5～10 吨）。但自身重量小，便于组织生产，成本低，适合用于无电源或搬运量不大，对速度与生产率要求不高的场合。手动单梁桥式起重机采用手动单轨小车作为运行小车，用手拉葫芦作为起升机构，桥架由主梁和端梁组成，主梁一般采用单根工字钢，端梁则用型钢或压弯成型的钢板焊成。

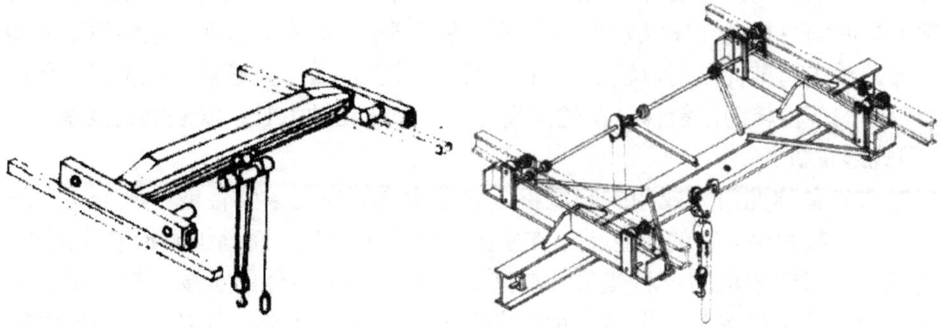

（a）电动支承式　　　　（b）手动悬挂式

图 5-2　单梁式起重机

电动单梁桥式起重机的工作速度、生产率较手动的高，起重量也较大。电动单梁桥式起重机由桥架、大车运行机构、电动葫芦（或由电动葫芦作主要部件的电动起重小车）及电气设备等部分组成。

图 5-3 轻型双梁起重机

双梁起重机由直轨、起重机主梁、电动环链葫芦和小车、送配电系统和电器控制系统组成，特别适合于大悬挂跨度和大起重量的平面范围物料输送，如图 5-3 所示。

2. 通用桥式起重机

通用桥式起重机属电动起重机械，又称“天车”、“行车”，具有起升机构、运行机构（包括小车运行机构和大车运行机构）。其吊运方式由大车的纵向运动、小车的横向运动以及起升机构的升降运动组成。这些运动构成了一个长方体的大范围作业空间。

通用桥式起重机的大车轨道通常安装在仓库、作业场所的两侧梁柱或两侧地面上，因而具有起重量大、占地面积小，且运行时不妨碍同一作业场地的其他工作的特点。

通用桥式起重机由起重小车、桥架、电气控制部分、安全装置和司机室等部分组成。

起重小车由卷筒、电动机、减速器、制动器、双联滑轮组、吊钩等组成的起升机构，以及由电动机、减速器、制动器、小车轮等组成的小车运行机构和小车架构成。卷筒一般采用带螺旋槽的形式。小车运行机构多采用分别驱动的形式，起升机构和小车运行机构的所有部件都装在小车架上。起升机构一般在起重量小于 10 吨时，只设一套；当起重量大于 10 吨时，多安装两套起升机构，起重量大的称为主起升机构，起重量小的称为副起升机构。它们的吊钩分别称为主钩和副钩。一般副钩的额定起重量为主钩的 15%～20%。

通用桥式起重机的大车由金属桥架和大车运行机构组成。大车运行机构与小车运行机构基本相同，由电动机、制动器、减速器、传动轴、联轴器和车轮组成。有集中驱动和分别驱动两种形式。分别驱动的传动方式由两套单独的驱动装置，分别驱动两个端梁下的主动轮，依靠桥架本身的刚性和电气操纵系统的控制保持两侧车轮的同步行驶。集中驱动的传动方式在小起重量的桥式起重机上用得较多，由一套传动装置，通过减速器、联轴器、传动轴同时驱动桥架两侧的车轮转动，能保证车轮同步行驶，但传动轴太长，安装制造复杂。

3. 门式起重机

龙门起重机又称龙门吊或门式起重机，它是由支撑在两条刚性或一刚一柔支腿上的主梁构成的门形框架得名。它的起重小车在主梁的轨道上行走，而整机则沿着地面轨道行走，门式起重机是桥式起重机的一种变形。在港口，主要用于室外的货场、料场货、散货的装卸作业。它的金属结构像门形框架，承载主梁下安装两条支脚，可以直接在地面的轨道上行走，主梁两端可以具有外伸悬臂梁。门式起重机具有场地利用率高、作业范围大、适应面广、通用性强等特点，在港口货场得到广泛使用。

（1）门式起重机的类型。门式起重机一般根据门架结构形式、主梁形式、吊具形式不同进行分类。

① 按门框结构形式分类

（a）全门式起重机（见图 5-4a）：主梁无悬臂，小车在主跨度内运行。

（b）半门式起重机（见图 5-4b）：支腿有高低差，可根据使用场地的土建要求而定。

（c）双悬臂门式起重机（见图 5-4c）：最常见的一种结构形式，其结构的受力和场地面积的有效利用都是合理的。

（d）单悬臂门式起重机（见图 5-4d）：这种结构形式往往因场地的限制而被选用。

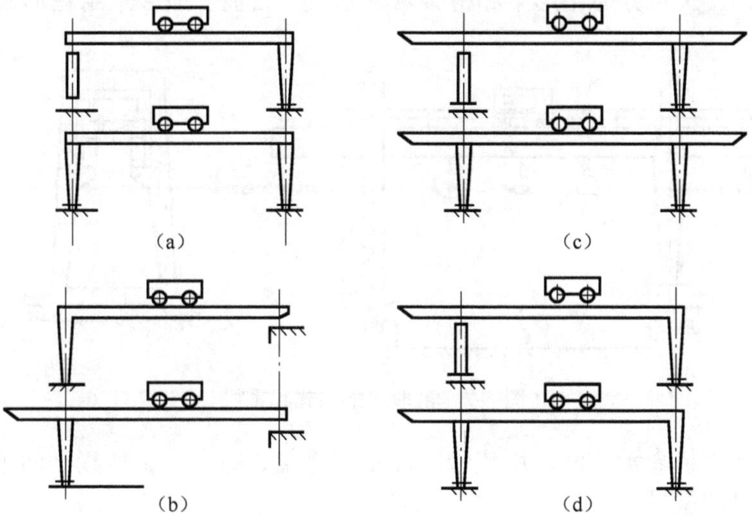

图 5-4　门式起重机结构类型

② 按主梁结构形式分

（a）单主梁门式起重机：单主梁门式起重机结构简单、制造安装方便，自身重量小，主梁多为偏轨箱形架结构。与双主梁门式起重机相比，整体刚度要弱一些。因此，当起重量 Q≤50 吨、跨度 S≤35 米时，可采用这种形式。单主梁门式起重机门腿有 L 形和 C 形两种形式。L 形（见图 5-5）的制造安装方便，受力情况好，自身重量较小，但是吊运货物通过支腿处的空间相对小一些。C 形（见图 5-6）的支脚做成倾斜或弯曲成 C 形，其目的在于得到较大的横向空间，以使货物顺利通过支脚。

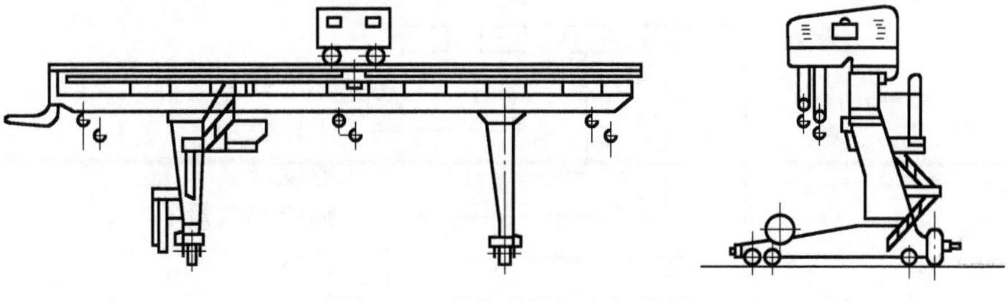

图 5-5　L 形单主梁门式起重机

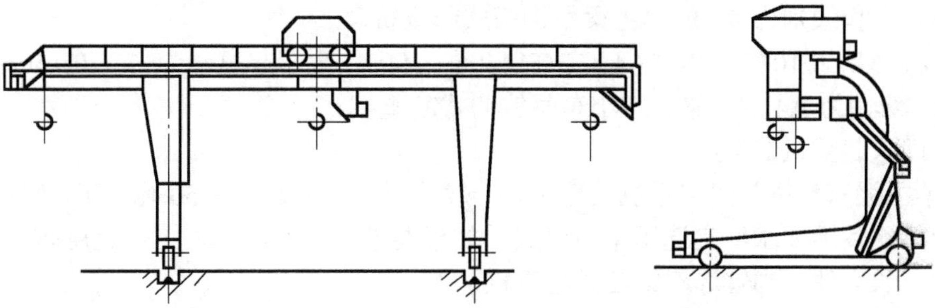

图 5-6　C 形单主梁门式起重机

（b）双梁门式起重机（见图 5-7）：双梁门式起重机承载能力强、跨度大、整体稳定性好、品种多，但自身重量与相同起重量的单主梁门式起重机相比要大些，造价也较高。根据主梁结构不同，又可分为箱形梁和桁架两种形式，目前一般多采用箱形梁结构。

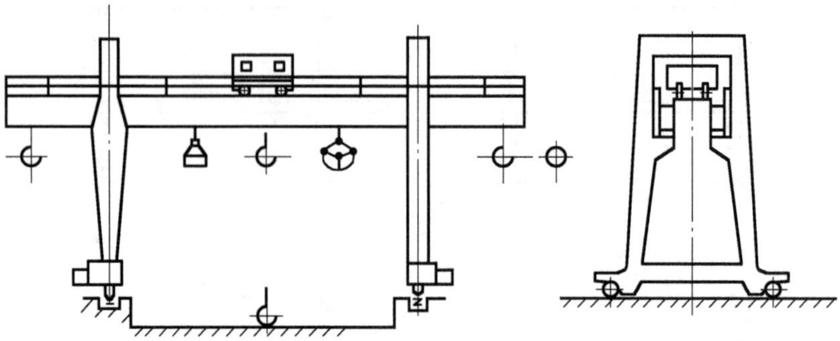

图 5-7　箱形双梁门式起重机

（2）门式起重机表示方法。用代号、额定起重量、跨度、工作级别四个主要要素特征表示门式起重机的型号。

① 代号含义

M 表示门式类型，M 后加一个符号为双梁门式起重机，其符号有：MG、ME、MZ、MC、MN、MP，MS；加两个符号为单主梁门式起重机，其符号有：MDG、MDE、MDZ、MDC、MDN、MDP、MDS 等。

例：MG——双梁单小车吊钩门式起重机；

ME——双梁双小车吊钩门式起重机；

MDN——单主梁单小车抓斗吊钩门式起重机；

MDS——单主梁单小车三用门式起重机。

② 标记方法

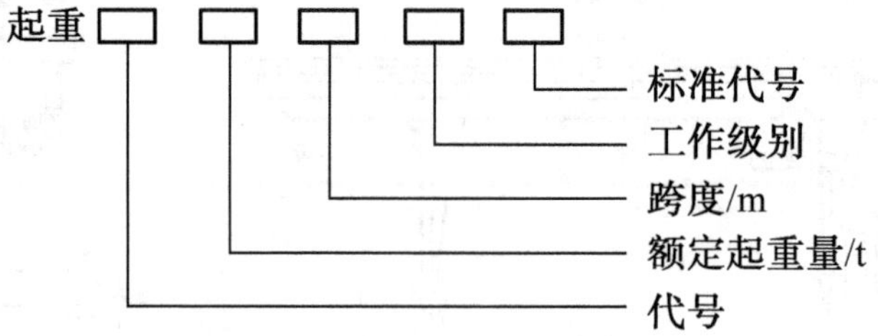

例如，起重机 MDG 20/5-22A4GB/T14406—1993：表示具有主、副钩的起重量为 20/5t、跨度 22m、工作级别为 A4 的单主梁吊钩门式起重机。

起重机 ME50/10+50/10-35A4 GB/T14406—1993：表示起重量为 50/10t+50/10t、跨度 35m、工作级别为 A4 的双梁、双小车吊钩门式起重机。

（3）门式起重机的选用

① 单主梁和双梁门式起重机的选用。一般情况下，起重量在 50 吨以下，跨度在 35 米以内，无特殊使用要求，宜选用单主梁式。如果要求门腿宽度大，工作速度较高，或经常吊运重件、长大件，则宜选双梁门式起重机。

② 跨度和悬臂长度。门式起重机的跨度是影响起重机自身重量的重要因素，选择中，

在满足设备使用条件和符合跨度系列标准的前提下，应尽量减小跨度。悬臂长度的选择要考虑龙门起重机跨度和悬臂长度合理的比值关系，力求使主梁自身质量最小。

③ 轮距的确定原则

（a）能满足门架沿起重机轨道方向运行的稳定性要求。

（b）货物的外形尺寸要能顺利通过支腿平面刚架。

（c）注意轮距 B 与跨度 S 成一定比例关系，一般取轮距 B=(1/5-1/6)S。

④ 门式起重机间距尺寸确定。在工作中，门式起重机外部尺寸与堆场的货物及运输车辆通道之间应留有一定的空间尺寸，以利于装卸作业。一般运输车辆在跨度内装卸时，应保持与门腿有 0.7m 以上的间距。吊具在不工作时应与运输车辆有 0.5m 以上的间距，货物过门腿时，应有 0.5m 以上的间距。

⑤ 门式起重机电气设备的选用。门式起重机电气设备的选用应符合通用门式起重机 GB/T14406—2001 的有关规定。

4. 装卸桥

装卸桥是门式起重机的另一种形式，通常把跨度大于 35m、起重量不大于 40t 的门式起重机称为装卸桥。装卸桥的取物装置以双绳抓斗或其他专用吊具为主，工作对象都是大批量的散状物料，常用在电厂、车站、港口、林区货场等场合。通常以生产率来衡量和选择装卸桥。其起升和小车运行工作机构速度较高，起升速度大于 60m/min，小车运行速度在 120m/min 以上，最高达 360m/min，为减小冲击力，在小车上设置减振器。大车运行机构是非工作性机构，为调整装卸桥工作位置而运行，速度相对较低，一般为 25m/min 左右。

装卸桥与龙门起重机的不同点是它的跨度大，用抓斗作取物装置，工作速度快、效率高，一般生产率达 500～1 000t/h。

装卸桥的结构形式有桁架式（图 5-8）和箱形门架式两种（图 5-9）。采用桁架结构可减小整机自身质量，而采用箱形结构便于制造。

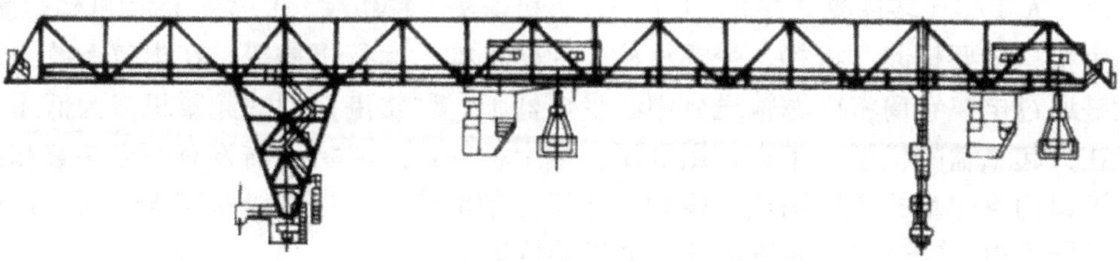

图 5-8 双悬臂桁架结构装卸桥

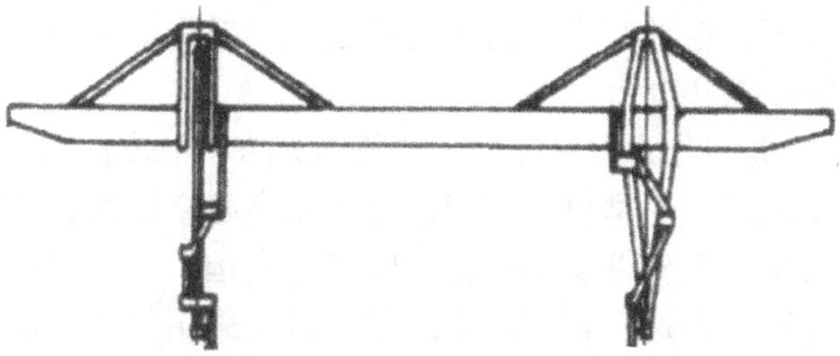

图 5-9 双悬臂箱形结构装卸桥

桥式抓斗卸船机由于具有较高的起升和小车运行速度，机上的受料漏斗又靠近船舶，大大缩短了小车的作业行程，因而具有很高的生产效率。它的使用范围也较广泛，最小的起重量可为 5t，卸船生产率约 400t/h；最大起重量可达 85t，卸船生产率高达 4 200（煤）～5 100t/h（矿）。其作业对象可为 30 万吨级以内的船舶，它的卸船生产率一般在 2 500t/h 以下。

桥式抓斗卸船机的主要参数有起重量、生产率、抓斗外伸距（沿海侧轨道中心向外至抓斗铅垂中心线之间的最大水平距离）、起升高度和各机构的工作速度等。

在选用装卸桥时，应根据具体的使用条件、服务对象、主要性能技术参数要求、安装和维修能力、经济性要求等方面综合考虑，做出合理的决策。

三、臂架类起重机结构及运用

臂架类起重机由行走、起升、变幅、旋转机构组成。通过臂架的俯仰、绕垂直轴线回转配合升降运行可在一个圆柱形空间范围内起重和搬运货物。臂架类起重机种类繁多，以下简单介绍物流系统中常用的门座式、地面动臂式起重机两种。

1. 门座式起重机

（1）门座式起重机的分类。门座式起重机是装在沿地面轨道行走的门形底座上的全回转臂架起重机。在现代的港口、车站库场装卸设备中，门座式起重机占据着重要的地位，主要原因在于其具有较好的工作性能和独特的优越结构。港口和货场使用的门座式起重机一般分为通用式和专用式两种。通用门座式起重机用吊钩或抓斗装卸货物；专用门座式起重机则只能用于某一种货物的装卸，如带斗门座式起重机专用于煤炭装卸，通常它的生产率比通用门座式起重机高。按补偿方式分有：象鼻梁式门座起重机、连杆式门座起重机、臂架式门座起重机。门座起重机一般采用平行四边形式和四连杆式，而中、小型门座起重机则有臂架式使用补偿滑轮。

（2）门式起重机的构造和工作原理。图 5-10 所示为门座式起重机结构图，门座式起重机是由金属结构、四大机构和电气系统组成的整体。它的金属结构有：起重臂系统、平衡系统、转盘、人字架（转柱或立柱）、梯子平台、机器房、操纵室、门架、运行机构均衡梁等。

四大机构主要指起升机构、变幅机构、回转机构、运行机构等。在电气系统中，其供电一般是通过电缆卷筒将电源输送到中心受电器上。通常港口门式起重机多为低压供电上机，但在大起重量的机型上也有使用高压供电上机的，此时机上需设有变电装置和高压控制柜。港口门座起重机均采用电力驱动，电气控制部分集中在操纵室和电气房内，电阻箱布置在机器房内，安全保护装置设置在适当的位置上。

① 起升机构。为了便于使用双绳抓斗装卸散货，门座起重机一般采用双卷筒的起升结构，即由两台电动机分别带动各自的减速器，经过三级减速后输出，并带动各自的钢丝绳卷筒。起升钢丝绳一端固定在卷筒上，另一端通过人字架上的补偿滑轮及象鼻梁两端部的滑轮，然后固定于吊钩或抓斗上。

② 变幅机构。变幅机构分为非工作性（调整性）的和工作性的两种。一般情况均为工作性变幅，非工作性变幅只在小型机上使用。为了提高起重机的工作效率和更好地满足作业要求，门座起重机采用了工作性变幅机构，即带载变幅。这种变幅机构的特点是工作次数频繁，变幅阻力较大和变幅速度较高。如果起重机仅采用简单摆动臂架的方式变幅，则会引起臂架重心、取物装置及吊重物在水平移动的同时产生升降运动。当臂架变动一个角

度时，所吊物移动了一定的距离，同时吊物也提高了一定的高度 H，如图 5-11 所示。这使驱动装置在变幅过程中，除了必须克服一定的阻力外，还必须克服由于臂架自重和吊重升降所引起的阻力，不仅驱动功率要增大，而且增加了司机操作定位的困难。为了在变幅过程中保持载荷水平位移，常采用绳索补偿法和组合臂架法使重物在变幅过程中沿着接近于水平的轨道移动。

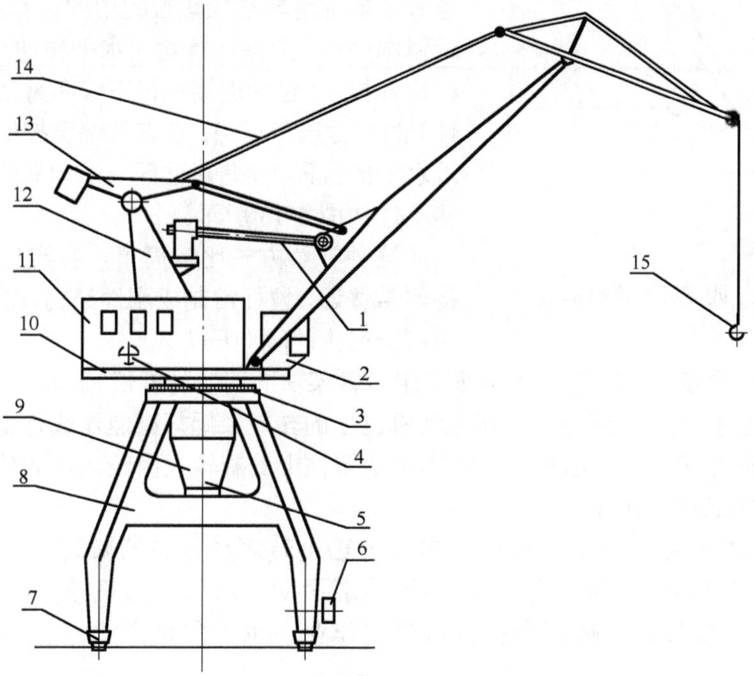

图 5-10　门座式起重机结构

1—变幅机构；2—司机室；3—旋转机构；5—起升机构；5—电气系统；6—电缆卷筒；7—行走机构；8—门架；9—转柱；10—转盘；11—机房；12—人字架；13—平衡系统；14—起重臂系统；15—吊钩

绳索补偿法其工作原理是：当臂架摆动时，依靠特殊设计的起升绳卷绕系统，适当地放出或收进一定长度的起升绳来补偿货物悬挂点的升降，以达到货物在变幅过程中水平位移的目的，如图 5-12 所示。

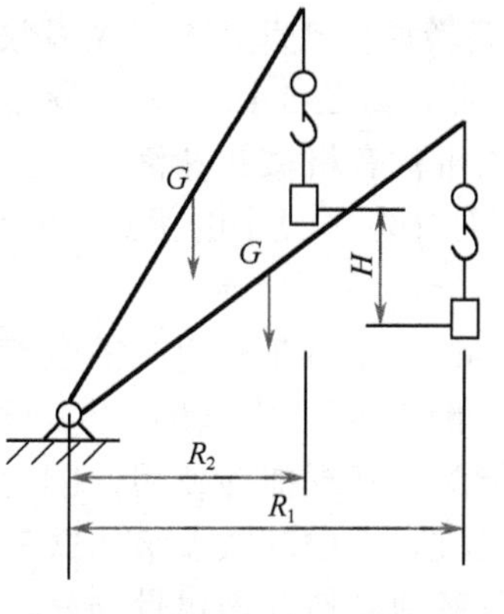

图 5-11　变幅过程中吊物的移动

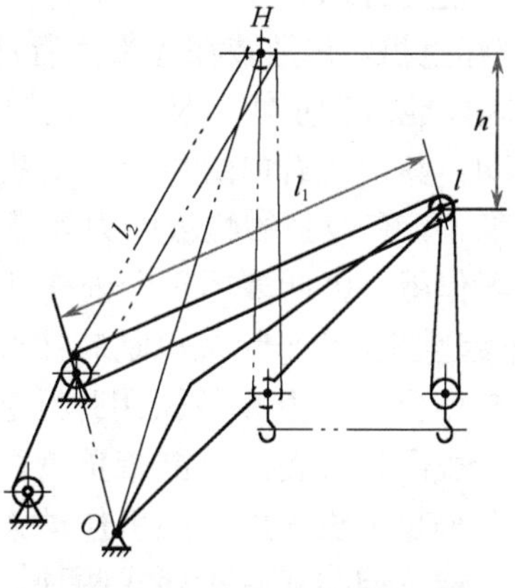

图 5-12　绳索补偿法

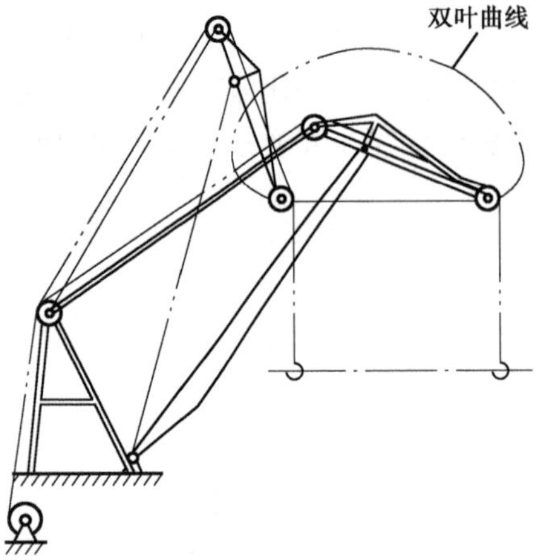

图 5-13　四连杆补偿机构

这种补偿方法构造简单，臂架端部的合力接近通过骨架下铰点，臂架承受较小的弯矩，可获得较小的工作幅度。但起升绳较长且磨损较快，工作幅度小时货物颠簸大，适用于中小起重量的港口起重机。

组合臂架补偿法其工作原理是：依靠组合臂架象鼻架端部滑轮在变幅过程中的特殊运动（水平线或近似水平线）来保证货物的水平移动。只要将四连杆机构各构件（包括连接拉杆下铰和臂架下铰的基础构件）的尺寸选择适当，使有效幅度控制在双叶曲线接近水平的区段上，变幅过程中吊钩就能作近似的水平移动，如图 5-13 所示。

这种补偿方式比较简单，在港口起重机中应用得非常普遍，拉杆常制成刚性结构，以承受工作过程中可能产生的轴向压力。

目前我国生产的门座起重机大多采取组合臂架法的四连杆补偿机构。

③ 四转机构。由一个或两个旋转电动机输出的转矩经蜗杆减速器或行星齿轮减速器减速后，带动旋转小齿轮，小齿轮再带动固定于转柱上的旋转大齿轮，从而使门座起重机的上部旋转，以完成作业任务。

④ 行走机构。由两台或四台行走电动机输出转矩经各自的减速器减速后，传递到开式齿轮组，再驱动门式起重机行走轮沿轨道运动，从而使门机改变工作位置。门座起重机的起升、旋转、变幅三个机构可单独作业，也可联合作业，以完成所需的作业内容。

2. 地面动臂式起重机

地面动臂式起重机的特征是机体贴近地面，采用动臂结构。它主要依靠吊臂的长短或仰角的大小及旋转运动，使货物做垂直和水平运动。它具有机动灵活，转移快，作业范围大等特点，被广泛用于码头、车站、货场及工地等场所物料的装卸、搬运和设备、结构的安装。

（1）典型地面动臂式起重机。地面动臂式起重机种类很多，按运行部分的结构不同，可分为汽车起重机、轮胎起重机、履带起重机和轨道起重机，其中轮胎起重机、汽车起重机拥有量大，使用普遍。

① 履带起重机。它是装在履带运行底盘上的全旋转动臂式起重机，大多数配有单斗万能挖掘机，因此能进行正铲、反铲、拉铲或抓斗等作业，如图 5-14 所示。履带起重机一般采用集中驱动，其形式有内燃机及电动机两种，传动机构有机械式和液压式。履带起重机具有接地面积大，有较强的爬坡能力和通过性能好，且转弯半径小的优点。但行走速度慢，对地面有破坏作用，因此多用于野外作业和工地上。

② 汽车起重机。汽车起重机是装在标准的或专用的载重汽车底盘上的全旋转动臂式起重机，如图 5-15 所示。其车轮采用弹性悬架，行驶性能接近汽车，转台上多设有起重司机室，作业时一般需打支腿，不能带负荷行驶，且不能配套双绳抓斗使用，因而其使用受到一定限制。汽车起重机采用内燃机作动力，传动有机械式、电动式及液压式三种，为减小外形尺寸，吊臂有伸缩式或折叠式两种。由于它的行驶速度快，通过性能好，因此适用于

流动性的作业场所。

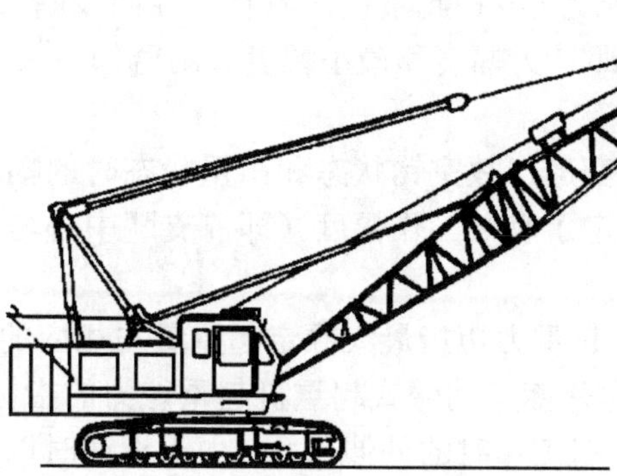

图 5-14　履带起重机

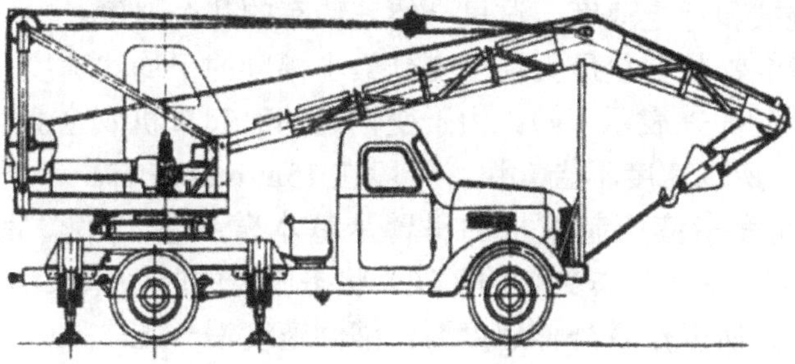

图 5-15　汽车起重机

③ 轮胎起重机。它是装在专用的轮胎底盘上的全旋转动臂式起重机，一般采用内燃机驱动，但也有少量简易型轮胎起重机采用外接电源驱动。轮胎起重机多采用刚性悬挂，因而在一定条件下可以带载行走，转移作业地点或不工作时，不打支腿，灵活方便，作业时支腿外伸撑地，可将整个起重机抬起离地，如图 5-16 所示。因而在装卸作业中，它得到比汽车起重机更为广泛的应用。

图 5-16　轮胎起重机

内燃轮胎式起重机的传动有机械、电动和液压三种型式。它的吊臂大多为荷架结构，分段组装，但也有采用伸缩式的。轮胎式起重机机动灵活，稳定性好，使用较方便，生产效率高，因此在港口、铁路站场、堆场及工地被广泛使用。

（2）动臂式起重机的性能及主要参数。动臂式起重机由于其自身稳定性的要求，有其特有的技术参数，除起重机的基本参数外，这里主要介绍移动式起重机的主要参数。

① 工作幅度（单位：m）。工作幅度是指回转中心轴离吊钩垂直中心线的水平距离。

随着幅度增加或吊臂仰角的减小，起重量要减小，当幅度增加到一定值时或吊臂降低到一定值时，起重机将丧失任何起重能力（各种起重机均附有特性曲线图表）。故在实际使用时，各种起重机都规定了工作幅度，即最大幅度和最小幅度。吊臂仰角最大不超过 80°，一般工作范围规定在 30°～75°。

由于吊重时吊臂会发生弹性变形，故空钩状态和吊重状态时的幅度是有变化的。为了反映起重机的实际工作能力，规定了有效工作幅度（即前支腿中心与吊钩中心的最小水平距离）。

② 起重力矩（单位：t·m）。起重力矩指最大额定起重量与相应的工作幅度的乘积（即起重力矩=起重量×工作幅度）。它是衡量动臂式起重机起重能力的指标。

③ 支腿垮距。支腿跨距指支腿工作时的外伸尺寸。由于设计时以支腿最大跨距尺寸来计算起重机的稳定性，因此，不应任意改变支腿原来的跨距尺寸。

④ 工作速度。动臂式起重机作业时各机构的工作速度，主要包括：起升、变幅、吊臂伸缩、回转、支腿收放和行走速度。这里介绍其特有的几个速度。

（a）变幅速度指取物装置从最大幅度变到最小幅度的平均线速度（m/min），也可以用完成变幅全过程所需时间来表示（s）。由于变幅运动对起重机安全影响很大（特别是带载变幅或不打支腿时），所以速度不应太快，一般在 15m/min 左右。

（b）吊臂伸缩速度指液压起重机的吊臂从基本臂到各节吊臂完全伸出的平均速度（m/min），也可用全伸（缩）状态到全缩（伸）状态所需的时间来表示（s）。由于伸缩液压缸两腔作用面积不同，所以吊臂外伸速度要比缩回速度慢一些。

（c）回转速度指起重机绕旋转中心转动的速度（r/min）。额定回转速度是指旋转机构电动机在额定转速下，起重机绕其旋转中心的旋转速度。由于启动与制动时的惯性力影响吊重物体的摆动，故回转速度不宜过快（一般在 3r/min 以下）。

（d）行走速度指自行式起重机在道路或轨道上行驶时的速度（km/h）。有一般行驶速度和吊重行驶速度两种。轮式起重机的行走速度为 15～30km/h，吊重行走速度限制在 5km/h 以下。

⑤ 通过性参数。指移动式起重机能通过各种道路能力的参数，包括：最小转弯半径、最小离地间隙、最大爬坡度等。

⑥ 外形尺寸。指整机的长度、宽度和高度的最大尺寸。因为外形尺寸受到道路、桥梁、涵洞限制，所以各国都作出了具体规定。通常宽度限制在 3.4m 以内，高度则应低于 4m。

⑦ 轴荷。轴荷指移动式起重机单轴的最大负荷。为适应公路行驶的要求，各国都有严格的规定。联邦德国定为 12t；英国定为 11t；法国与日本定为 13t；我国则在《公路工程技术标准》中规定为 12t。

⑧ 自重。自重指起重机工作状态时的机械总重，有的机型是指在行驶状态下的重量。它是评价起重机的一个重要综合性指标。

⑨ 特性曲线。特性曲线可显示重量—幅度及幅度—高度的变化情况，即当幅度变化时，额定起重量和起升高度的变化情况。

（3）动臂式起重机主要结构和工作原理

① 构造。虽然地面动臂式起重机种类很多，结构各异，但通常都是由动力装置、工作

机构、金属结构和控制系统等组成。

（a）动力装置及传动型式：动力源主要有内燃机（多为柴油机）、电力和蒸汽三种。固定式或中小型移动式起重机多采用外接电源驱动和机械传动方式；轮胎式起重机特别是自行式轮胎起重机主要以内燃机（柴油机）为动力，其动力传递形式有三种：机械传动式、电力传动式、液压传动式。

（b）工作机构：为实现作业所需的不同运动要求，动臂式起重机的工作机构有：

- 起升机构：即完成将货物吊起或下降动作的卷扬装置。
- 变幅机构：用于改变起重机旋转中心线与取物装置铅垂中心线之间距离的机构。
- 回转机构：用于实现起重机回转运动的机构。
- 行驶机构：使起重机在地面上从一个位置转移到另一个位置的机构。

（c）金属结构：起重机有吊臂、回转平台、人字架、立柱以及底盘车架、支腿梁等金属构件，它们直接影响起重机的性能与安全。

（d）控制系统：它包括操纵装置和安全装置，其中，操纵装置是用以操纵和控制各工作机构，使各机构能按要求进行启动、调速、换向和停止，从而实现起重作业各种动作的装置。而安全装置则是对起重机实现保护与监控，防止发生事故的装置。

（e）支腿和平衡重：除固定式、轨道式、履带式起重机外，其余移动式起重机均设有支腿和平衡重（配重）。支腿的使用提高了起重机的起重能力，它的工况直接影响起重机的作业安全。平衡重是为了平衡起吊重物时的倾覆力矩，以保证起重机起吊重物时的稳定性。

② 工作原理。动臂式起重机能够起吊重物是利用动力装置（如蒸汽机、柴油机、电动机）为驱动力，再依靠各种传动方式（如机械传动、液压传动、电力传动），将动力分别、依次传递到各工作机构上去，使机构运动吊起重物。由于采用的动力装置和传动方式不同，起重机的工作原理也有差异。

（a）电力驱动：它指起重机以外接（交流）电源为动力，通过电缆、集电环、配电盘和开关控制等元件，输入电流，直接驱动各电动机做正、反转运动。由于电动机转速达高，因此，需配有减速器进行减速（如齿轮减速、蜗轮减速、传动带减速等），再通过连接器连接卷筒或传动齿轮，使各机构的转速达到工作要求。

（b）内燃机驱动：内燃机驱动的动臂式起重机，其传动方式多为机械集中驱动，只有在内燃—电动装置的起重机才可以分别驱动。内燃机驱动的最大特点是灵活性好，适应性强，能做远距离运动，并可在一定范围内吊运货物，因此，它是自行式动臂起重机的主要驱动形式。

四、起重机的主要属具及运用

起重机的属具包括索具和取物装置两大类，常用的索具有钢丝绳、麻绳、化学纤维绳等；常用的取物装置有吊钩、抓斗、电磁盘等。

（一）起重机常用索具

1. 钢丝绳

钢丝绳是起重作业的主要绳索，也是起重机械的重要零件，它具有断面积相等、质地柔软、强度高、弹性大、耐磨损、能承受冲击载荷，在卷筒上高速运转平稳、无噪声、自重轻、工作安全可靠等特点，并在断丝或损坏后易于发现和便于及时处理。被广泛用作起重绳、变幅绳、小车牵引绳，在装卸过程中还可用于货物的捆扎。由于绳股中钢丝断裂是逐渐产生的，一般不会发生整根钢丝绳突然断裂的现象，所以工作较可靠。

（1）钢丝绳的构造。起重机的钢丝通常采用重绕绳，由 19 根或 37 根（也有用 61 根的）钢丝拧成股，再由股绕绳芯拧成绳，钢丝绳有 6 股绳和 8 股绳，比较常用的是 6 股钢丝绳。

钢丝绳按其断面结构不同分为普通型和复合型，如图 5-17 所示。普通型钢丝绳是用直径相同的钢丝捻制，制造简单，在起重机上应用广泛；复合型钢丝绳是用不同直径的钢丝捻制，分为粗细式和外粗式两种。复合型钢丝绳比普通型钢丝绳的强度高，使用寿命也较前者高 1.2～2 倍，在起重机上的应用也较多。

（2）钢丝绳的分类。根据钢丝绳由丝捻成股的方向与由股捻成绳的方向是否一致可分为：

① 交互捻钢丝绳（也称交绕绳）：其丝捻成股与股捻成绳的方向相反。由于股与绳的捻向相反（见图 5-18c、d），交绕绳挠性比顺绕绳差，易磨损，使用寿命较短。但使用中不易扭转和松散，在起重机上广泛使用。

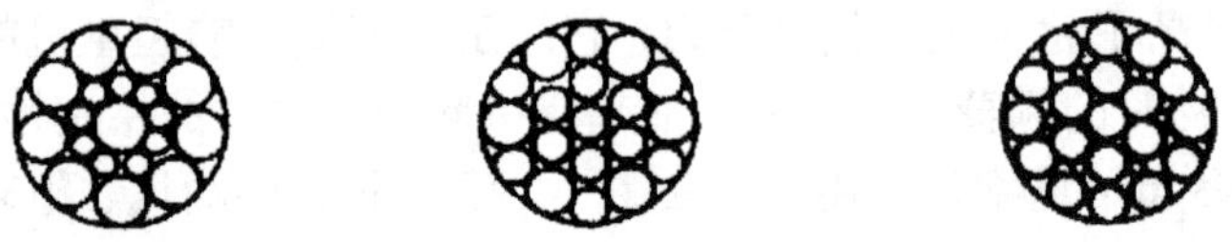

（a）普通型　（b）复合型粗细式　（c）复合型外粗式

图 5-17　钢丝绳的断面结构

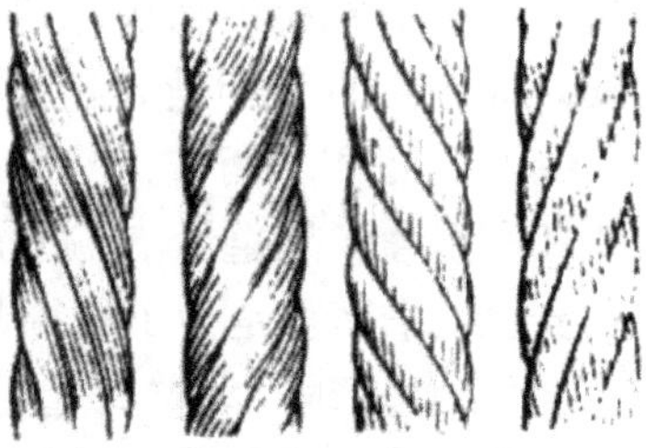

（a）　（b）　（c）　（d）

图 5-18　钢丝绳的捻向

② 同向捻钢丝绳（也称顺绕绳）：其丝捻成股与股捻成绳的方向相同（见图 5-18a、b），挠性和寿命都较交互捻绳要好，与滑轮槽接触时为线接触，接触应力小，摩擦系数较大，不易打滑，使用寿命较长。但因其易扭转、松散，一般只用来做牵引绳。

③ 不扭转钢丝绳：这种钢丝绳在设计时，使股与绳的扭转力矩相等，方向相反，克服了在使用中的扭转现象，常在起升高度较大的起重机上使用，并越来越受到重视。

（3）钢丝绳的型号。钢丝绳的结构、类型和性能的标记可用下面的方框示意说明：

钢丝绳 □ □ □ □ □ □ □ □ □

　　　① ② ③ ④ ⑤ ⑥ ⑦ ⑧ ⑨

其中：

① 股数。

② 结构型式，“×”表示普通型；“W”表示复合型粗细式；“X”表示复合型外粗式。

③ 每股钢丝根数。

④ 钢丝绳直径（mm）。它是指钢丝绳的最大外径。

⑤ 钢丝的公称抗拉强度（$\times 10N/cm^3$）。

⑥ 钢丝的韧性号，有“特”号、“I”号、“II”号。

⑦ 钢丝表面情况。有“光”（光面钢丝）；“镀”（镀锌钢丝）；“甲”（用于严重腐蚀条件）；“乙”（用于一般腐蚀条件）；“丙”（用于较轻腐蚀条件）。

⑧ 捻向及捻线方式。有“右”（右向捻）；“左”（左向捻）；“交”（交绕）；“同”（顺绕）。

⑨ 产品依据的标准号。

例如：由六股组成，普通型，每股又由 37 根钢丝组成，钢丝绳的直径头 15mm，钢丝的公称抗拉强度为 1 700N/cm^2，钢丝韧性较好，钢丝表面镀锌可用于严重腐蚀条件，右向顺绕，按国家标准 GB/T8918-1996 制造，则此钢盔绳标记为：

钢丝绳 6×37-15-170-I-甲镀-右同-GB/T8918—1996。

（4）钢丝绳的使用和维护。每个班次作业前必须坚持对钢丝绳的检查并形成制度。检查不留死角，对于不易看到和不易接近的部位应给予足够重视，必要时应作探伤检查。在检查和使用中应做到：

① 使用检验合格的产品，保证其机械性能和规格符合设计要求。

② 钢丝绳的寿命与配用的卷筒和滑轮的直径大小有很大关系，采用较大的卷筒和滑轮直径，可大大延长钢丝绳的使用寿命。

③ 保证足够的安全系数，必要时使用前要做受力计算或拉力试验，不得使用已达到报废标准的钢丝绳。

④ 使用中避免两钢丝绳的交叉、叠压受力，防止打结、扭曲、过度弯曲和划磨。

⑤ 应注意减少钢丝绳弯折次数，尽量避免反向弯折，因为反向弯曲的破坏作用是同向弯曲的两倍。

⑥ 不要在不洁净的地方拖拉钢丝绳，防止外界因素对钢丝绳的损伤、腐蚀，使钢丝绳性能降低。

⑦ 保持钢丝绳表面的清洁和良好的润滑状态，加强对钢丝绳的日常维护保养。

2. 麻绳

麻绳具有质地柔韧、轻便、易于捆绑、结扣和解脱方便等优点，但其强度较低，一般麻绳的强度只有相同直径钢丝绳的 10%左右，而且易磨损、腐烂、霉变。因此，麻绳在起重作业中主要用于重量较轻的重物的捆绑，吊运 500kg 以下的较轻物体；当吊起重物时，可用麻绳拉紧物体，以保持被吊物体的稳定和在规定的位置上就位。

（1）麻绳的种类。麻绳的种类很多，按其原料的不同，可分为白棕绳、混合麻绳和线麻绳三种。

（2）麻绳的基本结构。麻绳的制造是用相应的麻料纤维细线先捻搓成股，再合几股捻搓成绳，股的捻向与绳的捻向相反。按照捻制股数的多少，可分为三股、四股和九股三种。

从机械性能上看，白棕绳强度较高，在起重作业中使用较多，四股麻绳和九股麻绳比三股麻绳使用更为普遍。但白棕绳价格比较昂贵，九股绳在制造上较麻烦，所以在选用麻绳时，必须根据起重作业的具体情况进行合理的选择。

3. 化学纤维绳

化学纤维绳俗称尼龙绳或合成纤维绳，目前多采用锦纶、尼纶、维尼纶、乙纶、丙纶等合成纤维搓制而成。它有质轻、柔软、耐腐蚀、强度及弹性比麻绳好等优点。其缺点是不耐热，使用中忌火忌高温。

在吊运表面光洁，不允许擦伤的物件和设备时，使用化学纤维绳比使用钢丝绳更有利于防止擦伤吊物表面。而且化学纤维绳能耐酸、耐碱、耐油和耐水，在特殊条件下使用可充分发挥它的优点。

起重和吊运作业中常用的化学纤维绳有以下几种：

（1）尼龙绳：其强度是合成纤维绳中最大的一种，有承受冲击载荷作用的特殊能力，能耐碱及油，但不耐酸，价值最贵。

（2）涤纶绳：其强度次于尼龙绳，伸长率最低，能耐酸及油，但不耐碱。

（3）维尼纶绳：其强度最小，能在水上漂浮，能耐酸、碱及油，价格便宜，但熔点低。

（4）丙纶绳：其强度比维尼纶绳大，重量最轻，漂浮性能最好，能耐酸、碱及油，价格便宜。

（二）起重设备常用取物装置

取物装置是起重机起升机构中用来提取货物的装置。其性能对提高生产效率、减轻工人劳动强度和安全生产都有直接关系。取物装置必须安全可靠，并尽量满足自重轻、结构简单、尺寸紧凑、牢固耐用、能迅速自动或半自动地取物和装卸货的要求。由于起重机装卸货物的品种繁多，有成件货、散粒货和液体货等，它们的物理性能和几何形状以及装卸要求各不相同。为了适应各类货物的装卸作业，常用的取物装置有吊钩、吊环、扎具、夹钳、电磁盘、真空吸盘、抓斗和盛桶等。此外，还有集装箱专用吊具和其他专用工具。下面介绍一般起重机上最常用的吊钩、抓斗和电磁吸盘等。

1. 吊钩

吊钩是起重机械中使用最广泛的取物装置，与动滑轮组合成吊钩组，通过起升机构的卷绕系统将被吊物料与起重机联系起来。吊钩在起重作业中受到频繁冲击重载荷的反复作用，一旦发生断裂，可导致重物坠落，造成重大人身伤亡事故。因此，要求吊钩有足够的承载力，同时要有一定韧性，避免突然断裂的危险，以保证作业人员的安全和被吊运物料不受损害。

吊钩组是起重机上应用最普遍的取物装置，它由吊钩、吊钩螺母、推力轴承、吊钩横梁、滑轮、滑轮轴以及拉板等零件组成。

（1）吊钩的种类。目前常用的吊钩按形状分为单钩和双钩（见图 5-19），吊钩一般用整块钢材锻造，也可用几块钢板叠在一起绑接制成。

单钩是最常用的一种吊钩，它的构造简单，使用方便。叠板式吊钩是由切割成形的多片钢板叠在一起，用铆接方法制成的，并在吊钩口上装有护垫，这样可以减少钢丝绳的磨损。叠板式吊钩具有制造方便的优点，由于叠成的钢板不会同时断裂，所以工作可靠性比整体锻造的吊钩好。它的缺点是断面形状只能做成矩形，钩体材料不能充分利用，自重较大，尺寸也较大。

（2）吊钩的安全检查

① 安装使用前，检查吊钩应有制造厂的检验合格证明。

② 通过目测、触摸检查吊钩的表面状况。在用吊钩的表面应该光滑无毛刺，无锐角，不得有裂纹、折叠、过烧等缺陷，吊钩缺陷不得补焊。

③ 必要时，应进行内部探伤检查。主要通过无损探伤装置检查吊钩的内部状况。

④ 有条件的应该安装防止吊物意外脱钩的安全装置。

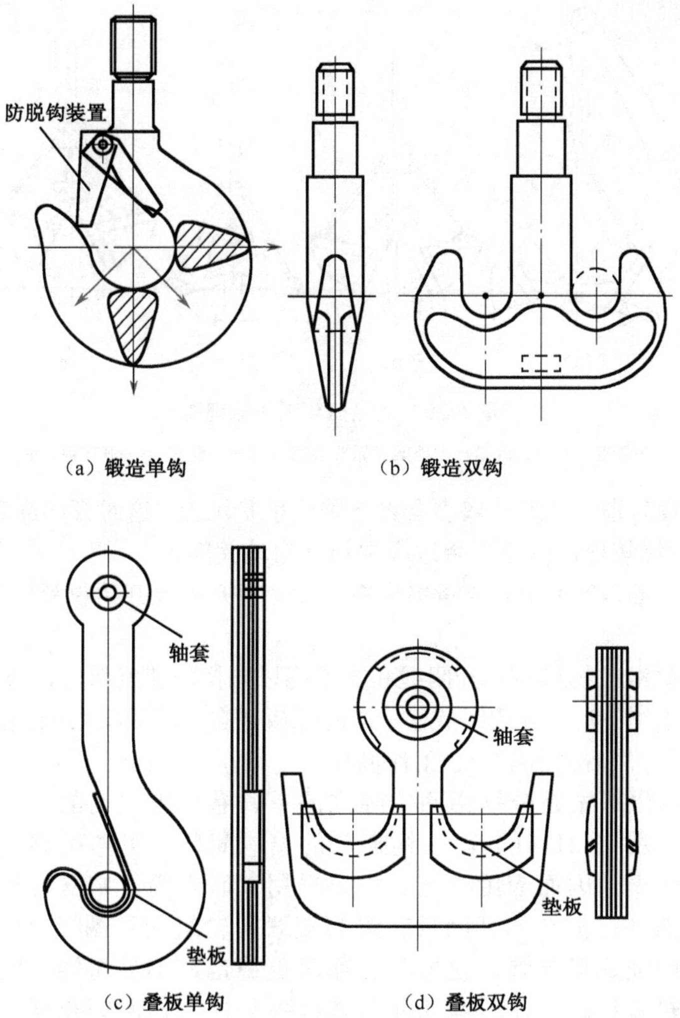

图 5-19 吊钩

(3) 吊钩的报废标准。吊钩出现下列情况之一时应该报废：①裂纹；②危险断面磨损量达原尺寸的 10%；③开口度比原尺寸增加 15%；④钩身扭转变形超过 10°；⑤吊钩危险断面或吊钩颈部产生塑性变形；⑥吊钩螺纹被腐蚀。

2. 抓斗

抓斗是一种由机械或电动控制的能自动装卸货物的取物装置，主要用于装卸散装货物，有时还用于抓取长材。抓斗在散货装卸量大的港口装卸作业中得到广泛应用。

(1) 抓斗的种类。抓斗的种类很多，根据抓取的货物不同可分为散粮抓斗、煤炭抓斗、矿石抓斗、木材抓斗等。

根据操纵抓斗的原理不同，可分为单绳、双绳和电动抓斗三种，双绳抓斗使用广泛。

(2) 双绳抓斗的工作原理。双绳抓斗如图 5-20 所示，由颚板 1、撑杆 2、上承梁（抓斗头部）3 和下承梁 4 四个基本部分组成。抓斗悬挂在支持绳（起升绳）6 和开闭绳 5 上，两根钢丝绳分别绕入驱动卷筒 7 和 8 上。双绳抓斗的动作完全由支持绳和开闭绳的运动速度来操纵，其工作过程可分为四步：

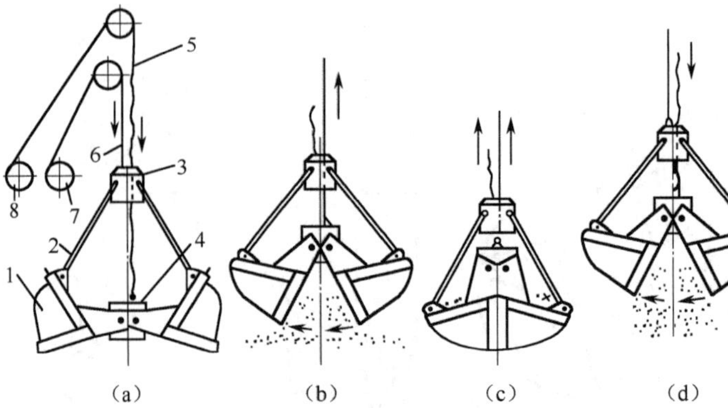

图 5-20 双绳抓斗工作原理图

1—颚板；2—撑杆；3—上承梁（抓斗头部）；4—下承梁；5—开闭绳；6—支持绳；7、8—驱动卷筒

① 降斗：卸载后张开的抓斗依靠自重下降到散货堆上，这时开闭绳和支承绳以相同的速度下降，但开闭绳较松，以免下降过程中抓斗自动关闭。

② 闭斗：抓斗插入物料后，支承绳保持不动，而开闭绳开始收紧使颚板闭合，将散粒物料抓到斗中。

③ 升斗：抓好散粒物料后，开闭绳和支承绳以同样的速度起升，直到所需高度。

④ 开斗：支承绳不动，开闭绳放松，这时颚板在自重和下横梁的共同作用下张开，并卸出抓斗中的物料，然后进入下一个工作循环。

双绳抓斗的两根绳索是分别由两个独立的单联卷筒来驱动的，抓斗的开闭滑轮组为单联滑轮组（见图 5-21（a））。双绳抓斗的结构简单，工作可靠，并能在任意高度卸货，生产效率较高，因而应用广泛。如果采用双联卷筒，则支持绳与开闭绳各为两根，称之为四绳抓斗，抓斗的开闭滑轮组为双联滑轮组（见图 5-21（b））。四绳抓斗由于支持绳和开闭绳成双布置，使抓斗工作时更稳定，不易扭转，同时钢丝绳直径较小，可使卷筒滑轮直径减小，四绳抓斗与双绳抓斗的工作原理相同，在港口装卸作业中同样获得广泛应用。

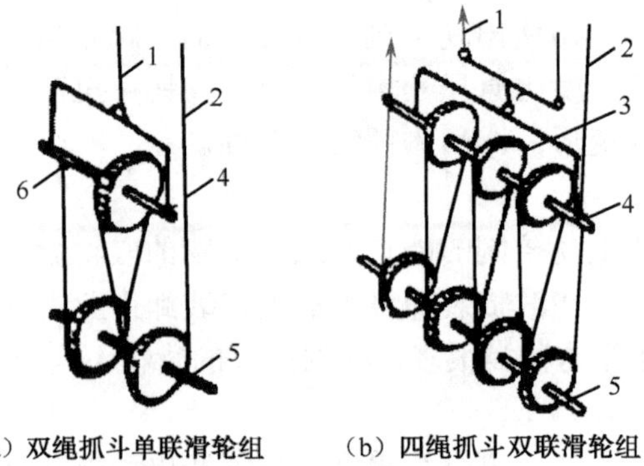

（a）双绳抓斗单联滑轮组　　（b）四绳抓斗双联滑轮组

图 5-21 抓斗开装滑轮组

1—支持绳；2—开闭绳；3—平衡滑轮；4—上承梁滑轮组；5—下承梁滑轮组；6—绳端固定模套

3. C形卷钢吊具

配有平衡器的C形卷钢吊具，是一种吊运卧放卷钢的专用工具，如图5-22所示。使用时只要将C形卷钢吊具的承载梁插入卷钢即可。当达到指定货位后，松下吊钩，承载梁与卷钢脱离，随着吊车钩头的平移，承载梁自行退出卷钢。

4. 电磁吸盘

电磁吸盘是靠电磁力自行吸取导磁物品的取物装置。通常靠线圈通电激磁吸料，断电去磁卸料。图5-23所示的电磁吸盘由铸钢外壳和装在其内的线圈组成。电流通过挠性电缆输入，线圈通电后即产生磁力线，磁力线在外壳与磁性物料间形成闭合回路，物料即被电磁吸盘吸住。线圈断电后，物料自行脱落。

利用电磁吸盘来装卸锭、生铁、废钢等铁磁性货物，可避免繁重的体力劳动，达到很高的生产效率。

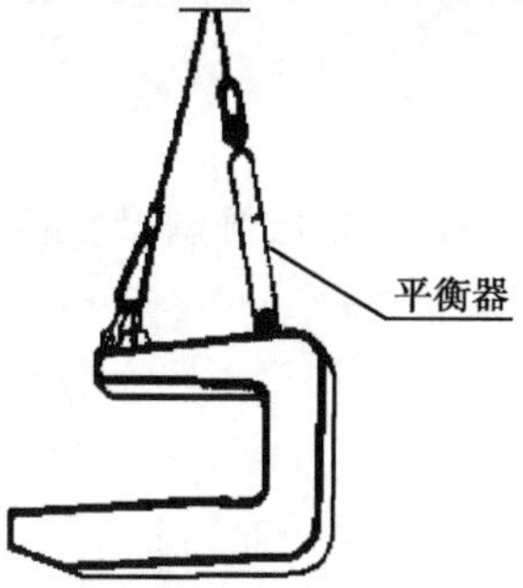

图5-22 C形卷钢吊具

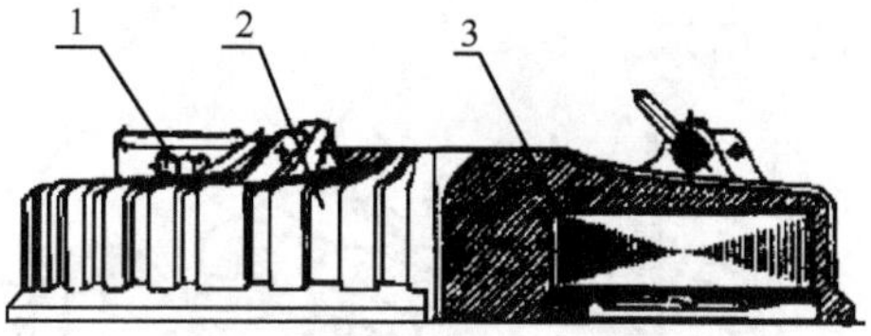

图5-23 起重机电磁吸盘

1—接线盒；2—外壳；3—电磁绕组

5. 起重无泵真空吸盘

起重无泵真空吸盘借助货物自身重力，使吸盘产生真空把光滑表面的货物吸住，随起升机构升降，如图5-24所示。无泵真空吸盘可以单个使用，也可将多个吸盘置于吊架上增大吸附力，使载重增加。

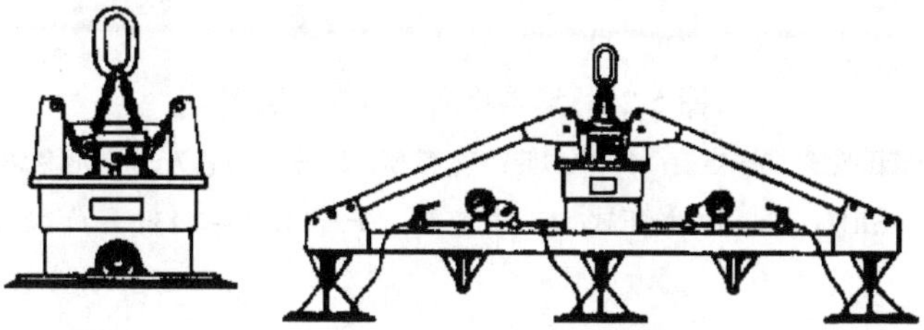

(a) 单体型　　(b) 组合型

图5-24 起重无泵真空吸盘

Mission 任务 2 集装箱装卸搬运设备

学习指南

本项任务将引领大家掌握集装箱装卸搬运设备的基本知识，理解不同类型集装箱装卸搬运设备的性能特点。同时，会进行常用集装箱装卸搬运设备的使用与管理。

一、集装箱吊具

集装箱吊具除了具有金属构架外，还有导向、连接、吊具前后倾斜及操纵控制装置等部件，如图 5-25 所示。

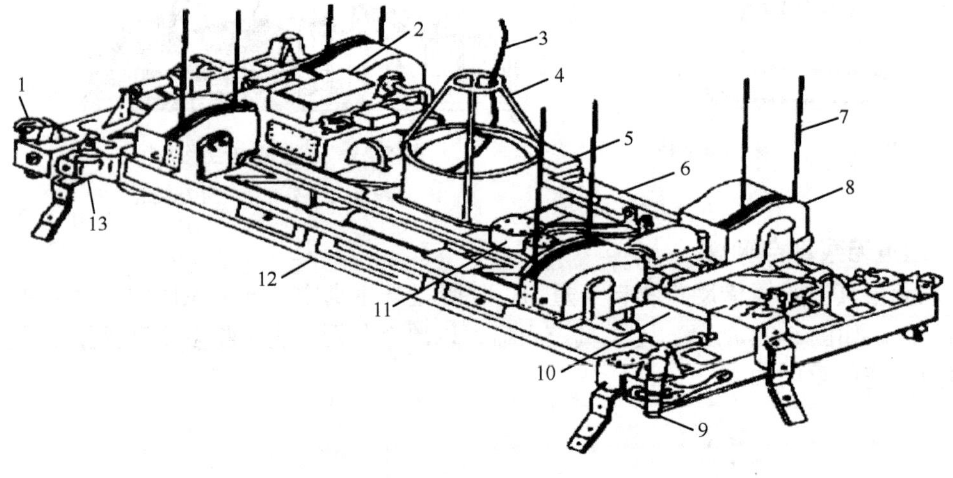

图 5-25　集装箱吊具结构示意图

1—导辑；2—液压装置；3—电缆；4—电缆笼；5—灯座；6—指示灯；7—提升钢丝绳；8—提升滑轮组；9—扭锁；10—伸缩液压缸；11—插座箱；12—吊具框架；13—导辑手驱动装置

1. 导向装置

它在吊具接近集装箱时起定位作用，常用导向板式，其末端是用钢板做成的角锥形包角，在使用时可转 180° 。而向下，正好套在集装箱的四个角上，不工作时可翻转为向上。导向板的动作通常靠液压系统控制。

2. 连接装置

它是使吊具与集装箱在吊运时连成一个整体的机构。对于国际标准集装箱，采用旋锁连接装置，即在吊具框架的四角相当于集装箱角配件的孔位置处，装设一个可以转动的旋锁。旋锁装置可以分为两类：

（1）定轴式旋锁装置。旋锁相对于吊具旋转箱不能摆动，只能在定轴套内做转动。其结构如图 5-26 所示。

（2）浮动式旋锁装置。旋锁既能在吊具旋转箱内转动，又能做相对于旋转箱的摆动，以适应集装箱的制造误差和工作变形。这种旋锁已被广泛应用，其结构如图 5-27 所示。

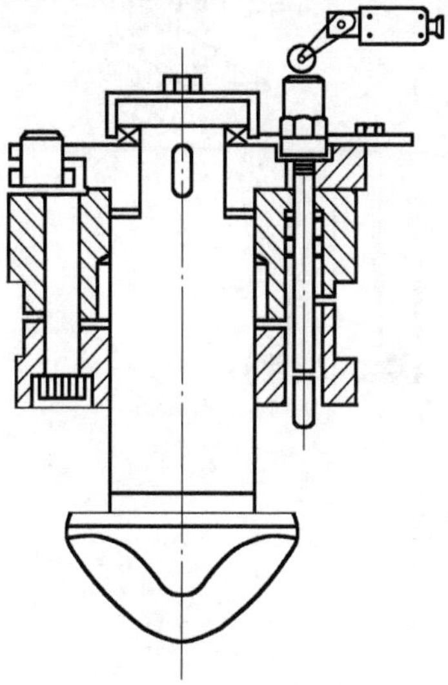

图 5-26　定轴式旋锁装置

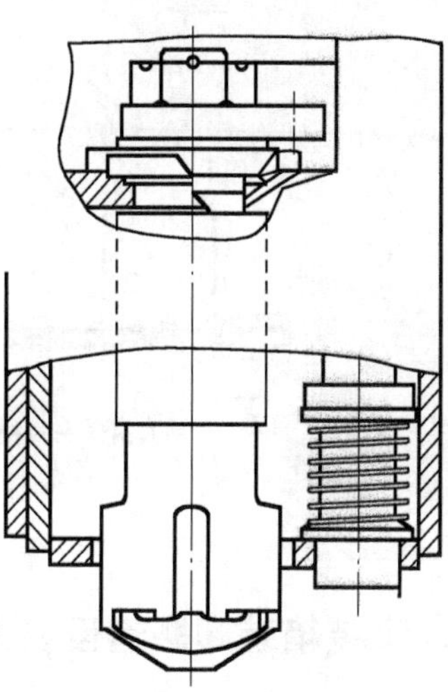

图 5-27　浮动式旋锁装置

当吊具通过导向装置降落到集装箱箱体上面时，吊具的旋锁装置即准确地插入集装箱角配件的椭圆形孔内，液压缸推动连杆，使旋锁转动 90°，就可以挂住集装箱而进行吊运。对于少数非标准集装箱或用吊钩的场合，可采用吊钩与集装箱的角配件连接。

3. 悬挂及倾斜装置

吊具通过金属构架上的滑轮组和起升钢丝绳相连，实现吊具的升降。由于在装卸过程中，集装箱船出现横倾或纵倾时，要求吊具在前后左右方向作一定角度的倾斜，通常考虑±5°。前后倾斜装置由前后倾斜油缸和液压系统组成，正常状态时，吊具的上架平面与底架平面互相平行；陆侧一边的前后倾斜油缸伸缩时，上架和底架销轴相对转动。

图 5-28 为吊具倾斜装置示意图，它是将四根起升钢丝绳的末端分两组连接并固定在两个小卷筒上。其中，两根绕经吊具前部滑轮的钢丝绳连成一组，两根绕经吊具后部滑轮的钢丝绳连成一组，通过变换小卷筒的回转方向来实现吊具前后左右的倾斜，小卷筒之间装有离合器。另一种吊具倾斜装置，其两组钢丝绳的末端固定在液压装置上，通过液压缸的伸缩来实现吊具前后左右的倾斜（纵倾和横倾）。

4. 操纵控制装置

伸缩式吊具，其旋锁驱动装置、导向板驱动装置、吊具前后倾斜装置和吊具伸缩装置均采用液压传动。共用的液压泵驱动装置和油箱设在底架上。行走小车垂下的电缆存放在电缆存储器中。集装箱吊具上设有电器和机械的联锁安全装置，在一个动作没有完成之前，后一个动作不能进行。例如，当旋锁进入集装箱角配件孔后，旋锁箱底面和集装箱角配件顶面接触，通过旋锁下面的顶杆触及接触开关，吊具四角的指示灯和司机室操作台上的指示红灯亮，表示旋锁已封闭，即可以起吊。当不是所有四个角都完全接合和锁紧时，安全装置会发出信号，阻止吊运，以保证装卸作业的安全。

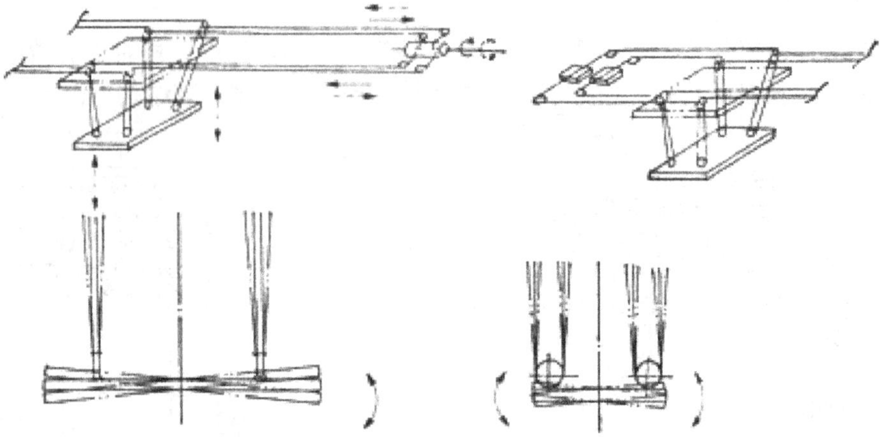

图 5-28　吊具倾斜装置

二、集装箱装卸搬运设备的主要类型

1. 集装箱前沿码头机械

集装箱前沿码头机械主要有下述四种机型。

（1）岸边集装箱起重机。岸边集装箱起重机又称集装箱装卸桥，简称岸桥，如图 5-29 所示。它是承担集装箱装卸作业的专用起重机，装卸效率高，适用于吞吐量较大的集装箱码头。它由前门框、后门框及拉杆组成，门架、桥架支承在门架上，起重小车可沿桥架上铺设的轨道运行，整机可沿着与岸平行的轨道行驶。目前我国港口设置的岸桥多为普通型（第一代）岸桥，每小时平均生产率为 25 TEU。

图 5-29　岸边集装箱起重机

岸桥有各种不同的结构型式，通常按不同的分类方法可分为以下类型：

① 按主梁结构型式，可分为单箱形梁结构、双箱形梁结构；

② 按起重小车型式，可分为自行式起重小车、全绳索牵引小车和自行式非起重小车；

③ 按降低净空高度，可分为俯仰式主梁、伸缩式主梁和折叠式主梁，如图 5-30 所示；

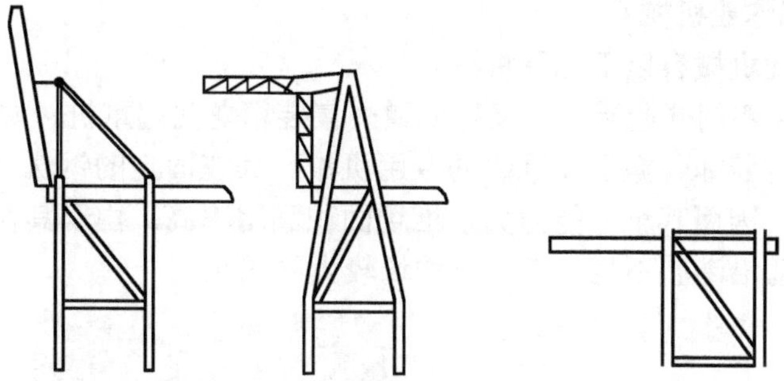

图 5-30 岸桥结构示意图

④ 按供电方式，可分为滑触线供电、电缆卷筒供电和柴油发电机组供电；

⑤ 按接卸船型，可分为巴拿马型和超巴拿马型。

（2）多用途桥式起重机。多用途桥式起重机，又称多用途装卸桥，配备专业的吊具和属具。它既可以装卸集装箱，又可以装卸重件、成组物品及其他货物，适用于中小港口的多用途码头。

（3）多用途门座起重机。多用途门座起重机适用于在多用途码头进行集装箱和件杂货的装卸作业，对于年箱量在 5 万 TEU 以下的中小港口多用途码头更为适用。

（4）高架轮胎式起重机。该机型类似于普通的轮胎起重机，机动性较好，可任意行走，配备专用的吊具和属具。适用于集装箱、件杂货装卸作业的多用途码头。

2. 集装箱水平运输机械

集装箱水平运输机械主要有以下几种机型。

（1）集装箱跨运车。跨运车，如图 5-31 所示，是一种专用于集装箱短途水平搬运和堆码的机械。跨运车作业时，以门形车架跨在集装箱上，并由装有集装箱吊具的液压升降系统对集装箱搬运和堆码。该机的特点是机动性好，可一机多用，既可作水平运输，也可作堆场堆码、搬运利装卸作业。但集装箱跨运车造价高，使用维护费用高，驾驶视野有待改善。目前在我国港口使用不多。

图 5-31 集装箱跨运车

（2）集装箱牵引车。集装箱牵引车，又称拖头，专门用于牵引集装箱挂车的运输车辆。其本身不能装载集装箱，通过连接器和挂车相连，牵引其运行，达到水平搬运作业的目的，是一种广泛使用的集装箱水平运输设备。有关集装箱牵引车详细介绍可参考本书项目 3 相关内容。

（3）自动导向车。自动导向车（AGV）是一种以电池为动力，装有非触导向装置，独立寻址系统的无人驾驶自动运输车。AGV 目前在欧洲国家的一些现代化集装箱大港得到应用，与大型岸边集装箱起重机一起，构成了新型高效的集装箱搬运系统。有关 AGV 的详细介绍，可参考本书项目 8 相关内容。

3. 集装箱堆场作业机械

集装箱堆场作业机械有以下几种机型。

（1）轨道式集装箱门式起重机。又称轨道式集装箱龙门起重机，如图 5-32 所示，它是集装箱码头堆场进行装卸、搬运和堆码的专用机械。其在固定的钢轨上行走，可跨多列集装箱及跨一个车道，因而其堆存能力大，堆场面积利用率高。由于其在固定轨道上行驶，适用于吞吐量大、前沿港域不足，而后方堆场较大的码头。

图 5-32　轨道式集装箱门式起重机

（2）轮胎式集装箱门式起重机。又称轮胎式集装箱龙门起重机，如图 5-33 所示，它是使用广泛的集装箱堆场作业机械，由于采用轮胎式运行机构，没有专用的固定轨道，具有机动灵活的特点。可以从一个堆场转移到另外一个堆场，堆高 3、4 层或更多层的集装箱，提高了堆场面积的利用率，适用于吞吐量较大的集装箱码头。

图 5-33　轮胎式集装箱门式起重机

（3）集装箱跨运车。

（4）集装箱叉车。

（5）拆装卸机械。

集装箱码头的拆装箱作业一般采用低门架叉车、手推搬运车等。

Mission 任务 3 输送设备的使用与管理

学习指南

本项任务将引领大家掌握输送设备的使用与管理的基本知识，熟悉常用输送设备的性能。同时，会进行常用输送设备的使用与管理。

一、连续运输机械分类及技术指标

（一）连续运输机械的概念、作用及特点

1. 连续运输机械的概念及其作用

连续运输机械也称连续输送机械或输送机，是以连续的方式沿着一定的线路从装货点到卸货点均匀输送货物和成件包装货物的机械。

由于连续输送机可以在一个区间内能连续搬运大量货物，搬运成本非常低廉，搬运时间比较准确，货流稳定，因此，被广泛用于现代物流系统中。在自动化立体仓库系统中，其装卸搬运系统一般都是由连续输送机组成的，如进出库输送机系统、自动分拣输送机系统、自动装卸输送机系统等。整个搬运系统均由中央计算机控制，形成了一整套复杂完整的货物输送、搬运系统，大量货物或物料的进出库、装卸、分类、分拣、识别、计量等工作均由输送机系统来完成。

在现代化货物或物料搬运系统中，输送机械担当着重要的作用。输送机械是生产加工过程中组成机械化、连续化、自动化的流水作业运输线中不可缺少的组成部分，是自动化仓库、配送中心、大型货场的生命线。

2. 连续输送机械的特点

与起重机械相比，连续输送机械的特点是可以沿一定的线路不停地输送货物；其工作构件的装载和卸载都是在运动过程中进行的，无须停车，即启制动少；被输送的散货以连续形式分布于承载构件上，输送的成件货物也同样按一定的次序以连续的方式移动。

（1）输送机的优点。可采用较高的运动速度，且速度稳定；具有较高的生产率；在同样的生产率下，自重轻，外形尺寸小，成本低，驱动功率小；传动机械的零部件负荷较低而冲击小；结构紧凑，制造和维修容易；输送货物线路固定，动作单一，便于实现自动控制；工作过程中，负载均匀，所消耗的功率几乎不变。

（2）输送机的缺点。只能按照一定的路线输送，每种机型只能用于一定类型的货物，一般不适于运输重量很大的单件物品，通用性差；大多数连续输送机不能自行取货，因而需要采用一定的供料设备。

（二）连续运输机械分类

1. 按照安装方式不同进行分类

（1）固定式输送机械：指整个设备固定安装在一个地方，不能再移动。它主要用于固定输送场合，如仓库中货物移动，工厂生产工序之间的输送、原料的接收和成品的发放等。它具有输送量大、单位电耗低、效率高等特点。

（2）移动式输送机械：指整个设备安装在车轮上，可以移动。它具有机动性强，利用率高，能及时布置输送作业达到装卸要求的特点，这类设备输送量不太高，输送距离不长，适用于中小型仓库中。

2. 按照输送机械结构特点进行分类

（1）具有挠性牵引构件的输送机械。其工作特点是物料或货物在牵引构件的作用下，利用牵引构件的连续运动使货物向一定方向输送。牵引构件是往复、循环的一个封闭系统，通常是一部分输送货物，另一部分牵引构件返回。常见的有带式输送机、链式输送机、斗式提升机、悬挂输送机等。

（2）无挠性牵引构件的输送机械。其工作特点是利用工作构件的旋转运动或振动，使货物向一定方向运送，它的输送构件不具有往复循环形式。常见的有气力输送机、螺旋输送机、振动输送机等。

此外，还按照输送货物的种类分为输送件货输送机和输送散货输送机；按照输送货物力的形式分为机械式、惯性式、气力式、液力式等几大类。

（三）连续运输机械的主要技术性能参数

连续输送机械工作性能的主要参数是选用和管理连续输送机的重要依据。

1. 生产率（Q）

生产率是指输送机在单位时间内输送货物的质量，用 Q 表示，单位为吨/小时（t/h）。它是反映输送机械工作性能的主要指标，其大小取决于输送机械承载构件上每米长度所载物料的质量 q 和工作速度 v。所有的输送机械生产率均可用下式计算：

$$Q=3.6\times q\cdot v(\mathrm{t/h})$$

式中：q——单位长度承载构件上货物或物料的质量（kg/m）；

v——输送速度（m/s）。

2. 输送速度

输送速度是指被运货物或物料沿输送方向的运行速度。其中，带速是指输送带或牵引带在被输送货物前进方向的运行速度；链速是指牵引链在被输送货物前进方向的运行速度；主轴转速是指传动滚筒转轴或传动链轮轴的转速。

3. 带宽

带宽是输送机的一个重要尺寸参数，其大小取决于输送机的生产率和速度。

4. 输送长度

输送长度是指输送机械装卸点与卸载点之间的展开距离。

5. 提升高度

提升高度是指货物或物料在垂直方向上的输送距离。

此外，还有安全系数、制动时间、启动时间、电动机功率、轴功率、最大动张力、最大静张力、预张力、拉紧行程等技术性能参数。

二、带式输送机结构及运用

（一）带式输送机的结构和特点

带式输送机是由电动机作为动力，胶带作为输送带，利用摩擦力连续输送货物的机械。输送带既是承载货物的构件，又是传递牵引力的牵引构件，依靠输送带与滚筒之间的摩擦力平稳地进行驱动。

1. 一般结构

带式输送机可分为固定式和移动式两种。前者由胶带、滚筒、支承装置（托辊）、驱动装置、改向装置、进料装置、卸料装置、制动装置、清扫装置及机架等部件组成，固定式输送机一般结构如图 5-34 所示，移动式输送机的一般结构如图 5-35 所示。

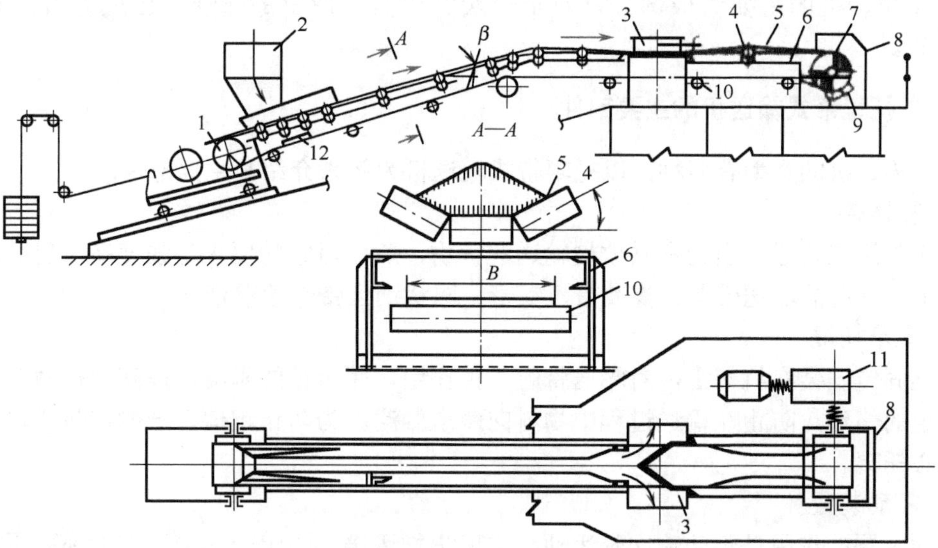

图 5-34　固定式胶带输送机一般结构

1—张紧滚筒；2—装载装置；3—犁形卸载挡板；4—槽形托带；5—输送带；6—机架；7—驱动滚筒；8—卸载罩壳；9—清扫装置；10—平托盘；11—减速箱；12—空段清扫器

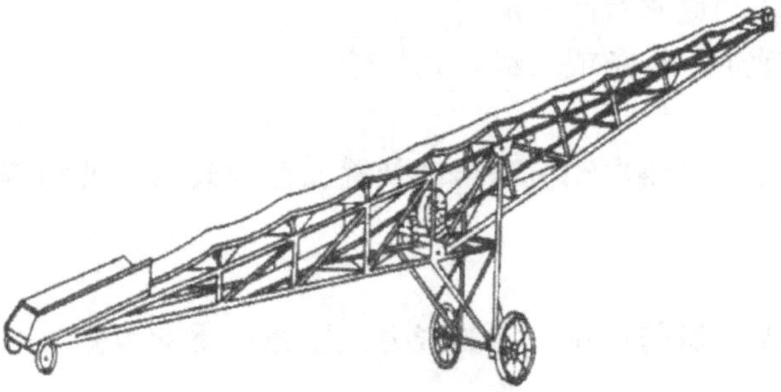

图 5-35　移动式胶带输送机

2. 工作过程

输送带环绕在前后滚筒之间，下面装有上、下支承装置，以承受物料重量。电动机经减速后驱动滚筒，牵引输送带运动，物料由进料斗导入输送带，由输送带送到目的地后由卸料装置卸出，输送带由下托辊送回进料处。

3. 应用范围及特点

固定式胶带输送机应用范围较为广泛，主要用于散料的输送。它既可做水平方向运动，又可以做小倾角的倾斜输送。在各种输送机械中，它的效率最高、输送距离最长。固定式胶带输送机适应性强，在港口、车站、货栈、库场应用较广泛，尤其适用于煤炭、矿石等散货的输送。

移动式胶带输送机主要用作装卸输送，机动性强，使用效率高，输送方向和输送长度均可改变，能及时改变输送作业线达到作业要求。

带式输送机不仅是使用最普通的一种连续输送机，而且最具有典型的连续输送机的各种特点。带式输送机已成为港口、车站的专用机械如散货装船机、取料机、卸船机、链斗卸车机的主要组成部分，对于煤炭、矿石、散货的输送，已成为不可缺少的输送设备。

（二）托辊带式输送机的主要部件

带式输送机的类型有多种，以托辊带式输送机为例来介绍其主要部件：

1. 输送带

输送带用来传递牵引力和乘放被输送的货物，所以对它的要求是强度高，耐磨性好，伸缩率小。常用的输送带有：橡胶带、钢带、网状钢丝带、塑料带。

2. 支承托辊

托辊固定安装在机架上，对输送带起支撑作用，减少带的垂度，提高运行稳定性，并且呈一定的槽形，防止在输送过程中物料向两边撒漏。为防止跑偏，一般在带式输送机上设置调心托辊。

3. 驱动装置

驱动装置的作用是驱动输送带运动，实现货物运送。固定带式输送机大都采用滚筒驱动，即借助滚筒表面和输送带之间的摩擦力使输送带运转。通常以电动机作为原动力，经减速器和联轴节带动滚筒，再驱动输送带。短距离和小功率输送机均采用单滚筒驱动，长距离输送机则采用多滚筒。

移动式输送机的驱动通常有两种形式：

（1）电动机、传动带、链条或一级开式齿轮。

（2）电动滚筒。

前者较为简单，后者是将电动机和传动装置放在滚筒内，使结构更为紧凑，但电动机散热条件差，检修不便。

4. 张紧装置

张紧装置主要是使输送带保持一定的张力，以免在驱动滚筒上打滑失效，同时避免输送带下垂度过大。

5. 进料斗

对于进料斗的要求是装载均匀，防止洒漏，冲击尽量小。进料斗的槽宽一般为带宽的2/3，槽壁倾斜度尽量小，使物料离开槽壁时的速度方向与输送带运动方向尽量接近，当然这个倾斜角要比物料对槽壁的摩擦角稍大些。

带式输送机的辅助装置还有制动装置、改向装置、卸料装置、清扫装置等。

（三）新型带式输送机

近年带式输送机的发展十分迅速。发展的趋势是：大运量、长距离、大倾角、多品种。此外，检测监控等附属安全保护装置也日趋完备。

1. 气垫带式输送机

普通带式输送机以托辊为支承装置，对于长距离的带式输送机来说，所需支托辊的数量是相当可观的，运转过程中往往容易发生故障。气垫带式输送机是用带孔的气室盘槽替代托辊，由薄气膜支承输送带，将按一定距离布置的托辊支承变为连续的气垫支承，使输送带与托辊间的滚动摩擦变为输送带与盘槽间以空气为介质的流体摩擦，使摩擦力大大减小。与托辊式输送机相比较，工作平稳可靠，输送量加大，需用输送倾角增加。

2. 磁垫带式输送机

磁垫带式输送机是利用磁铁的磁极同性相斥、异性相吸的原理，将胶带磁化成磁弹性体，则此磁性胶带与磁性支承之间产生斥力，使胶带悬浮。磁垫带式输送机的优点在于它在整条带上能产生稳定的悬浮力，工作阻力小且无噪音，设备运动部件少，安装维修简单。

3. 封闭型带式输送机

封闭型带式输送机是在托辊带式输送机的基础上加以改进，输送带改成圆管状（或三角形、扁圆形等）断面的封闭型带，托辊采用多边形托辊组环绕在封闭带的周围。其最大的优点是可以密闭输送料，在输送途中物料不飞扬、洒落，污染少。

4. 钢绳芯胶带输送机

钢绳芯胶带输送机以强度极高的钢丝绳代替帆布层做带芯材料，从而使输送机所能承受的拉力可相当于 100 多层的普通帆布胶带，因而能实现单机长距离输送。使运输系统简化，减少了物料的破碎及对胶带的冲击、磨损，延长了输送带的使用寿命，提高了经济效益。

三、埋刮板式输送机结构及运用

（一）结构简介

埋刮板式输送机是在牵引链条上相隔一定间距固定刮板，在封闭光滑的矩形或“U”形槽内，借助于运动的刮板链条的推力，使物料随着刮板链条的连续运动而被输送。由于输送过程中，刮板始终被埋在物料之中，故而被称为“埋刮板式输送机”。

埋刮板式输送机主要由机槽、机架、刮板链条、驱动链轮、张紧链轮等组成，如图 5-36 所示。通用型埋刮板输送机可用于化工、粮食、冶金等部门，有输送线路为水平或小倾角倾斜的 MS 型、垂直或大倾角倾斜的 MC 型、从水平到垂直再转到水平的 MZ 型等。

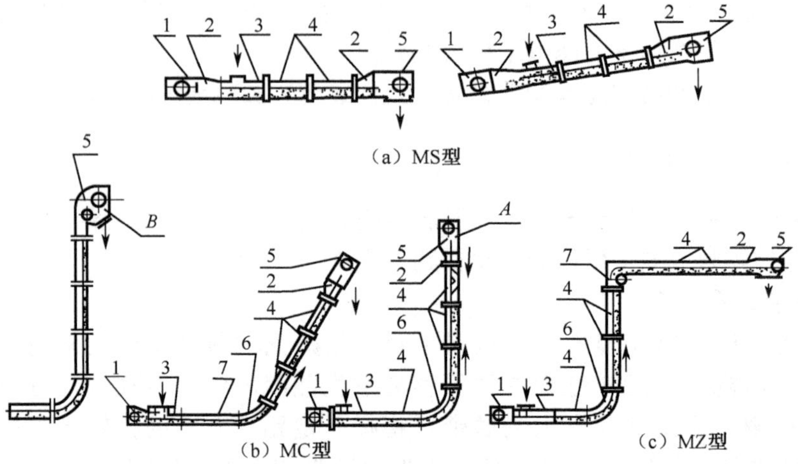

图 5-36　埋刮板式输送机

L—尾部；2—过渡段；3—加料段；4—中间段；5—头部；6—弯曲段；7—回料段

埋刮板式输送机既适用于水平或小倾角方向输送物料，也可以垂直方向输送。所运送的物料以粉状、粒状或小块状物料为佳，如煤、砂子、谷物等，物料的湿度以用手捏团后仍能松散为度；不宜输送磨损性强、块度大、黏性大、腐蚀性大的物料，以避免对设备损伤。

埋刮板式输送机结构简单可靠，体积小，维修方便，进料卸料简单。通常用在生产率不大的短距离输送，如散货堆场、装车作业等。

（二）主要部件与工作原理

刮板链条是埋刮板式输送机的主要运动部件，由刮板和链条焊接而成。链条一般有套筒滚子链和叉形片式链两种，后者更为适宜。刮板形式较多，U 型刮板使用最多。

水平输送时，机槽底部与刮板链条相接触的一层为牵引层，牵引层以上都称为被牵引层，两者之间依靠内摩擦力成为一整体；输送过程中，物料受到刮板链条的摩擦力（即牵引力）以及槽壁的摩擦力（即阻力），当牵引力大于阻力时物料就向前输送。物料的输送高度主要取决于物料的内摩擦系数、物料与槽壁的摩擦系数、槽宽等因素。

垂直输送时，机槽内的物料也可以分为牵引层与被牵引层。物料在垂直方向上受到重力、下层物料对上层物料的支撑力、刮板链条摩擦力（即牵引力），这些力综合作用后形成物料对槽壁的侧压力，压力反作用于物料形成物料的内摩擦力和物料对槽壁的摩擦力；刮板链条向上运行时，带动牵引层运行，当牵引层与被牵引层之间的摩擦力（牵引力）大于物料与槽壁之间的摩擦力（阻力）时，物料就整体向上输送。

由上可知，物料向上输送，保持相当的侧压力至关重要，所以必须保证以下几个条件：

1．机槽为细长筒形。

2．连续进料。

3．槽壁尽量光滑。

4．尽量选用对物料包围系数大的刮板。

（三）过载保护

埋刮板式输送机的最大故障是链条断开，主要原因是超载，超载又可以分为两种情况：第一种是连续超载，正常情况下这是不允许的；第二种是瞬时超载，如果及时排除，输送机会马上恢复正常，否则就会转变为连续超载。

针对上述情况，通常采用两套安全保护装置，电流过载保护装置和断链保护装置。当过载电流达到设定值时，电流过载保护装置会使电动机在规定时间内停止工作；假如失灵，输送机持续超载运行，导致链条断开，则断链保护装置会在规定时间内使驱动电动机断电，并发出报警信号。

四、斗式提升机结构及运用

（一）斗式输送机的一般结构

斗提式输送机简称斗提机，是一种在垂直方向或大倾角输送粉粒状物料的输送设备，通常由牵引构件（胶带或链条）、料斗、机头、机身、机座、驱动装置、张紧装置等组成，如图 5-37 所示。料斗固定于胶带（或链轮）上，其形式通常有深斗、浅斗、三角斗三种，深斗适合于松散物料；浅斗适合于黏性较大的物料；三角斗适合于比重较大且成块状的物料。整个设备外壳全部封闭，外壳上部称为机头，内装有驱动装置、传动装置（减速器或齿轮、传动带或链条）和止逆器（制动器或滚动止逆器）；中间为机身，通常为薄钢板焊接而成的方形罩壳，其长度可根据实际提升高度调节，机身中装有跑偏报警器，一旦胶带或链条跑偏即会报警，机头端设有防爆孔；下部为机座，装有张紧装置（或链轮）；机座上设有进料口，机头上设有出料口。

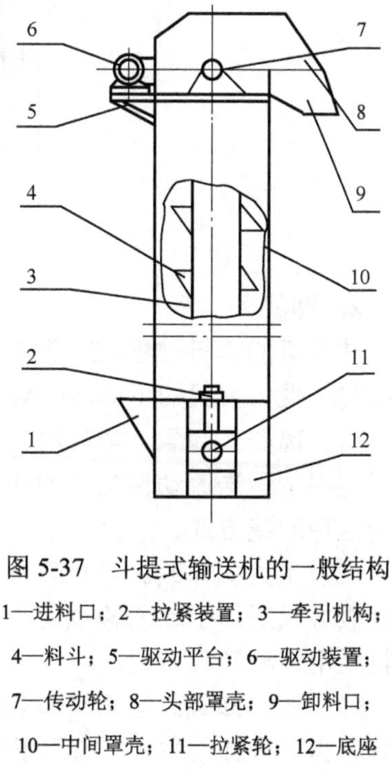

图 5-37　斗提式输送机的一般结构

1—进料口；2—拉紧装置；3—牵引机构；4—料斗；5—驱动平台；6—驱动装置；7—传动轮；8—头部罩壳；9—卸料口；10—中间罩壳；11—拉紧轮；12—底座

斗式提升机的优点是结构比较简单、横向尺寸小，因而可节约占地面积，并可在全封闭的罩壳内工作，减少灰尘对环境的污染。必要时还可把斗式提升机底部插入货堆中自行取货。斗式提升机的缺点是：对过载较敏感；斗和链易磨损；被输送的物料受到一定的限制，只宜于输送粉粒状和中小块状的散货，如粮、煤、砂等。此外，斗式提升机不能在水平方向输送货物。

斗提机有固定式和移动式两种，前在安装于车间、仓库等处，生产能力较大；后者使用方便灵活，多作为粮仓的装卸设备。按牵引构件的不同，可分为带式和链式两种，物料温度低于 60℃，适用于前者，反之用后者。

（二）工作过程

斗提机的整个工作过程分为三个阶段：装料、提升、卸料。其中装料与卸料尤为重要，对斗提机的生产率起决定性作用；提升相对较为简单，只要胶带或链条强度保证，输送过程中无打滑或抖动现象，基本上就可以保证提升平稳、不撒料。

1. 装料

斗提机的装料方式有两种：顺向进料和逆向进料，或称为挖取法和装入法。

（1）顺向进料。料斗运动方向与进料方向一致，料斗对物料是挖取的方式，挖得越深，装得越满，但机座内的物料高度应低于张紧轮（或链轮）的水平轴线位置，以免料斗装得过满而超载，在提升过程中洒落，如图 5-38（a）所示。

（2）逆向进料。料斗运动方向与进料方向相反，料斗对物料是装入的方式。这种方式适用于块度大且比重大的物料，如用顺向进料法，很难将料斗装满；装料时料斗的运行速度较低，否则物料不易装满，如图 5-38（b）所示。

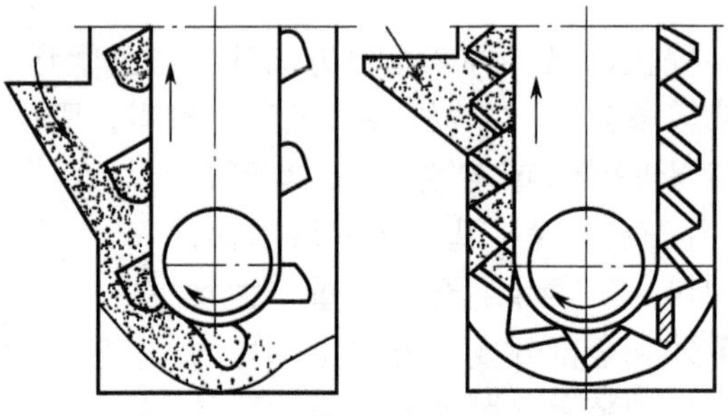

（a）挖取法　　（b）装入法

图 5-38　装料法

2. 卸料

斗提机的卸料过程，就是料斗进入头轮之后，随头轮做旋转运动而将物料倒出的过程，根据物料受力情况的不同，卸载方式有以下三种：

（1）离心式卸载。依靠料斗绕过驱动链轮时产生的离心力作用来进行卸载，这种卸载方式适用于运送流动性良好的粉末状、粒状和小块状物料，如水泥、沙等，带斗式提升机常用这种卸载方式。

（2）重力式卸载。当料斗绕过驱动链轮的顶部时，物料在重力作用下从料斗卸出，这种卸载方式适用于输送较重的、磨损性大的块状物料，如砾石、矿石、焦炭等，链斗式提升机常用这种卸载方式。

（3）混合卸载。当物料卸载时部分由于离心力作用，部分由于重力作用时，这种卸载方式称为混合卸载方式，适用于卸流动性不良的粉状物料和潮湿的物料，如煤粉、石灰等。

（三）防爆安全装置

由于斗式提升机的机身封闭，输送过程中产生的粉尘都密闭于机身中，与空气充分混合，输送过程中输送带或链条与物料连续摩擦，产生大量热量，如不及时散热，很容易发生连续性爆炸。所以必须采取一系列的防爆安全措施，通常有以下几条：

1. 通风除尘：在进料口与出料口设置吸气管，以增加机身内的空气量，降低粉尘浓度。

2. 抑制粉尘爆炸：在机头或机座上设置防爆孔，然后盖上橡胶圆盖，一旦即将爆炸，橡胶盖会被弹开，机身内的温度、压力降低，从而避免爆炸发生。

3. 消除引燃源：采用塑料料斗，以免在输送过程中与物料摩擦碰撞产生火花；在机座内的张紧滚筒（或链轮）的轴头上安装速度监控仪，以免速度过高而导致摩擦加剧，热量积聚，最终导致爆炸；在机身安装跑偏报警器，一旦胶带或链条跑偏，和机身摩擦，产生大量热量及火花，及时报警，避免事故发生；采用防爆电动机，因为这类电动机有防尘、防水功能，而且一旦温度过高，可以浇水降温。

4. 改进设计布局：尽量将斗式提升机独立安装在圆筒仓外，并尽量避免提升机的进出口与粮仓密闭连通。

五、螺旋式输送机结构及运用

（一）螺旋式输送机一般结构及分类

螺旋式输送机又称为绞龙，是利用螺旋叶片的旋转运动推动物料沿着料槽运动的，主要适用于粉粒状散货，如谷物、化肥、矿砂、水泥等。螺旋输送机可以水平或小倾角输送散料，也可以垂直输送；既可以固定安装，也可以制成移动式。螺旋叶片是输送机的主要部件，物料就是依靠叶片的旋转而被推进的，在推进过程中，物料被不断地搅拌，同时叶片也受到摩擦，所以功率消耗较大。螺旋输送机的输送量通常为 20～40m^3/h，最大可达 100m^3/h，常用的输送长度为水平 50m，垂直 10m 的范围。

螺旋输送机的主要优点是结构简单，横断面尺寸小。它可在多点装货或卸货，工作可靠，易于维修，造价较低，输送散货时能在积槽内实现密闭输送，对输送粉尘大的物料更为适合。

它的缺点是，由于物料对螺旋、物料对料槽的摩擦和物料的搅拌，在运送过程中的阻力大，单位功率消耗较大；螺旋和料槽容易磨损，物料也可能破碎；螺旋输送机对超载较敏感，易产生堵塞现象。因此，螺旋输送机一般输送距离不长、生产率较低，适于输送磨磋性较小的物料，不宜输送黏度大、易结块及大块的物料。

（二）水平螺旋输送机

水平螺旋输送机由驱动装置（电动机、减速器，联轴节）、螺旋器、轴承、料槽、盖板、进料口、出料口等几部分组成，图 5-39 是一台移动式的水平螺旋输送机。

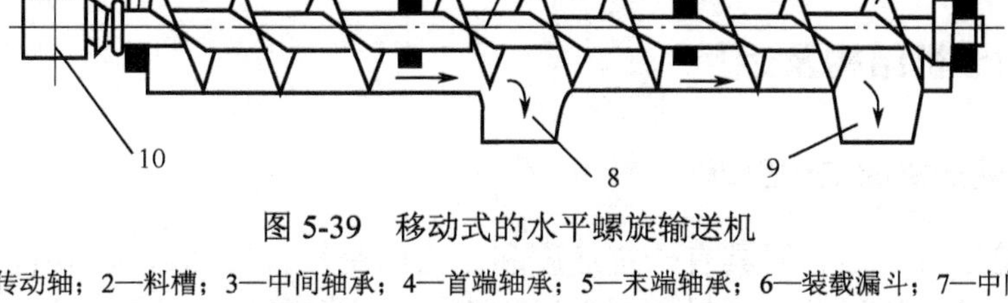

图 5-39　移动式的水平螺旋输送机

1—传动轴；2—料槽；3—中间轴承；4—首端轴承；5—末端轴承；6—装载漏斗；7—中间装载口；8—中间卸载口；9—末端卸载口；10—驱动装置；11—螺旋片

根据机体的结构，螺旋输送机可以分为头节、中间节、尾节三部分，其中头、尾两节的长度基本固定，中间节的长度可以根据实际需要而确定；螺旋可以制成左旋、右旋或左右旋，从而改变输送的方向。螺旋是由叶片和轴焊接而成，由于叶片的形式不同，螺旋可以分为四种：实体式、带式、叶片式和齿形式。

（三）立式螺旋输送机

立式螺旋输送机与水平螺旋输送机在结构上大致相同，也是由驱动装置（电动机、减速器，联轴节）、螺旋、轴承、料槽、进料口、出料口等几部分组成，但其工作原理不一样：在输送过程中，物料随着螺旋作高速旋转，由于离心力的作用，物料在料槽内形成若干同心圆层，物料的最外层紧贴槽壁，两者之间所产生的摩擦力的大小是物料是否向上输送的关键：当螺旋转速不高时，物料所受到的离心力不能克服物料与螺旋表面的摩擦力，物料与螺旋一起做旋转运动，保持相对静止状态；当螺旋转速较高时，物料所受到的离心力大于物料与螺旋表面的摩擦力，物料向螺旋的外缘移动，对料槽壁产生压力并同时产生摩擦力，只有当这个摩擦力能够克服物料与螺旋表面之间的摩擦力以及物料重力的分力时，物料才能向上输送，否则只是旋转而不能上升。因此，垂直螺旋具有足够高的转速是物料能在垂直螺旋输送机向上输送的必要条件。

（四）弯曲螺旋输送机

图 5-40 所示是弯曲螺旋输送机，它与水平、垂直螺旋输送机的主要不同之处是螺旋与料槽。用合成橡胶制成螺旋叶片，然后粘在高强度的挠性心轴上，再配以不同形状的弹性料槽，螺旋与料槽接触，所以不设置中间轴承。一根螺旋就可以按不同要求弯成任意形状，从而达到空间多方位输送物料的目的。这种输送机通常用于粉状、颗粒状的物料以及污泥等的输送。

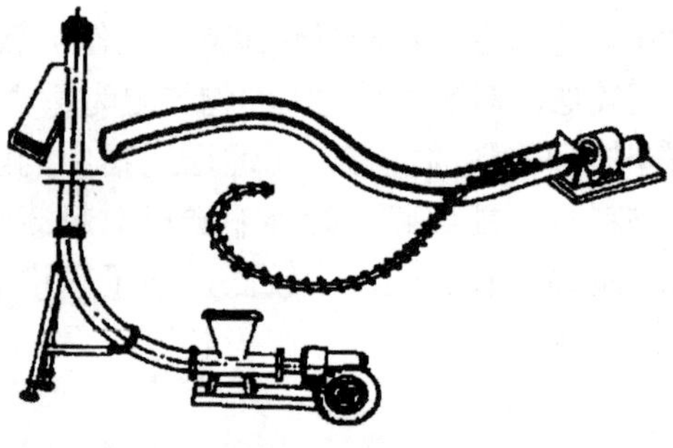

图 5-40　弯曲螺旋输送机

与普通的螺旋输送机相比，弯曲螺旋输送机具有许多优点：

1．无中间支撑轴承，故而结构简单，安装维修方便。

2．由于螺旋和料槽都为非金属，所以工作时噪声较小，且耐腐蚀。

3．可以实现多向输送。

其主要缺点是输送距离不大，通常不超过 15m。

六、气力式输送机结构及运用

（一）气力输送机的工作原理

所谓气力输送机，是利用具有一定速度和压力的空气，带动粒状物料在密闭管路内沿垂直或水平方向输送的设备。物料的输送过程完全由空气的动力状态来控制，当空气速度处于临界范围时，物料呈悬浮状态。也就是说，物料的重力与空气的动力达到平衡：低于临界范围，物料下降；高于临界范围，物料被输送。

（二）气力输送机的分类

根据气力输送机管路内的空气压力大小，可以将输送机分为三种：吸送式、压送式和混合式。

1. 吸送式气力输送机

吸送式气力输送机主要特点是通过鼓风机从整个管路系统中抽气，使管路内的空气压力低于大气压，形成一定的真空度，如图 5-41 所示，物料在吸嘴处与空气混合，由于管路内的真空度而被吸入输送管路并沿管路输送，到达卸料点后，经分离器将空气与物料分离，空气经除尘、消声处理后排入大气。

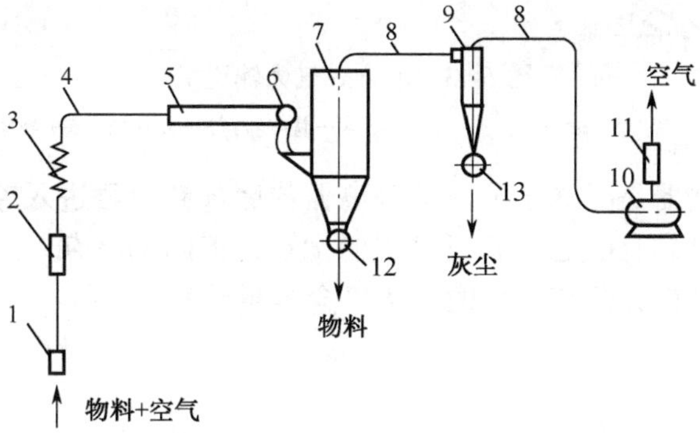

图 5-41　吸送式气力输送机示意图

1—吸嘴；2—垂直伸缩管；3—软管；4—弯管；5—水平伸缩管；6—铰接弯管；7—分离器；8—风管；9—除尘器；10—鼓风机；11—消声器；12—卸料器；13—卸灰器

吸送式气力输送机的最大优点是进料方便，可以由一根或几根吸料管，从一个或几个供料点进料，而且粉尘较少。其缺点是输送距离受限制，因为距离一长，阻力增大，对真空度的要求就高，但真空度达到一定值后，空气变得稀薄，输送力下降。保证一定的真空度，对吸送式气力输送机相当重要，除鼓风机外，管路应该严格密封，以免漏气。

2. 压送式气力输送机

与吸送式气力输送机不同，压送式输送机管路内的气压高于大气压，如图 5-42 所示，空气经鼓风机压缩后进入输送管路，物料由料斗进入，混合后沿管路输送，至卸料点经分离器分离，物料由下方排出，空气经除尘、消声处理后排入大气。

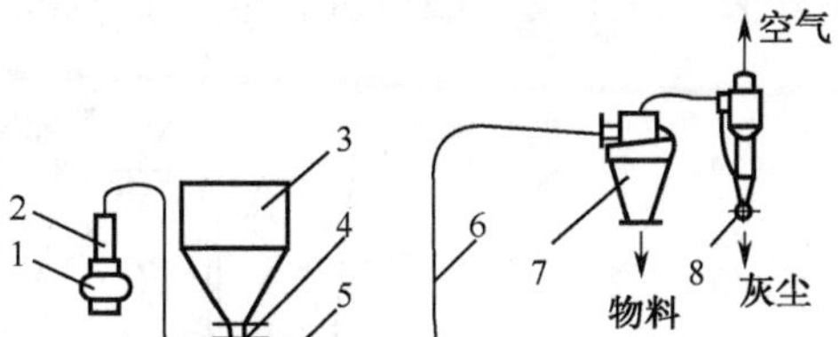

图 5-42　压送式气力输送机示意图

1—鼓风机；2—消声器；3—料斗；4—旋转式供料器；5—喷嘴；6—输料管；7—分离器；8—除尘器

压送式气力输送机的最大优点是输送距离长，其缺点是供料器结构复杂，因为供料器要将物料送入高压管路中，必须防止管路内的高压空气冲出。压送式气力输送机在散装水泥的装卸作业应用较多。

3. 混合式气力输送机

它综合了吸压式和压送式气力输送机的优点：吸取物料方便且能较长距离输送；它可以由几个地点吸取物料，同时向几个不同的目的地输送。混合式气力输送机由吸引式和压送式两部分组成，如图 5-43 所示。

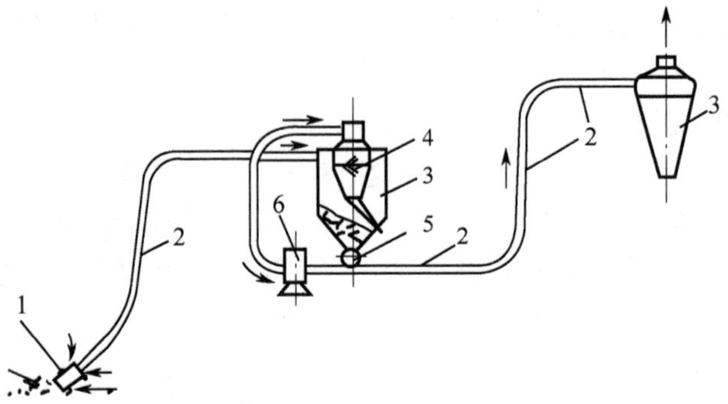

图 5-43　混合式气力输送机

1—吸嘴；2—输料管；3—分离器；4—消声器；5—卸料器；6—鼓风机

物料从吸嘴至分离器是吸送部分，从分离器的底部卸料器进入输送管路，都是压送部分。混合式气力输送机具有吸送式和压送式的优点，但结构复杂，进入压送部分的鼓风机的空气大部分是从吸送部分分离出来的，所以含尘量较高。

（三）气力卸船机

气力输送机由于其明显的优点，如高效、自动化、货损少、成本低等，在港口得到广泛的应用，气力卸船机即是其中一种，其工作原理如图 5-44 所示，当抽气机 5 工作时，整个输送管路内形成一定的真空度，外界的空气流穿过吸嘴，与物料相混合，携带物料进入管路，到达卸料器后，物料与空气分离物料由于重力作用，沉至卸料器底部，经翼轮开关将物料卸于输送带上，或直接卸于仓库或车、船上；空气流继续流至滤尘器，滤出的灰尘由滤尘底部排出，空气经消声器进入大气。气力卸船机的主要部件包括吸嘴、卸料器、翼轮开关、滤尘器、鼓风机、消声器等。

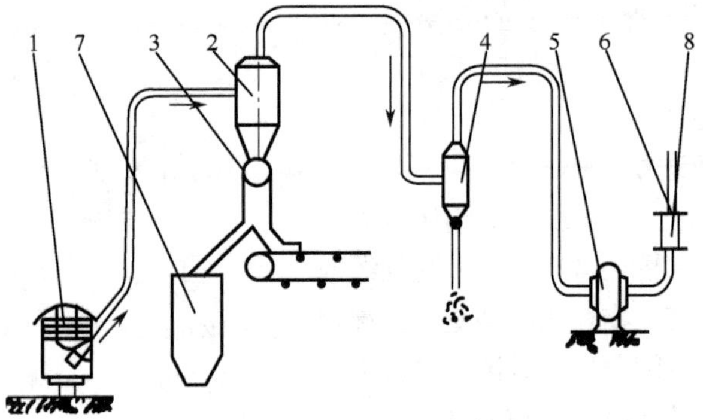

图 5-44　气力卸船机工作原理

1—吸嘴；2—卸料器；3—翼轮开关；4—滤尘器；5—抽气机；6—排气管；7—漏斗；8—消声器

1. 吸嘴

吸嘴的作用是将物料与空气混合并吸入管路中，物料与空气的混合对输送效率的高低有较大影响，所以吸嘴性能的好坏相当重要。吸嘴的形式有很多，常见的主要有单筒吸嘴、双筒吸嘴、转动吸嘴三种，其结构如图 5-45 所示。

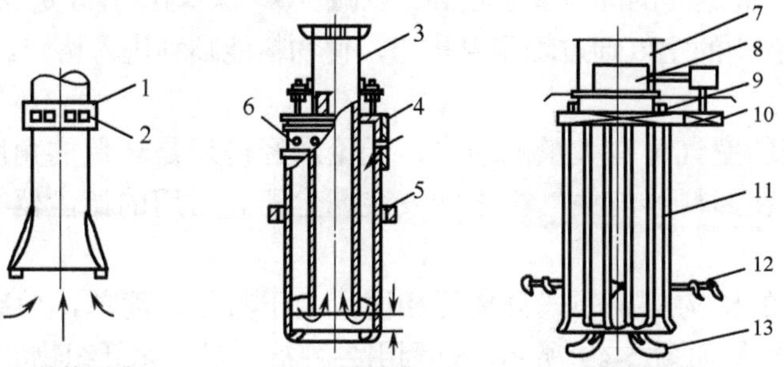

图 5-45 吸嘴结构示意图

1—调节阀；2—补充空气进口；3—内微；4—外微；5—操作手柄；6—补充空气进口；7—输送管；8—电动机；9—转台；10—开式齿轮；11—补充风管；12—塌料刀；13—喂料刀

2. 卸料器

常用于压送式气力输送机，由两部分构成，上部为分离器，下部为旋转式卸料器。其作用是将物料或灰尘与空气分离后卸出。

（1）分离器。从吸嘴进来的是物料与空气的混合物，到了卸料器之后，第一步是将物料与空气分离，通常由分离器完成，分离器一般有容积式和离心式两种。

容积式分离器是利用容器的有效截面积突然扩大而降低风速，空气流的速度降低，携带能力也随之下降，使物料因重力作用从双相流中沉降分离出来。气流从分离器的上端出去，物料由下端进入旋转式卸料器，如图 5-46 所示。

离心式分离器结构如图 5-47 所示，物料与空气的混合物从切向进口 1 进入圆筒体，作高速旋转，进入圆锥体后，转速更高，产生较大的离心力，旋转时离心力的作用使物料与气流分离。物料从卸料口进入旋转卸料器，空气由排气管进入除尘器。

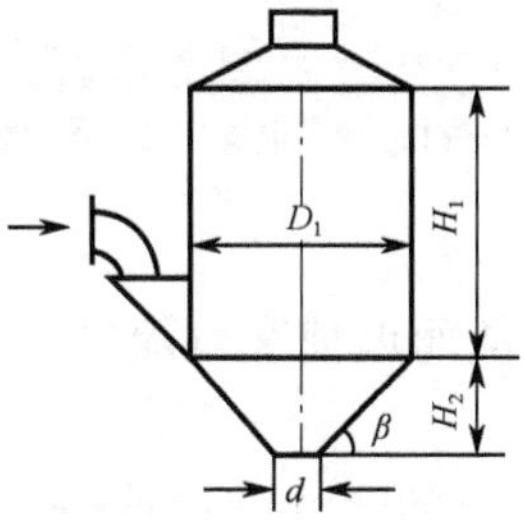

图 5-46 容积式分离器

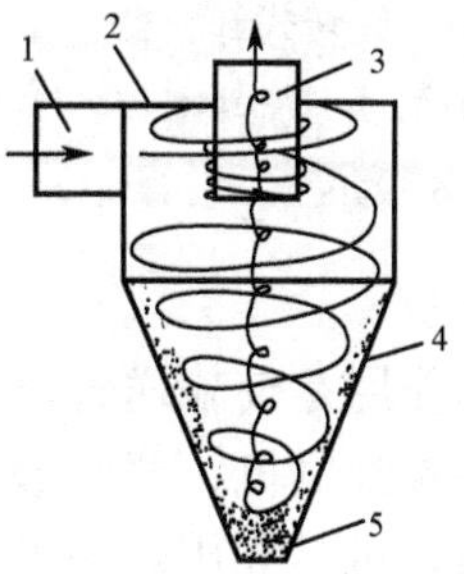

图 5-47 离心式分离器

1—切向进口；2—圆筒体；3—排气管；4—圆锥体；5—卸料口

容积式与离心式分离器都具有结构简单，制造方便，工作可靠，压力损失小的优点，但前者体积庞大，适用于颗粒较大的物料，后者体积较小，分离效率高，适用于颗粒较小的物料，还可以安装于分离器之后作除尘器用。

（2）旋转式卸料器。其作用是将从分离器中分离出的物料卸出，同时阻止空气进入，其结构如图 5-48 所示，主要部件是外壳 1 和叶轮。卸料器上端与分离器相连，物料或灰尘从上端进入，中间叶轮由电动机带动，物料进入叶轮与外壳构成的格腔内，并随叶轮旋转下移，直至下端排出。叶轮与外壳之间的间隙要求较高，以减少漏气。均压管固定安装于外壳上，当叶轮转至该位置时，格腔中的空气通过均压管排出，使物料能顺利进入格腔。

3. 滤尘器

从卸料器出来的空气含有大量的粉尘，无论从经济还是环保的角度出发，都必须将粉尘回收，所以通常在卸料器与抽气机之间安装滤尘器。常用的滤尘器有离心式滤尘器和袋式滤尘器两种。

离心式滤尘器的结构与离心式分离器相同，由于其结构简单，效率高，应用广泛。

袋式滤尘器，结构如图 5-49 所示，是利用各种棉、毛、化纤织物制成的袋子，过滤空气中的灰尘，气流从进气口进入，经滤袋过滤，灰尘沉降于灰斗，干净空气从排气口进入抽气机。无论颗粒大小，除尘效率极高，通常在 99%以上，但不适用于湿度高、黏性及油性的物料。

袋式滤尘器的滤袋必须及时清洗，否则积灰过多，会降低工作效率。

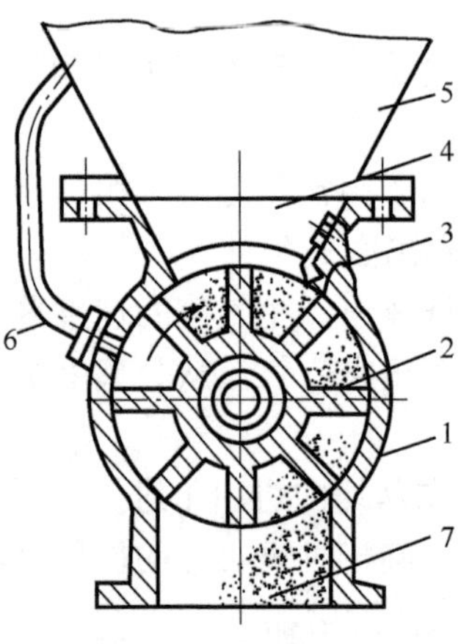

图 5-48　旋转式卸料器

1—外壳；2—叶轮；3—防卡挡板；4—装料口；5—分离器；6—均压管；7—卸料口

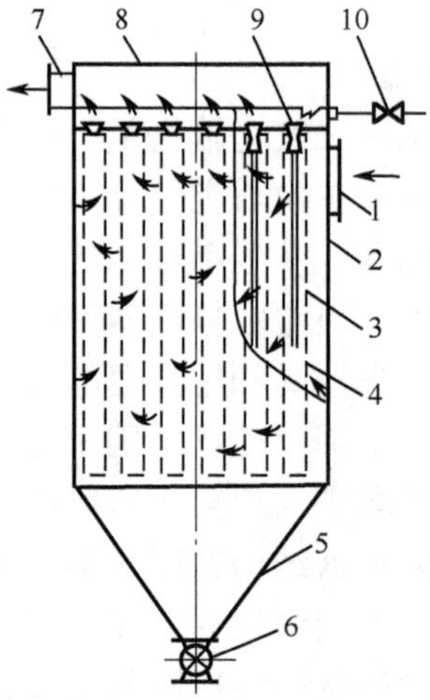

图 5-49　袋式滤尘器

1—进气管；2—中部箱体；3—滤袋；4—滤袋骨架；5—灰斗；6—卸灰器；7—排气口；8—上部箱体；9—喷吹口；10—控制阀

4. 鼓风机

鼓风机的作用是使输送管路中的空气产生压力差，从而迫使空气流动，带动物料输送。传统的有离心式鼓风机、罗茨鼓风机。

离心式鼓风机是利用叶轮的高速旋转，带动进入叶轮的空气，使这些空气的压力、流速不断提高，再经过蜗壳的扩压作用，使气流的压力降低而流速进一步升高。离心式鼓风机结构简单，制造成本低，其缺点是气流的压力与流速相互之间的影响较大，物料的进料量略有变化，必然影响气流的流速与压力，从而影响到输送效率。

罗茨鼓风机是利用机壳与两个互成 90° 的转子构成的封闭空间，工作过程中两个转子不断接触压缩空气。由于是利用机械压缩使空气的压力提高，所以流量随压力的变化很小，当卸船机的压力损失上升时，不会因为空气流量变化而发生堵塞。其缺点是工作噪声大；其次是转子与机壳之间的间隙要求高，导致加工成本高，而且对粉尘敏感，一旦有粉尘等杂质进入，磨损加剧、能耗高。此外，罗茨鼓风机应空载启动，禁止关闭进出风道的闸阀，以免爆裂。

目前世界上先进的气力卸船机常采用多级离心式涡轮鼓风机，管路系统为锥形变直径管道，并配备自动气流调节器和隔声设施，使能耗、噪声、散货破碎率均达到较高水平。

5. 消声器

由于大型鼓风机的采用，噪声往往不可避免，常用消除噪声的措施是在鼓风机的进排气管上装配消声器，消声器通常有两种，一种是利用吸声材料消声，另一种是利用流通截面积的突变使声波反射回声源，此外，还可以在鼓风机及驱动电动机组下面安装减振器。

气力卸船机供料方便，可以同时从一堆或几堆物料中进料，但输送管路内的真空度不能超过 49～50kPa，所以输送距离不宜过长，同时效率也受到一定影响；气密性要求高；进入管路的空气应除尘干净，以免鼓风机过早磨损。

（四）气力输送机的使用与维护管理

由于气力输送机的工作原理及结构方面的特点，相对于其他输送机械，气力输送机的使用与维护管理有许多特殊性，应当给予更多的注意。

1. 气力输送机的使用要求

使用前应对设备性能做充分了解，属真空吸送式设备，应了解吸嘴内外套管位置对吸入量的影响，外套管的调节应灵活，在卸料处是何种形式的装置，出料口的分离器卸料时密封功能是否优良，整个输送管道密封性是否良好，各管弯头处有无磨损泄漏；对于压送式气力输送机，应检查供料器处密封状况是否良好，风机能否保持风压的正常值，并检查风管弯头处有无泄漏；此外，还要检查除尘器能否保持密封和正常卸灰。

使用中注意以下一些系统工作状况：

（1）系统工作压力值是否正常；

（2）送料装置运转是否顺畅；

（3）卸料口物料输出是否连续，无时多时少现象；

（4）输送管内物料流对管壁的摩擦声是否均匀，无冲击和强震颤；

（5）除尘器排气口是否看不到烟尘。

使用结束后，应重点检查以下各部分的状况：

（1）系统各部分不应存留所输送的物料；

（2）管道有否泄漏处，特别是各弯头有否磨损穿孔；

（3）清除除尘器出灰口内的灰尘；

（4）给鼓风机和供料器各润滑点加注相应的润滑油；

（5）关闭各电控开关和供电总开关。

2. 气力输送机的维护管理

气力输送机的维护修理重点是：

（1）各装置连接处的气密性，因为整个系统的运行能否正常高效主要与各接头的密封性相关，凡发现接头处出现密封垫损坏、物料泄出等问题，应当尽快维修；

（2）管道的磨损穿透是气力输送机的主要损坏形式，特别是各弯头处的磨损，更是管道损坏的重点，所以一旦发现管道磨穿即应予以修补或调换。

七、空间输送机结构及运用

在现代化物流中心，为了节省占地面积，缩短输送距离，提高储存空间和扩大使用面积，其建筑物往往采用多层式建筑。发达国家的物流中心有的高达 4 层，为了在各层之间高效自动地输送物品，大多使用立体输送机。

（一）空中移载台车

图 5-50 所示为空中移载台车，这种输送工具悬挂在空中导轨上，按照指令在导轨上运动或停止。在运动过程中货台装置是通过卷扬机和升降带被提到最高位置，并与车体成为一体。当运动到指定位置时，升降带伸长，货台下落，进行卸货或装货。

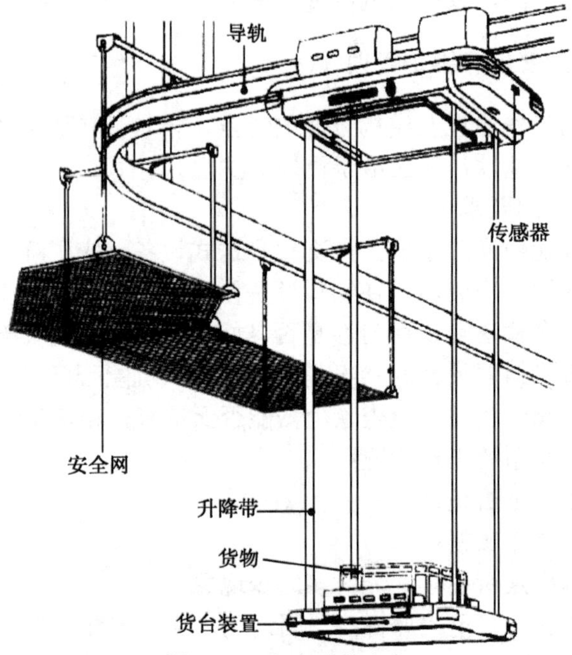

图 5-50　空中移载台车

这种空中移载台车的优点是快速、准确、安全，所占空间较小。

（二）旋转滑槽式垂直输送机

螺旋滑槽式垂直输送机是利用重力及螺旋倾斜滑槽，使物品自上而下平稳滑下。因为没有驱动装置，只能向下而不能向上，如图 5-51 所示。

螺旋滑槽式垂直输送机的特点是：

（1）滑槽轨道用四氯乙烯原料制成，倾斜度在 12° 以内，速度缓和，不损伤物品。

（2）可连续输送料箱，当料箱很多时，可暂存于槽内。

（3）由于没用驱动装置，基本没有噪声。

（4）结构简单、成本低、维修费用小。

这种输送机主要用于塑料箱的连续垂直运输，要求货箱尺寸宽度为 560mm×360mm×263mm 和货物重量为 2～24kg/个。输送能力为 20～100 箱/min。

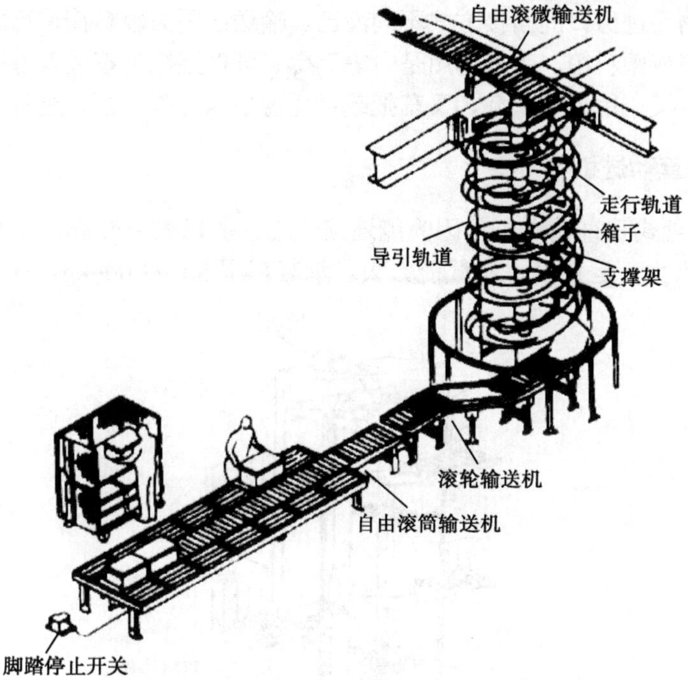

图 5-51 螺旋槽式垂直输送机

（三）垂直升降输送机

物流中心各楼层之间的物品搬运除了一般电梯之外，还必须有专门的垂直运输设备，以充分利用空间。垂直运输机运动平稳，不会使物品振动而损坏。图 5-52 所示为垂直往复式升降机，其原理与电梯相同。

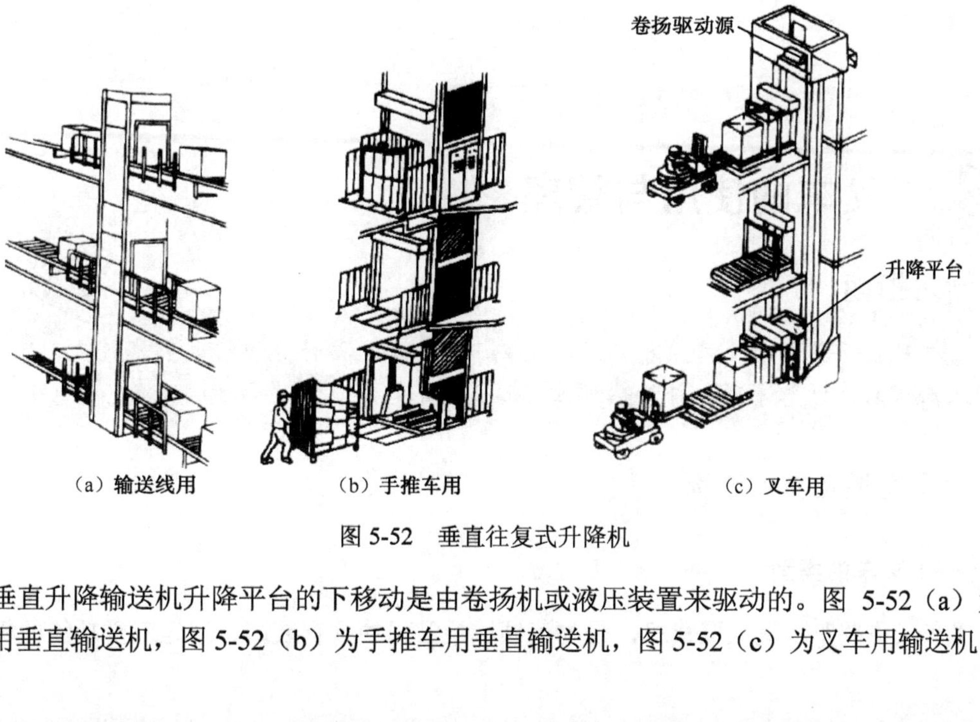

（a）输送线用　（b）手推车用　（c）叉车用

图 5-52 垂直往复式升降机

垂直升降输送机升降平台的下移动是由卷扬机或液压装置来驱动的。图 5-52（a）为输送线用垂直输送机，图 5-52（b）为手推车用垂直输送机，图 5-52（c）为叉车用输送机。这三种输送机只是物品进出口的衔接方式不同而已。输送线用为轻负荷，可配合自动输送线、高速上下输送纸箱或塑料箱。手推车用是中等载荷，可直接把货箱装入手推车，连车带货一起推入升降平台。叉车用为重负载，叉车把载重托盘放入升降平台，进行上下输送物品。

（四）盘式垂直输送机

图 5-53 为托盘式垂直输送机，因为能连续输送，所以效率较高，达 500 个/h。这种输送机节省空间和人力，运费少，承载能力大，承载范围 50～2 000kg。

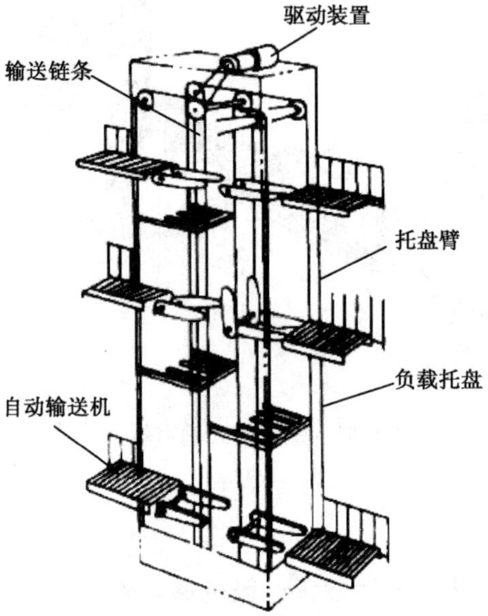

图 5-53　垂直托盘式升降输送机

Mission 任务 4　叉车的使用与管理

学习指南

本项任务将引领大家熟悉不同类型叉车特点和主要性能指标，了解叉车驾驶过程中注意事项，并能熟练独立驾驶叉车完成货物装卸搬运业务。

一、叉车类型及其本结构

（一）叉车的类型

叉车又称铲车、叉式取货机，是物流领域最常用的具有装卸、搬运双重功能的机械。

它以货叉作为主要的取货装置，依靠液压起升机构升降货物，由轮胎式行驶系统实现货物的水平搬运。叉车除了使用货叉以外，还可以更换其他类型的取物装置以适应多种货物的装卸、搬运和堆垛作业要求。

叉车种类多样，主要的分类形式如下：

1. 按照采用的动力方式分类

（1）内燃式叉车。采用的动力装置是内燃机，根据动力不同又可分为汽油机式叉车、柴油机式叉车和液化石油气式叉车。其特点是机动性能好，功率大，用途较广泛，一般情况下，重、大吨位的叉车采用内燃机作为动力。

（2）电动式叉车。是以蓄电池（电瓶）或交流电为动力的车辆。与内燃式叉车相比，电动式叉车具有结构简单、操作方便、起步平稳、污染小、噪声小的特点，其不足之处是受蓄电池容量的限制，其驱动功率和起重量都较小，作业速度低，对路面要求高，另外对于蓄电池叉车还需要专门的充电设施。

（3）手动式叉车。手动油压叉车主要靠操作人员提供动力，起重量比较低，但操作灵活，维护方便。

2. 按照性能和功用进行分类

按照性能和功用，叉车可分为平衡重式叉车、前移式叉车和侧面式叉车等多种类型。

3. 按照使用用途进行分类

按照使用用途，叉车可分为通用叉车与专用叉车两种。

（1）通用叉车。适合多种类型的货物搬运或者装卸作业，使用范围广，灵活性好。

（2）专用叉车。根据具体操作对象的性质设计的专用叉车，如堆垛式叉车、集装箱叉车、箱内作业叉车。采用专用叉车可以大幅度地提高效率，但通用性比较差。

（二）叉车的特点

叉车除了和港口的其他起重运输机械一样，能够减轻装卸工人繁重的体力劳动，提高装卸效率，缩短船舶与车辆在港停留时间，降低装卸成本以外，还具有其本身的一些特点与作用：

1. 功能性强

叉车具有装卸和搬运的双重功能，可以将两种作业形式合二为一，提高作业效率。

2. 灵活性好

叉车具有外形尺寸小、重量轻、转弯半径小、运行机动灵活的特点，可以在有限的作业区域内灵活调度，因此在物流的各个领域都有应用，如仓库、车站、码头和港口都要应用叉车进行作业。

3. 通用性强

叉车可以实现“一机多用”，通过配合使用货叉、夹持器等辅助工具，可以实现不同种类、不同形状、不同几何尺寸货物的搬运装卸作业。特别是与托盘配合使用可以实现集装作业，大幅提高作业效率。

4. 经济性好

同其他起重机械相比，叉车的成本比较低、投资少，具有很高的性价比。

（三）叉车的总体构成

叉车是一种复杂的运输机械，尽管各种叉车的性能不尽相同，但从总体上分析叉车主要是由动力系统、传动系统、转向系统、制动系统、行驶系统、起重系统、电气辅助控制设备和液压系统八个部分组成。

1. 动力系统

动力系统是叉车工作的能量源泉，主要包括内燃机和蓄电池等动力源以及将动力向外输出的连轴装置等。

2. 传动系统

叉车车轮的行驶动力需经传动系统由动力系统传入，可采用机械传动、液压传动等多种形式，传动系统主要包括减速器、差速器、半轴、驱动轮等主要部分，具有减速增矩、改变动力传递方向等功能。

3. 转向系统

转向系统按照转向能源可以分为机械转向系统和动力转向系统两大类。机械转向系统完全依靠驾驶员的体能来操纵转向，克服转向阻力矩；动力转向系统中，驾驶员通过控制源动机系统来完成方向改变的操作。

按照作用原理不同，转向系统可以分为机械式转向、液压助力动力转向和全液压动力转向三种。

4. 制动系统

制动是指行驶过程中对叉车施加阻力，用以消耗叉车动能，强制其减速以致完全停车，在停车后同时应防止其发生自由位移，以避免产生滑溜。具有制动功能的系统称之为制动系统，要求其具有足够的制动力，以保证在一定的车速下减少制动距离。叉车制动系统由制动器和制动操纵装置组成。一般包括两套独立的制动装置，即行车制动和停（驻）车制动。行车制动装置保证叉车在行驶过程中适当减速或停车。行车制动系统采用车轮制动器，每个驱动车轮都装有车轮制动器，其操纵装置可分为机械式、液压式和气压式。停车制动装置保证叉车原地停驻，并有助于在坡道上起步。目前在电动叉车上均使用干型摩擦式制动器，包括鼓式、盘式和带式等几种。

5. 行驶系统

行驶系统承受车辆本身和被装载货物的重力，以及作用在车上的其他外力，它以车轮支撑于路面并与转向系统配合完成车辆的行走，同时能够吸收振动，确保车辆正常行驶，行驶系统由车架、悬挂装置以及车轮等部分组成。

6. 起重系统

起重系统是通过起重装置完成装卸作业的执行机构，主要由门架、货叉等组成。

7. 电气辅助控制设备

电气辅助控制设备包括控制仪表等电子类器件，用于显示叉车工作状态。

8. 液压系统

液压系统用于提供动力，以完成装卸、堆垛等各种作业。

二、叉车的主要技术参数

叉车的技术参数说明叉车的结构特征和工作性能，也是选用叉车的主要参考依据，其中主要的技术参数如下：

1. 额定起重量

额定起重量是指门架处于垂直位置，货物重心位于载荷中心距范围以内时，允许叉车举起的最大货物质量，单位为吨（t）。

2. 载荷中心距

载荷中心距是指叉车在确保纵向稳定时，设计规定的额定起重量的标准货物重心到货叉垂直段前臂之间的距离，单位是毫米（mm）。

叉车的额定起重量和载荷中心距是两个相互关联的技术参数，载荷中心距是由叉车稳定性决定的，起重量不同的叉车其载荷中心距可以不同。在实际作业时，为了便于评价和选用叉车，按不同的额定起重重量，规定了相应的载荷中心距值。如果货物的重心超出了载荷中心距，为了保证叉车的稳定性，叉车的最大起重量需要减小。货物重心超出载荷中心距越远，最大起重量越小。额定起重量还与货物的起升高度有关，货物起升越高，额定起重量就越小。

3. 最大起升高度

最大起升高度是指叉车在平坦坚实的路面上，在满载、门架直立条件下，将货物提升到最高位置时，货叉水平段的上表面距地面的垂直距离。

一般港口叉车的最大起升高度可以达到4m，若采用多节门架结合多级油缸可以进一步提升最大起升高度，甚至可以达到20m，但同时会增加叉车的外形尺寸和自重，并降低允许起重量和稳定性。

4. 最大起升速度

最大起升速度是指在满载、门架垂直的条件下货物起升的最大速度。叉车的最大起升速度直接影响叉车的作业效率，提高叉车的起升速度是国内外叉车制造业技术改进的共同趋势。一般大起升重量叉车的最大起升速度都小于中小型叉车，同等起升重量的电动式叉车的最大起升速度低于内燃式叉车，主要是受蓄电池容量和电机功率的限制。货物下降速度一般都大于起升速度。

5. 门架倾角

门架倾角是指叉车在平坦、坚实的路面上，无载条件下门架相对垂直位置向前或向后的最大倾角，分别称为门架前倾角和门架后倾角。门架前倾的目的是便于货叉取货，门架后倾的目的是防止叉车载货行驶时货物从货叉上滑落。一般叉车门架的前倾角和后倾角分别为6°和12°。

6. 满载最高行驶速度

满载最高行驶速度是指叉车在平直、干硬的路面上满载行驶时所能达到的最高车速。由于叉车主要用于短距离的装卸和搬运作业，因此活动范围不宜过大，没有必要具备太高的行驶速度。一般情况下，内燃式叉车的最高运行车速是20～27km/h，库内作业的最高运行车速是14～18km/h，电动式叉车最大车速一般为13km/h。

7. 满载最大爬坡度

满载最大爬坡度是指叉车在良好的干硬路面上，以较低的稳定速度行驶时能够爬上的最大坡度，以度或者百分数来表示。满载最大爬坡度一般是由动力装置的最大扭转力矩以及低挡的总传动比决定。由于叉车一般在比较平坦的场地上作业，所以对最大爬坡度的要求不高。一般情况下，内燃叉车的最大爬坡度为20°。

8. 叉车的制动性能

叉车的制动性能反映叉车的工作安全性，它表示叉车在行驶中根据要求降低车速及停车的性能。通常以在一定行驶速度下制动时的制动距离大小来衡量。制动距离小则制动性能好。

我国的内燃平衡重式叉车标准对于制动性能作了如下规定：如果采用脚制动，叉车车速为20km/h，空载运行时，紧急制动的制动距离不大于6m；叉车在车速为10km/h，满载运行时，紧急制动的制动距离不大于3m。如果采用手制动，空载行驶时能在20%的下坡上停住；满载行驶时能在15%的上坡上停住。叉车的制动距离与叉车的运行状态以及叉车重量等自身特性有关。

9. 最小外侧转弯半径

最小外侧转弯半径是指叉车在空载低速行驶、打满方向盘即转向轮处于最大偏转角时，车体最外侧至转向中心的最小距离。叉车的最小外侧转弯半径值越小代表叉车运行越灵活，可以适应货场多变的作业环境。

10. 直角通道最小宽度

直角通道最小宽度是指可供叉车往返行驶的、成直角相交的通道的最小理论宽度。直角通道最小宽度越小，叉车的机动性越好，同时可以提高库场的利用率。

11. 堆垛通道最小宽度

堆垛通道最小宽度是指叉车在正常作业时，通道的最小理论宽度。叉车的正常作业是指叉车在通道内直线运行并且要做90°转向进行取货。堆垛通道最小宽度值反映了叉车的作业灵活性，最小宽度值小可提高货场的利用率。

12. 回转通道最小宽度

回转通道最小宽度是指可供叉车调头行驶的直线通道的最小理论宽度。

13. 叉车的最大高度和宽度

叉车的最大高度和宽度反映了叉车自身的几何尺寸，决定了叉车能否进入仓库、集装箱、船、车厢内部进行作业。

14. 最小离地间隙

最小离地间隙是指在叉车轮压正常运行时，叉车最低点距地面的距离。叉车车体最低点可能是门架底部等部位，离地间隙越大，则通过性能越好，但离地间隙太大会使叉车的重心提高，转弯半径增大，影响叉车的稳定性和机动性。

15. 叉车的稳定性

叉车的稳定性是指在作业过程中抵抗倾翻的能力，是保证叉车工作安全的重要指标。叉车的稳定性分为纵向稳定性和横向稳定性。平衡重式叉车由于货物重力及惯性的作用有可能向前纵向倾翻；转弯时的离心力可能使叉车横向倾翻。

叉车的稳定性由正确的设计即合理确定叉车各部分和平衡重的位置来保证，目前世界各国还通过试验来检查叉车的稳定性。在使用中，必须遵守操作规程，不得超重、超载荷中心距、超速作业。货物举得越高受到水平力（如制动惯性力、风力、离心力等）作用时叉车越易倾覆。因转弯时离心力与车速的平方成正比，所以不得超速转弯，以免翻倒。此外，稳定性还和叉车的支承形式有关，三支点叉车的横向倾覆边与叉车自重重心作用线比较靠近，使稳定力臂和稳定力矩较小，因而其横向稳定性比四支点叉车差。这些都应在操作使用中注意。

三、各种类型的叉车

（一）平衡重式叉车

1. 平衡重式叉车的特点

平衡重式叉车是目前应用最广泛的叉车，约占叉车总量的 80%。它的特点是货叉伸出在车身的正前方，货物重心落在车轮轮廓之外。为了平衡货物重量产生的倾覆力矩，保持叉车的纵向稳定性，在车体尾部配有平衡量。平衡重式叉车要依靠叉车前后移动才能叉卸货物，如图 5-54 所示。

图 5-54 平衡重式叉车

平衡重式叉车前轮为驱动轮，后轮为转向轮。为了减小叉车的转弯半径，转向桥采用双梯形结构。近年来又出现了采用曲柄滑块原理的转向机构。

叉车在满载和空载的不同工作条件下，其前后桥的负载变化较大，这样在叉车的前后桥之间需要装有缓冲振动装置，并采用具有较高承载能力和变形较小的充气轮胎、弹性轮胎或者实心轮胎。

叉车的前部装置装有标准货叉，可以自由地插入托盘取货和放货，并能沿门架升降，随着门架前倾与后倾。前倾的目的是方便取放货物，后倾的目的是保证货物在运行过程中不会从货叉上滑落。货叉可以根据需要更换其他叉车属具。

叉车的上方设置护顶架，部分叉车装有司机室，目的是防止货物跌落砸伤驾驶员。

2. 平衡重式叉车组成结构

平衡重式叉车由门架、滑架、货叉、滚轮、起升油缸和倾斜油缸、链条组成。

（1）门架。门架是叉车工作装置的骨架，门架支撑着起升油缸，同时要承受货物的垂直作用力和纵向弯矩。根据工作的需要，门架可做成两节门架和三节门架。两节门架由不能升降的外门架和可沿外门架升降的内门架组成。叉车在未工作以前，内门架和外门架的高度是一样的。当叉车进行堆码工作时，内门架沿着外门架上升。

（2）滑架。滑架是一个垂直运动的承载小车，用来安装货叉或其他属具并带动货叉或其他属具沿着内门架升降。货物的重量通过滑架传给起重链条，货物的重量产生的力矩也通过滑架传递给门架。根据结构的不同，叉架可分为挂钩式叉架和轴套式叉架。

（3）货叉。货叉是承载货物的装置，由水平段和垂直段两部分组成。垂直段与滑架连接，连接的方式有挂钩式和轴套式两种形式；水平段用于支撑货物，水平段的前端做成楔形以利于插取货物。货叉是关系到作业安全的重要部件，在材料和制造工艺上有特殊的要求。

（4）滚轮。滚轮是叉架与门架或门架与门架之间导向和传力的部件，分为纵向滚轮、横向滚轮以及复合滚轮三种。

（5）起升油缸和倾斜油缸。起升油缸和倾斜油缸控制着门架的起升和倾斜。起升时，起升油缸首先带动货叉升至极限位置，然后再带动内门架上升；倾斜油缸的作用可使门架前倾或后倾一定的角度，带动货叉前俯或后仰，以便叉起和卸下货物。

（6）链条。链条带动滑架上升并承受滑架和货物及货叉的重量。叉车一般采用两套滑轮链条组。如果是安装一个起升油缸，便在起升油缸的两侧各布置一套滑轮链条组；如果是采用两个起升油缸，起升油缸分别立于门架两侧的立柱后方，滑轮链条组也分两侧贴近立柱布置。

另外，叉车的总体结构还应包括叉车的车架、护顶架和平衡重等部分组成。

车架是叉车的基本骨架，是支撑各个零部件的基础，承受的负载较大，同时还要承受较大的纵向弯矩和转矩，因此要求组成车体的材料必须具有足够的强度和刚度。车架一般有板式和箱式两种形式。

护顶架的作用是避免司机因货物跌落而受伤害。在结构及性能上都有一定的要求。平衡重的作用是平衡叉车前部的荷载。它由铁铸造而成。

3. 平衡重式叉车的适用场合

平衡重式叉车货叉直接从前轮的前方叉取货物，对叉取货物的体积一般没有要求；动力较大，底盘较高，具有较强的地面适应能力和爬坡能力，适用于远距离室外作业。

（二）前移式叉车

1. 前移式叉车的特点

前移式叉车的门架或者货叉架可以前后移动，其中门架前移式叉车是指作业时门架带动货叉前移，伸出到前轮之外叉取或放下货物，行走时货叉带货物收回，使货物重心在支撑面内，如图 5-55 所示；货叉前移式叉车是指货架带动货叉前移至前轮之外进行作业，行走时叉架带动货叉缩回到支撑平面内，如图 5-56 所示。

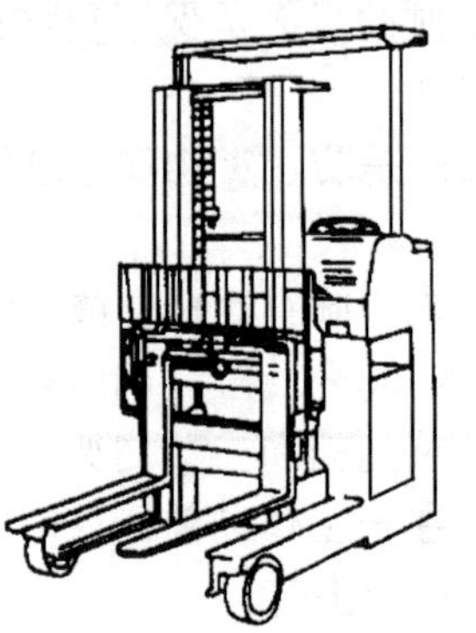

图 5-55 门架前移式叉车

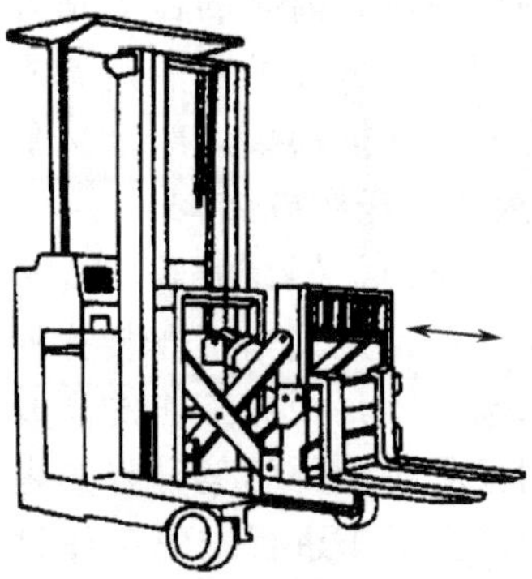

图 5-56 货叉前移式叉车

前移式叉车有两条前伸的支腿，支腿较高，支腿前端有两个轮子，支腿的作用是确保叉车在负载时的稳定性。与插腿式叉车比较，前轮较大，支腿较高，作业时支腿不能插入货物的底部，而门架可以带着整个起升机构沿着支腿内侧的轨道移动，这样货叉叉取货物后稍微起升一个高度即可缩回，保证叉车运行时的稳定性。前移式叉车与插腿式叉车一样，都是货物的重心落到车辆的支撑平面内，因此稳定性很好。适用于车间、仓库内作业。前移式叉车起重量较小，采用电动机进行驱动。

前移式叉车的门架可以带着起升机构沿着支腿内侧的轨道前移，便于叉取货物。叉取完货物后，起升一小段高度之后，门架又沿着支腿内侧的轨道回到原来的位置。

2. 前移式叉车的主要性能参数

前移式叉车的性能参数与平衡重式叉车性能参数相同的有：额定起重量、载荷中心距、最大起升高度、最小转弯半径、满载和空载运行速度、满载和空载起升速度、满载和空载爬坡速度。此外还具有如货叉的前移距离等特殊性能参数，货叉的前移距离是货叉在叉取货物时，货叉沿着支腿导轨所能移动的最大距离。

3. 前移式叉车的适用场合

前移式叉车一般由蓄电池作动力，起重量在3t以下。它的优点是车身小，重量轻，转弯半径小，机动性好，不需在货堆间留出空处，前轮可做得较大。但行驶速度低，主要用于室内搬运作业，但也能在室外工作。

（三）侧面式叉车

1. 侧面式叉车的结构特点

（1）侧面式叉车的门架、起升机构和货叉不在车体前方，而是位于叉车的中部，可以沿着横向导轨移动。

（2）货叉位于叉车的侧面，侧面还有一货物平台。货叉叉取货物，当货叉沿门架上升到大于货物平台的高度后，门架沿着导轨缩回，降下货叉，货物便放在叉车的货物平台上，如图5-57和图5-58所示。

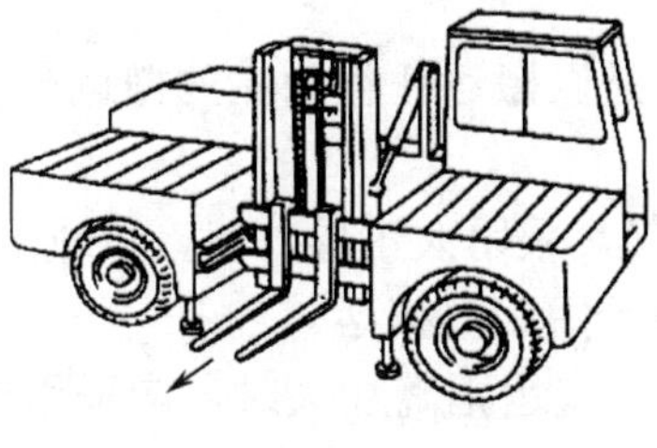

图5-57 侧面式叉车

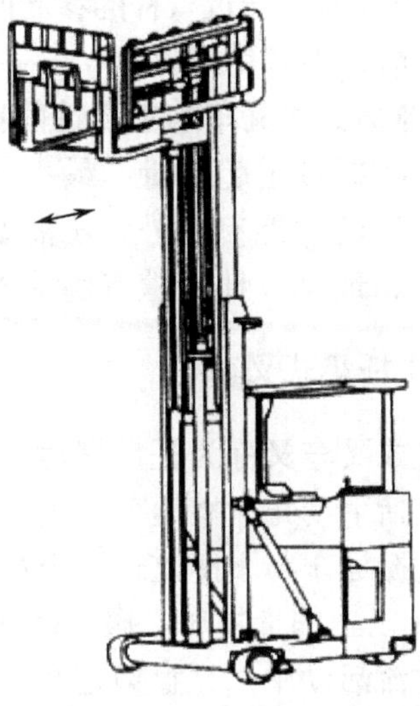

图5-58 侧面式堆垛叉车

2. 侧面式叉车的主要性能参数

侧面式叉车的性能参数与平衡重式叉车性能参数相同的有：额定起重量、载荷中心距、最大起升高度、最小转弯半径、满载和空载运行速度、满载和空载起升速度、满载和空载爬坡速度。此外还具有如下性能参数：

（1）载货平台面积。载货平台面积的大小与货物的尺寸有关。

（2）载货平台的高度。平台高度影响叉车的作业高度。

（3）发动机的功率。发动机的功率影响叉车的操作能力。

3. 侧面式叉车的适用场合

侧面式叉车的门架和货叉在车体的一侧。其作业的主要特点有两个：第一是，在出入库作业的过程中，车体进入通道，货叉面向货架或货垛，这样，在进行装卸作业时不必再先转弯然后作业，第二，有利于搬运长大件货物。因为长尺寸物与车体平行，不受通道宽度的限制。这些特点使侧面式叉车适合于窄通道作业。侧面式叉车在室外工作一般采用充气轮胎，室内工作一般采用实心轮胎，主要考虑到操作对象的重量等影响因素。

图 5-59　伸缩臂式叉车

（四）伸缩臂式叉车

1. 伸缩臂式叉车的特点

伸缩臂式叉车的货叉安装在可以伸缩运动的悬臂末端，可以通过改变悬臂的长度和角度达到调整货叉位置的目的，如图 5-59 所示。

伸缩臂式叉车与平衡重式叉车相比，具有如下特点：

（1）适用的作业范围广。可以在跨越障碍后进行货物的堆垛作业；通过变换叉车属具进行多种作业。

（2）稳定性有所改善。伸缩臂式叉车整车重心后移，利于提高运行的稳定性；通过臂杆的移动而不需要车辆的移动来对准货位，利于提高堆垛的稳定性。

（3）前方视野良好。

2. 伸缩臂式叉车的主要性能参数

除了考虑额定起重量、最大起升高度、最大平伸起重量、最大运行速度和整车质量等常规叉车的性能参数外，还需要注意伸缩臂式叉车的最大平伸距离、额定起重量时的平伸距离、最小离地间隙等特定性能参数。

（五）托盘式叉车

托盘式叉车又称为托盘搬运车，如图 5-60 所示，是以搬运托盘为主的搬运车辆。托盘搬运车包括手动托盘搬运车和电动托盘搬运车。

托盘搬运车与平衡重式叉车相比，体形小，重量轻。采用人工操作时，负载不能太大。当搬运 2t 以上的货物时，搬运起来就比较费力，适合于短距离搬运。

在物流活动中，托盘搬运车主要用于装卸区域。当搬运距离加大时，应采用电动托盘搬运车。

（六）其他类型的叉车

（1）插腿式叉车。插腿式叉车的两条腿向前伸出，支撑在很小的车轮上。支腿的高度很小，可同货叉一起插入货物底部，由货叉托起货物，如图 5-61 所示。货物的重心落到车辆的支撑平面内，因此稳定性很好，不必再设平衡重。插腿式叉车一般由电动机驱动，蓄电池供电，起重量在 2t 以下。它的作业特点是起重量小、车速低、结构简单、外形小巧。适用于通道狭窄的仓库内作业。

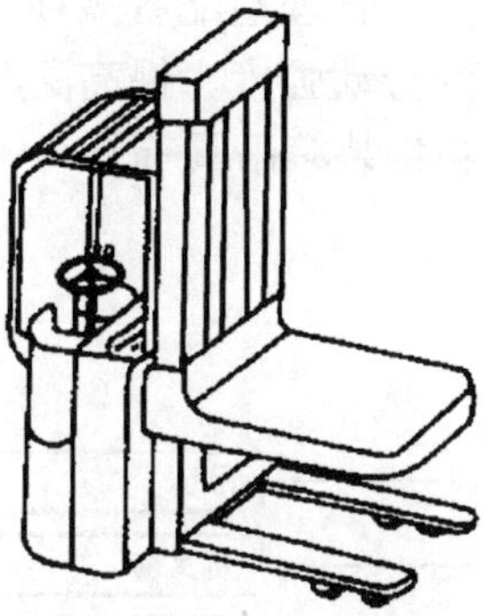

图 5-60　托盘式叉车

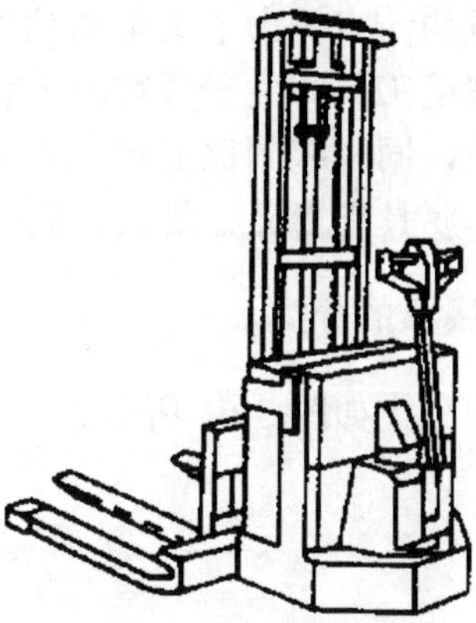

图 5-61　插腿式叉车

（2）集装箱式叉车。集装箱式叉车专门用于集装箱的装卸搬运，有正面式和侧面式两类，它的主要特点是可搬运较大重量的货物。

（3）高货位拣选式叉车。高货位拣选式叉车的主要作用是高位拣货，如图 5-62 所示。操作台上的操作者可与装卸装置一起上下运动，并拣选储存在两侧货架内的货物，适用于多品种少量入出库的特选式高层货架仓库。起升高度一般为 4～6m，最高可达 13m，大大提高了仓库空间利用率。为保证安全，操作台起升时，只能微动运行。

（4）三向堆垛式叉车。三向堆垛式叉车具有回转侧移机构，货车可以在车辆横向的一侧或两侧进行堆垛作业的起升车辆，其最大起升作业高度可以达到 12m，如图 5-63 所示。

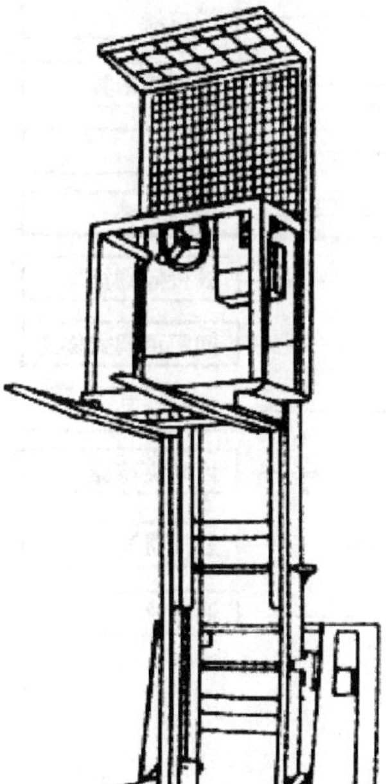

图 5-62　高货位拣选式叉车

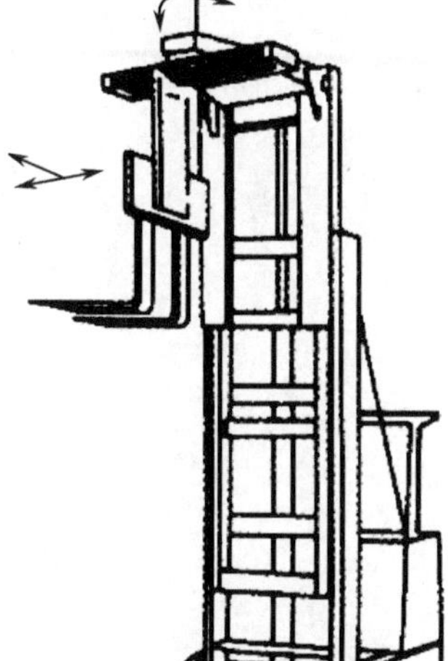

图 5-63　三向堆垛式叉车

四、常见叉车的属具

叉车属具是叉车的辅助机构，是一种安装在叉车上以满足各种物料搬运和装卸作业特殊需要的专用机构，它扩大了叉车的功能，使叉车成为具有叉、夹、升、旋转等多用途、高效率的物料搬运工具；由于货物的形状和尺寸的差异，合理地配备多种叉车属具可以提高叉车的通用性，同时起到保证作业安全、减少工人的劳动强度、提高叉车作业效率的作用。常用的叉车属具有货叉、吊架、侧夹器、推货器和集装箱吊具等。

（一）叉车属具的分类

叉车属具的分类如图 5-64 所示。

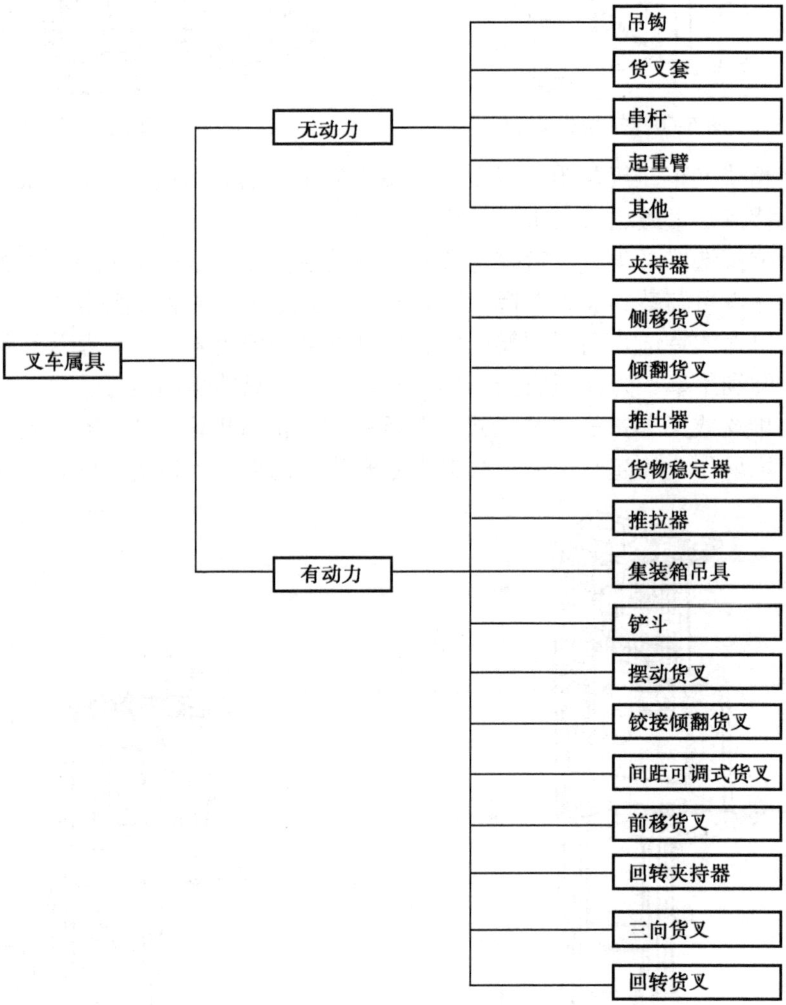

图 5-64 叉车属具的分类

（二）常用的叉车属具

1. 货叉

货叉是叉车最常用的属具，是叉车重要的承载构件，如图 5-65 所示。

货叉的形状呈 L 形，水平段用来叉取并承载货物，水平段的上表面平直、光滑，便于承载，下表面的前端略有斜度，叉尖较薄较窄、两侧带有圆弧，便于叉取货物。货叉水平段的长度一般是载荷中心距的两倍左右。如果需要搬运体积大、质量轻的大件货物，需换用加长货叉或在货叉上套装加长套。

货叉的垂直段与滑架连接。根据连接方式有挂钩型和铰接型两种。中小型叉车一般采用挂钩型货叉，大型叉车一般采用铰接型货叉，以提高承载能力。

为了提高叉车的作业效率，货叉经常与托盘配合使用。

2. 吊架

叉车在取货时，如果不使用托盘，并且货物在装卸时不便于叉取，这时可以采用吊架进行作业。通常采用的是可变幅度吊架，通过移动吊钩来吊取货物，幅度变化越大，起重量越小，如图 5-66 所示。

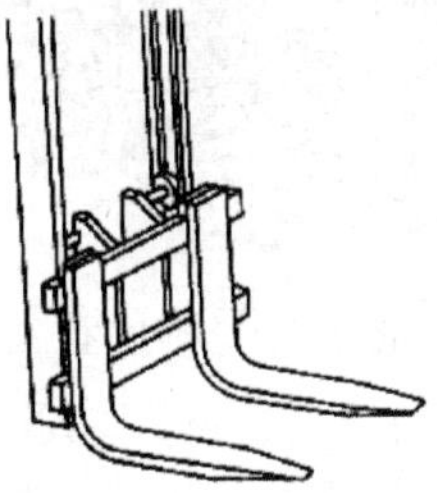

图图 5-65　货叉

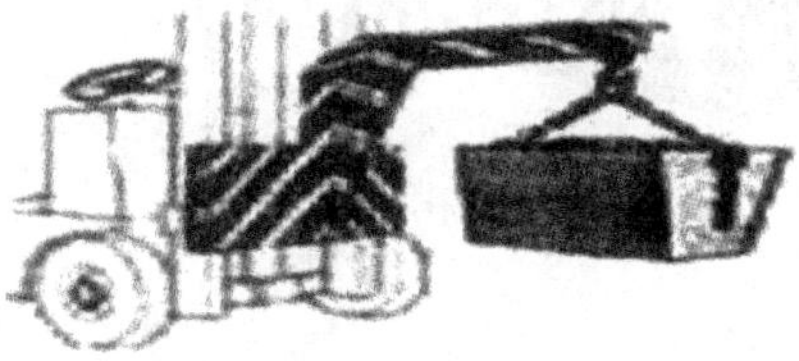

图 5-66　吊架

3. 夹持器

夹持器由两个夹臂组成，通过夹臂夹持货物，实现无托盘作业，夹持器的夹臂有直角形和圆弧形两种。直角形夹臂的内侧为平面，适合于搬运箱类和软包；圆弧形夹臂的内侧为弧面，适合于搬运筒形和卷材，如图 5-67 所示。

4. 集装箱吊具

对于中小型集装箱可以直接用货叉叉取，但对于 20t 以上的大集装箱必须使用集装箱吊具吊装。集装箱吊具根据用途不同可分为吊装空箱的侧吊架和吊装满箱的顶吊架，如图 5-68 所示。

5. 串杆

利用串杆可以进行空心的筒状货物搬运，如图 5-69 所示。

6. 间距可调式货叉

两个货叉之间的间距可以通过液压装置进行调节。

7. 推出器

可以将货物从货叉上推出的属具。

8. **推拉器**

可以将货物连同滑板一起进行装卸的属具，如图 5-70 所示。除此以外，还有前移货叉、铲斗、回转货叉和回转夹持器等属具。

图 5-67　夹持器

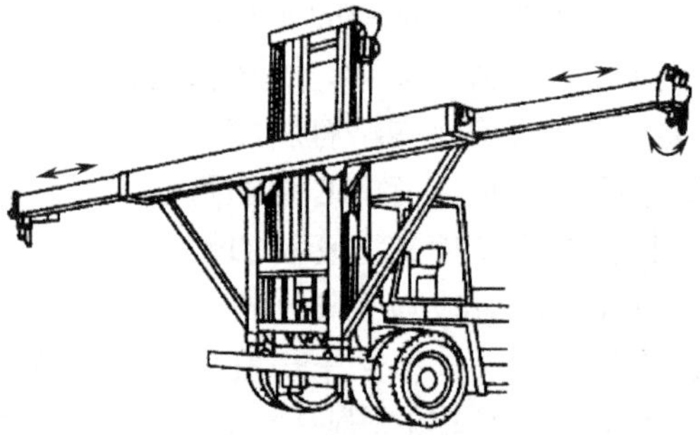

图 5-68　集装箱吊具

图 5-69　串杆

图 5-70　推拉器

Mission 任务 5　提升及堆垛设备

学习指南

本项任务将引领大家掌握提升及堆垛设备的基本知识，理解常用提升及堆垛设备的性能。同时，掌握常用提升及堆垛设备的使用与管理方法。

一、载货电梯

载货电梯一般由钢丝绳、链条和液压缸驱动。运送的对象是托盘货物、容器、件货或人。与起重机不同，电梯运送的货物是放在轿厢内，沿着垂直的（或倾斜的）、固定的导轨进行运输的。

钢丝绳牵引电梯的牵引绳的一端与轿箱相连，另一端与活动配重相连。轿厢和配重都在各自的导轨内行走。通过牵引绳的绕绳倍率，可使配重的行程变短、速度变低，如图 5-71（a）

所示。

液压顶升电梯的轿厢的驱动采用多级油缸顶升，不需要活动配重，只能沿垂直方向运行。如图 5-71（b）所示。其特点是载重量大、运行平稳、停位精确，但提升距离有限。

倾斜式电梯的轿箱沿倾斜轨道运行，轿厢通过钢丝绳或链条牵引，如图 5-71（c）所示。轨道的坡度一般为 30%，一般用在室外。只要电梯的载重能力和轿箱尺寸足够，搬运车辆也可单独或随同货物一起运送。载货电梯的载重能力可达 10 000kg，速度一般在 0.3～4m/s 之间；常用的载货电梯的载重量为 250～3 000kg，其速度一般定在 1m/s。

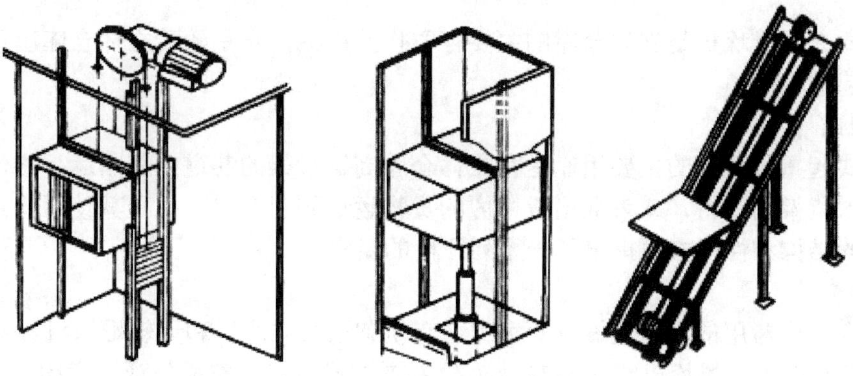

（a）钢丝绳牵引方式　（b）液压顶升方式　（c）倾斜式电梯

图 5-71　电梯

为了保证电梯工作的安全，除了配备一般起重机常备的安全保护措施外，必须在电梯的电器控制上增设钢丝绳断绳保护、轨道夹钳和缓冲装置等。

二、液压升降机

液压升降机是一种相对简单，且适应能力很强的起重机械。与其他起升设备相比，它速度低，能精确定位在各种高度，适合于不需要经常性提升货物的场所。按功能来分，液压升降平台可分为起重平台及维修安装工作平台。最新的液压升降平台还装备了行走机构，可在轨道上行驶，在仓库中被广泛用作拣货设备。液压升降平台主要由载货平台、剪式支臂、液压油缸和电动油泵等组成，其升降由油缸驱动剪式支臂来完成，可在起升高度范围内的任意位置停止，将搬运人员和机械、货物一起运输，常用于楼层间的垂直运输、车辆的装卸、货架巷道内的储存或拣货作业。

液压升降机主要有单剪支臂液压机和双剪支臂液压机两种型式。单剪支臂液压机的起重能力为 500""-'10 000kg，如图 5-72 所示；双剪支臂液压机有两种，一种是两个剪式支臂平行布置，另一种是两个剪式支臂垂直串联。平行布置的剪式支臂的液压机用来提升车辆或长大件货物，垂直布置剪式支臂的液压机用在提升高度较大的场合。

单剪支臂液压机的升降高度约为液压平台长度的 60%。双剪支臂液压机的升降高度是液压平台长度的 100%。电动油泵采用的是高压齿轮泵并带有超负荷保护装置。

维修安装工作平台一般用作设备的安装或维修。支臂的型式一般为多层剪式支臂，如果配上多级伸缩油缸，其工作高度可达 25m。液压升降机的工作方式如图 5-73 所示。

图 5-72　单剪支臂液压升降机

图 5-73　液压升降机的工作方式

三、巷道式堆垛机

巷道式起重堆垛机是立体仓库的主要存取作业机械，它是随着立体仓库出现而发展起来的专用起重机械。

1. 用途

巷道式起重堆垛机的主要用途是在立体仓库高层货架的巷道内来回运行将位于巷道口的货物存入货架的货格，或者取出货格内的货物运送到巷道口。由于其使用特点，对巷道式堆垛机的结构和性能方面提出了一系列严格的要求。

2. 分类

立体仓库内常用的堆垛机械有两大类：有轨巷道式堆垛机和无轨堆垛机。

（1）有轨巷道式堆垛机。图 5-74 为有轨巷道式堆垛机的整机外观示意图，它是在中高层货架的窄巷道内进行作业的起重机，是自动化仓库的主要设备，又称有轨堆垛机。它沿着仓库内设置好的轨道水平运行，高度视立体仓库的高度而定。使用有轨堆垛机可大大提高仓库的面积和空间利用率。起重量一般在 2t 以下，有的可达 4～5t，高度一般在 10～25m 之间，最高可达 40m。

它的结构特点如下：

① 整机结构高而窄；

② 堆垛机金属结构的设计除需满足强度要求外，还应具有足够的刚度和精度；

③ 堆垛机配备有特殊的取物装置。常用的有伸缩货叉或伸缩平板，能向两侧货格伸出存取货物；

④ 其运行应同时满足快速、平稳和准确三方面要求；

⑤ 必须配备齐全的安全装置，并在电气控制上采取一系列联锁和保护措施。

（2）无轨巷道式堆垛机。无轨巷道式堆垛机又称三向堆垛叉车或高架叉车，高架叉车系列是为高货架而特别设计的叉车。它与有轨巷道式堆垛机的主要区别是可以自由地沿着不同的路径水平运行，不需要设置水平运行轨道。其作业特点是可以从三个方向进行货物的存取操作——向前、向左及向右。关于高架叉车部分参见装卸搬运机械相关内容。

3. 巷道式堆垛机的基本结构

目前，在立体仓库中常用的堆垛机是有轨巷道式堆垛机，按具体结构可分为单立柱型巷道堆垛机和双立柱型巷道堆垛机。以单立柱型巷道堆垛机为例，如图 5-75 所示。它的基本结构由五部分组成：运行机构、起升机构、装有存取货机构的载货台、机架（车身）和电气设备。

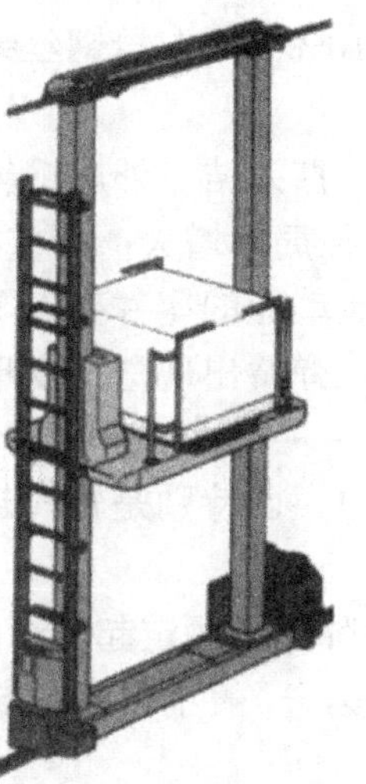

图 5-74　有轨堆垛机

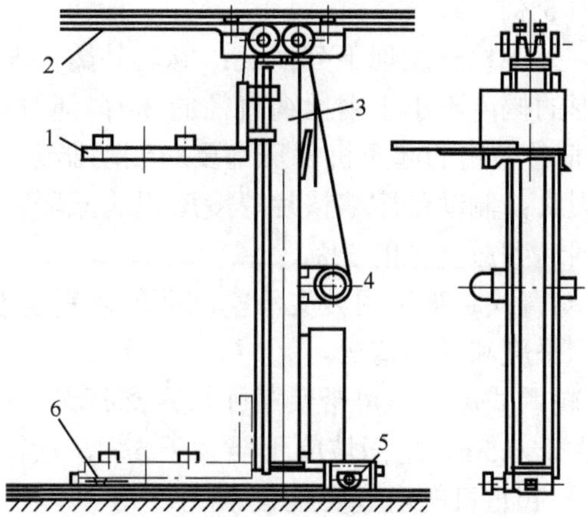

图 5-75　单立柱型巷道堆垛机

1—载货台；2—上横梁；3—立柱；4—起升机构；5—运行机构；6—下横梁

知识点延伸

起重机和叉车操作安全规范

一、起重机和叉车操作安全规范

（一）起重装卸设备安全技术

1．在露天工作的起重机，为了防止风力过大时，起重机被吹倒或移动而发生事故，要求起重机上设置有夹轨器或锚固等防风装置。

2．为防止由于司机疏忽或机构故障使起重机吊钩翻过卷筒，导致钢丝绳被拉断、吊钩和吊物坠落或挤坏滑轮装置等事故发生，起重机上要求装设起升高度限位器，也称为过卷扬限位器。

3．为防止起重机超负荷，起重机上要求装设重量限制器，它是一种能使起重机不至于超负荷运转的保险装置。当起重机所吊的重物超过额定重量时，它可以自动切断卷扬机构上的动力，以防止事故发生。

4．用吊索捆绑货物时，应牢固可靠，吊索间夹角不应太大，一般不超过 120°，多根吊索合力的作用线必须通过货物的重心，以保证吊运过程中货物的平稳性。

5．每天应对起重机的钢丝绳进行检查，要特别注意钢丝绳端部在机械上的固定连接和穿绕平衡滑轮的位置。钢丝绳应该保持良好的润滑状态，对起重机的钢丝绳每月至少加注两次润滑剂。钢丝绳在使用中因机械损伤、化学腐蚀、热力辐射等原因会造成性能降低，当出现下列情况之一时，钢丝绳应报废：

（1）钢丝绳直径减少达 7%时。

（2）钢丝径向磨损或腐蚀量超过原直径的 40%时。

（3）交互捻钢丝绳的断丝数达到钢丝绳钢丝总数的 10%；同向捻钢丝绳断丝数达到钢丝总数的 5%。

（4）外观检查发现下列情况：麻芯外露；明显腐蚀；打死结；外层钢丝呈笼形状态；波浪变形的幅度不小于钢丝绳直径的 3/4；绳股挤出；绳径局部增大；严重扭结。

6．正常使用的起重机每班都要对制动器进行检查。制动器的零件有以下情况之一就应报废：裂纹；制动带摩擦垫片厚度磨损达原厚度的 50%；弹簧出现塑性变形；小轴或轴孔直径磨损达到原直径的 5%。

7．动臂式起重机回转支承基准面的倾斜度不得大于 1°。特别是轮式起重机更要注意支腿的水平度和松动情况。

8．轮胎式起重机可带负载作短距离行走，但负载要降低为额定起重量的 2/3，离地高度不应大于 0.5m，地面坡度不能大于 5°，且行走要缓慢，一般不得超过 5km/h。

（二）起重机的电气安全技术

1．电气元件应与起重机的机构特性、工况条件和环境条件相适应。在额定条件下工作时，其温升不应超过额定允许值。

2．室外工作的起重机，电线应敷设在金属管中，金属管需经防腐处理。如果用金属线槽或金属软管代替，必须有良好的防雨及防腐性能；室内工作的起重机，电线应敷设于线槽或金属管中，也可直接敷设，但在有机械损伤、化学腐蚀或油污浸蚀的地方，应有防护措施；不同机构、不同电压等级及交流与直流的导线，穿管时应分开，照明线应单独敷设。

3．起重机应有指示总电源分合状态的信号，必要时还应设置故障信号或报警信号。信号指示应设置在司机或有关人员视力、听力可及的地点。桥式起重机大车滑线端的端梁下面，应设置防护板，以防止吊具或钢丝绳与滑线意外接触。

4.起重机主电路及控制电路对地绝缘电阻一般不小于 0.5MΩ；潮湿环境不小于 0.25MΩ（用 500V 兆欧表在常温下测量）。

5．为减小起重设备漏电时造成的触电危险，起重机的金属结构及所有电气设备的金属外壳、管槽、电缆金属外皮和变压器低压侧均应有可靠接地。在轨道上工作的起重机一般可通过车轮和轨道接触。起重机轨道的接地电阻和一般起重机上任何一点的接地电阻均不得大于 4Ω。严禁用接地线作为载流零线。

二、叉车维护保养及安全操作

（一）叉车的维护保养

为了保证叉车的长期稳定运行，必须进行必要的维护和保养，通常叉车的维护保养包括以下三个层次：

1．日常维护

检查库房内的温度、湿度，清洗叉车上的污垢、泥土等，进行外表保养。

2．一级技术保养

叉车在库房存放一段时期（3～6 个月）后，要进行一级技术保养，检查汽缸压力或真空度，调整气门间隙、检查节温器、液压系统各元件以及变速器的换挡工作是否正常。检查制动系统、调整制动片与制动鼓间隙。检查发电机及起动机安装是否牢固、碳刷和整流子有无磨损，风扇皮带的松紧程度。检查曲轴和通风接管是否完好，清洗滤油器。同时还要检查车轮安装是否牢固，轮胎的气压是否符合要求等。对于那些因进行保养而拆卸的某些零部件，重新装配后，要进行路试，使之达到技术要求。

3．二级技术保养

叉车存放半年以上时，要进行二级技术保养，除了按以上日常保养和一级技术保养项目进行外，还要增添拆卸工作，更换生锈不能用的零部件，如拆卸水箱、柴油箱盖、水泵及气缸盖，清除锈蚀、检查性能是否可靠等。如果叉车长期存放，要用木材顶住平衡块，避免两个后轮长期受载。

（二）叉车的安全使用规则

为了保证叉车的安全使用，应注意以下方面：

1．专人驾驶。叉车属于专用高速、重载，因此使用者必须具有驾驶资格，不允许无证驾驶。

2．工作载荷。叉车的载重量不应超过其自身的额定起重量，否则会造成叉车部件的强度损壳，特别是在运行过程中，超载带来的危害更大。

3．合理装卡。叉车的装卡必须稳固，否则搬运过程中会造成脱落，同时叉车的装卡机构不能对装卡对象造成损伤。

4．工作环境因素。叉车的运行应注意装载月台情况，防止碰撞等事故发生。

知识测试

一、判断题

1．起重量大，起重机的工作类型就一定是重级。（是□　否□）

2．轮胎式起重机可在额定负载下作短距离行车。（是□　否□）

3．岸边集装箱起重机的额定起重量不包括集装箱吊具的重量。（是□　否□）

4．吸送式气力输送机是借助压力高于一个大气压的空气流来进行工作的。（是□　否□）

5．搬运作业是物流系统中的一个重要环节，也是一个耗时耗工的作业。（是□　否□）

6．据统计，目前世界上拥有的大中型岸边集装箱起重机中，90%以上的起重量取 40.5t 和 37.5t。（是□　否□）

7．目前在带式输送机中，大部分采用 30° 的槽角。（是□　否□）

8．输送机滚柱的节距选择应使物品至少放在三个滚柱上。（是□　否□）

9．钢丝绳如果出现直径减少达 7%时，则钢丝绳应报废。（是□　否□）

10．螺旋输送机属于具有挠性牵引构件的输送机。（是□　否□）

11．起重机械的一个工作循环内一般具有一个起升运动和一个水平运动或几个水平运动。（是□　否□）

12．装卸搬运作业组织是遵循经济效益为主，安全生产为辅的原则。（是□　否□）

13．双立柱式巷道堆垛起重机仅服务于单条巷道。（是□　否□）

二、选择题

1. 起重机的综合工作特性参数是（　　）。

A. 工作级别　B. 工作量　C. 工作能力　D. 生产率

2. 搬运车辆在规定条件下正常使用时，可起升和搬运货物的最大重量称为（　　）。

A. 载重量　B. 额定载重量　C. 最小重量　D. 自重

3. 在 AGV 的行驶路径上涂漆或粘贴色带，通过对摄像机采入的色带图像信号进行简单处理而实现导引称为（　　）。

A. 磁带导引技术　B. 光学导引技术

C. 激光导引技术　D. 惯性导航技术

4. 搬运车辆在购置和使用过程中所涉及的费用问题是指搬运车辆的（　　）。

A. 技术性能指标　B. 经济指标　C. 适应性指标　D. 组织性指标

5. 起吊集装箱最理想的方式为（　　）。

A. 采用上部四点起吊　B. 采用上部单点起吊

C. 采用横架从下部起吊　D. 用叉车货叉举升

6. 门式起重机属于（　　）。

A. 轻小型起重设备　B. 臂架类起重机

C. 桥式类起重机　D. 堆垛起重机

7. 目前集装箱起重机采用最为广泛的是下面哪一种吊具，特别适用于码头前沿和堆场装卸作业的岸边集装箱起重机和龙门起重机？（　　）。

A. 固定式吊具　B. 主从式吊具　C. 可更换式吊具　D. 伸缩式吊具

8. 下列不属于跨运车系统主要优点之一的是（　　）。

A. 一机完成多种作业　B. 机动灵活，无须准确对位

C. 堆场的利用率较高　D. 设备投资小

9. 由下列哪个因素来决定叉车最小作业高度？（　　）。

A. 安全架高度　B. 升降架高度

C. 在安全架和升降架之间选择最高者　D. 在安全架和升降架之间选择最低者

10. 既可以从几处吸取物料，又可以把物料同时输送到几处的是下列哪种方式气力输送机？（　　）。

A. 吸送式气力输送机　B. 压送式气力输送机

C. 混合式气力输送机　D. 抽取式气力输送机

11. 下列不属于挠性牵引构件输送机的是（　　）。

A. 带式输送机　B. 斗式提升机　C. 埋刮板输送机　D. 螺旋输送机

12. 斗式提升机在输送潮湿、易结块难卸的物料时应选用（　　）料斗。

A. 深斗式　B. 鳞斗式　C. 浅斗式　D. 金属

13. 滚柱输送机可以用来输送（　　）。

A. 散料　B. 单元货物　C. 集装箱　D. 液体物料

14. 岸边集装箱起重机专门用于（　　）。

A. 对集装箱船舶进行装卸　B. 码头前沿对集装箱进行搬运

C．码头前方堆场对集装箱进行堆码　　D．对集装箱进行拆装箱作业

15．连续输送机械的主要特性是（　　）。

A．输送线路经常变更　　B．各机构处于经常的启动、制动状态

C．作业具有周期性特点　　D．连续、均匀地输送物料

三、简答题

1．连续输送机械的特点是什么？

2．起重机械由哪几部分组成？各部分的作用是什么？

3．起重机的主要技术参数有哪些？各表示什么含义？

4．带式输送机由哪些部分组成？各部分的功用是什么？

5．斗式提升机主要由哪些部分构成？

6．埋刮板输送机是由哪些部分构成的？各部分有什么功能？

7．你认为选择装卸搬运机械设备应注意哪些问题？

8．连续运输机械是如何分类的？其特点有哪些？

9．连续运输机械如何选型？

10．如何确定装卸搬运机械的数量？

技能训练任务单5

<table>
<tr><td>任务名称</td><td colspan="3">叉车操作综合实训</td></tr>
<tr><td>学生学号</td><td></td><td>学生姓名</td><td></td></tr>
<tr><td>任务导入</td><td colspan="3">1．以10人左右为一小组，配备若干辆叉车和托盘，在教师带领下轮流开展叉车驾驶训练，完成利用叉车进行托盘货架货物进出库业务。
2．在任务实施之前，教师通过课件讲解和分析叉车的工作部分的各个操作手柄，并进行现场实操。
3．在任务实施之前，学生要做好叉车结构、工作原理等知识准备。
4．在任务实施过程中，学生主导，教师指导监督，学生依据工作单开始实施工作，教师对学生出现的问题，加以指导，解答学生的疑问，注重操作的规范性、安全性</td></tr>
<tr><td>成果形式</td><td colspan="3">1．学生在老师指导下，完成利用叉车进行托盘货架货物进出库业务。
2．学生正确对叉车行驶的操作，行驶路线由直行和绕8字行相结合（具体由学生自行决定）。
3．正确对叉车装卸的操作，将托盘从一个货架移到另外一个货架（线路与货架层次学生自行决定）</td></tr>
<tr><td>任务破解</td><td colspan="3"></td></tr>
<tr><td>学习体会</td><td colspan="3"></td></tr>
<tr><td rowspan="2">老师评价</td><td colspan="3">评语：</td></tr>
<tr><td colspan="3">成绩：________　　　　____年____月____日</td></tr>
</table>

Project 6 项目6 包装及其他流通加工设备

职业素养目标

- 爱岗敬业
- 职业作风
- 勇于创新能力
- 自我学习能力

知识培养目标

- 掌握包装机械设备的基本含义
- 理解包装机械设备的分类、包装机械设备的运用与管理
- 理解常用流通加工设备使用
- 了解包装机械设备的特点
- 熟悉包装机械设备的作用

能力培养目标

- 能够使用常用的包装机械设备
- 能够使用常用流通加工设备
- 能够结合实际案例分析选择常用包装机械设备

Mission 1 任务1 包装设备使用与管理

学习指南

本项任务将引领大家掌握包装机械设备的概念，熟悉包装机械设备的特点及作用，理解包装机械设备的分类。同时可借助包装机械设备，选择正确打包方法，独立完成货物打包业务。

一、包装机械设备结构及运用

（一）包装机械设备的概念

包装机械是指能完成全部或部分产品和商品包装过程的机械。包装过程包括充填、裹包、封口等主要工序，以及与其相关的前后工序，如清洗、堆码和拆卸等。此外，包装还包括计量或在包装件上盖印等工序。

包装机械设备的分类

国家标准中，按机器的主要功能包装机械被分为12类，见表6-1。本部分着重介绍充填机、灌装机、封口机、裹包机、贴标机、捆扎机、装箱与码箱机以及自动包装生产线。

表6-1　包装机械的分类表

序　号	分　类	产品名称
1	充填机械	包括量杯式、柱塞式、气流式、螺杆式、计量泵式、插管式、料位式、定时式、推入式、拾放式、重力式、净重式、毛重式、单件计数式、多件计数式、转盘计数式、履带计数式充填机
2	灌装机械	负压、常压、等压灌装机
3	封口机械	包括热压式、熔焊式、折叠式、压纹式、插合式、滚压式、卷边式、压力式、旋合式、缝合式、钉合、胶带、贴合、结扎封口机
4	裹包机械	包括折叠式、扭结式、接缝式、覆盖式、缠绕式、拉伸裹包机；贴体、收缩包装机
5	多功能包装机	充填—封口机、灌装—封口机、开箱—充填—封口机、开袋—充填—封口机、开瓶—充填—封口机、箱成型—充填—封口机、袋成型—充填—封口机、冲压成型—充填—封口机、热成型—充填—封口机；真空、充气、泡罩包装机
6	贴标机械	粘合、收缩贴标机；钉标签机、挂标签机
7	清洗机械	干式、湿式、机械式、电解式、电离式、超声波式清洗机
8	干燥机械	热式、机械式、化学式干燥机
9	杀菌机械	热式、超声波、电离、化学杀菌机
10	捆扎机械	机械式、液压式、气动式捆扎机；捆结机、压缩打包机
11	集装机械	集装机、堆码机、集装件拆卸机
12	辅助包装机械	打印机、整理机、重量选别机、异物检验机、输送机

（二）包装机械设备的特点

（1）包装机械用途广泛。目前市场上，食品、化工、医药、轻工业都在使用（机械行业相对较少）。

（2）使用方便。一次完成多道工序，如拉袋、制袋、充料、打码、计数、计量、封口送出产品等，可实现全自动无人操作。

（3）效率高。目前，中国市场的包装机械生产能力可接近120～240包/分钟。

（4）干净、卫生、节能。

（5）可视性良好的侧开式防护挡板，操作安全。
（6）可在机器运行过程中随时调整包装容量，减少物料损失，提高工作效率。

（三）包装机械设备的作用

（1）提高劳动生产率，确保包装质量。用设备包装代替手工包装，使产品不与人体直接接触，减少了产品暴露在空气中的时间，这为食品和药品的清洁卫生及金属制品的防腐蚀等提供了可靠的保证。用设备包装计量准确，包装紧密，外形整齐美观，包装质量稳定，包装规格化、标准化，能适应标准化的集装箱、托盘、火车、轮船等各种运输条件和装卸方式。

（2）降低劳动强度，改善劳动条件。用设备包装来代替手工包装，可以使包装工人从繁重的体力劳动中解放出来，降低了劳动强度，改善了劳动条件。

（3）降低包装成本，减少流通费用。有的松泡商品，例如，棉花、羽毛和某些服装、针棉织品等，经采用压缩包装机预压包装后可以大大缩小包装件的体积，节省包装材料，降低包装成本；同时在储存时也节省了仓容，增加了仓库的储存量，减少了保管费用；在运输时也缩小了运输空间，节省了运输费用。

（4）有利于被包装产品的卫生，延长产品的保质期，方便产品的流通。

（5）包装机械的应用有利于促进包装工业的发展，提高人民的生活质量。

二、充填机械设备结构及运用

（一）充填机械设备的概念及分类

充填机，将产品按预定量充填到包装容器内的机器，是将精确数量的包装品装入到各种容器内的包装机。

充填机械设备的分类

其主要种类有：

（1）容积式充填机：包括量杯式、插管式、柱塞式、料位式、螺杆式、定时式充填机；
（2）称重式充填机：包括间歇称重式、连续称重式、称重—离心等分式等充填机；
（3）计数式充填机：包括单件计数式、多件计数式充填机。

（二）充填机械设备结构

一般由物料供送装置、计量装置、下料装置等组成。

图 6-1 所示为筒状薄膜制袋充填机示意图。其原理是立式与卧式相结合；直接式与迴转式相结合。因为每个袋口封两条横缝，所以机器简单，使用方便，特别适于包装小袋砂糖和精制盐等。

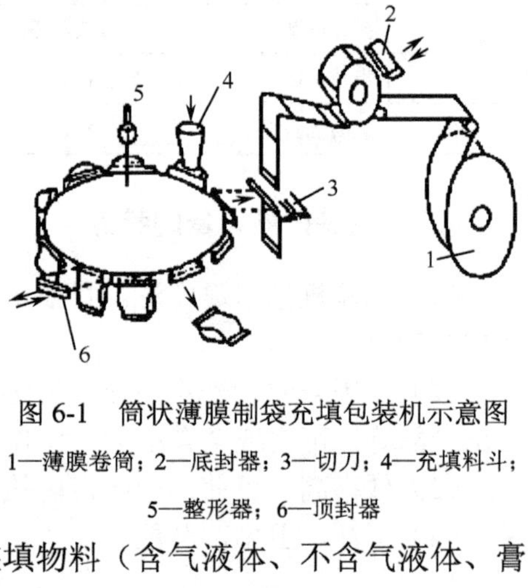

图 6-1　筒状薄膜制袋充填包装机示意图

1—薄膜卷筒；2—底封器；3—切刀；4—充填料斗；5—整形器；6—顶封器

三、灌装机械设备结构及运用

1．灌装机械设备的概念及分类

充填液体产品的机器通常称为灌装机。不同的装填物料（含气液体、不含气液体、膏状体等）和不同的包装容器（瓶、罐、盒、桶、袋等），也使灌装机的品种不尽相同，通常灌装机的分类方法见表 6-2。

表 6-2　灌装机械的分类表

序　号	分类方法	型　式
1	按自动化程度分	手工灌装机、半自动灌装机、全自动灌装机、灌装压盖联合机
2	按结构分	直线式灌装机、旋转式灌装机
3	按定量装置分	容杯式灌装机灌装机、液面式灌装机、转子式灌装机、柱塞式灌装机
4	按灌装阀头数分	单头灌装机、多头灌装机
5	按灌装原理分	真空灌装机、常压灌装机、反压灌装机、负压灌装机、加压灌装机
6	按供料缸结构分	单室供料灌装机、双室供料灌装机、多室供料灌装机
7	按包装容器升降结构分	滑道式升降灌装机、气动式升降灌装机、滑道气动组合升降灌装机

2. 灌装机械设备结构

灌装机械主要由灌装、清洗、传送、电器控制等装置构成（见图 6-2）。

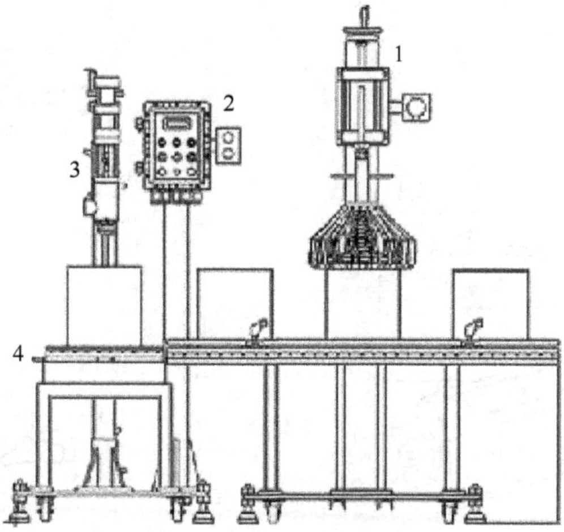

图 6-2　灌装机结构示意图

1—灌装阀；2—电器控制部分；3—清洗阀；4—传送装置

四、常见封口机械设备结构及运用

（一）封口机械设备的概念及分类

封口机械是指在包装容器内盛装产品后对容器进行封口的机械。

不同的包装容器有不同的封口方式，如塑料多采用接触式加热加压封口或非接触式的超声波熔焊封口；麻袋、布袋、编织袋多采用缝合的方式封口；瓶类容器多采用压盖或旋盖封口；罐类容器多采用卷边式封口；箱类容器多采用钉封或胶带粘封。

封口机械设备一般按包装材料的力学性能可分为以下两类：

1．柔性容器封口装置

柔性容器是用柔性材料，如纸张、塑料薄膜、复合薄膜等制作的袋类容器。这类容器的封口多与制袋、充填构成联合机，很少独立使用，由于材料不同，其封口装置也不一样。常用的有以下几种：纸袋封口装置、塑料薄膜袋及复合薄膜袋封口装置、口杯类容器封口装置。

2．刚性容器封口机

刚性容器是指容器成型后其形状不易改变的容器，其封口多用不同形式的盖子，常用的有以下几种：旋盖封口机、滚纹封口机、滚边封口机、压盖封口机、压塞封口机、卷边封口机。

（二）常见封口机械设备结构

一般由机架、减速调速传动机构，封口印字机构，输送装置及电器电子控制系统等部件组成（见图 6-3～图 6-6）。

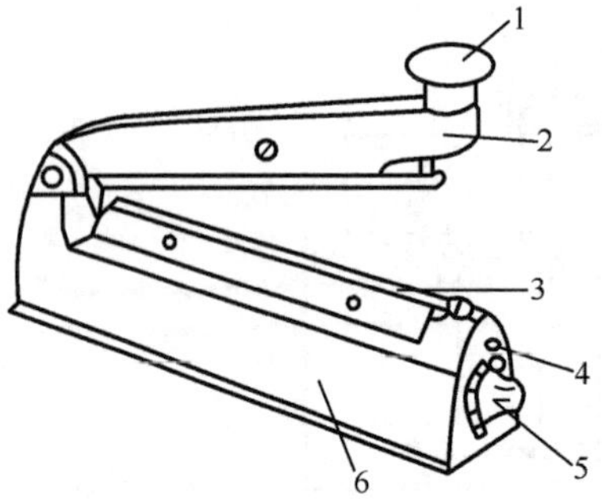

图 6-3　手压封口机

1—手柄；2—压臂；3—电热带；4—指示灯；5—定时旋钮；6—外壳

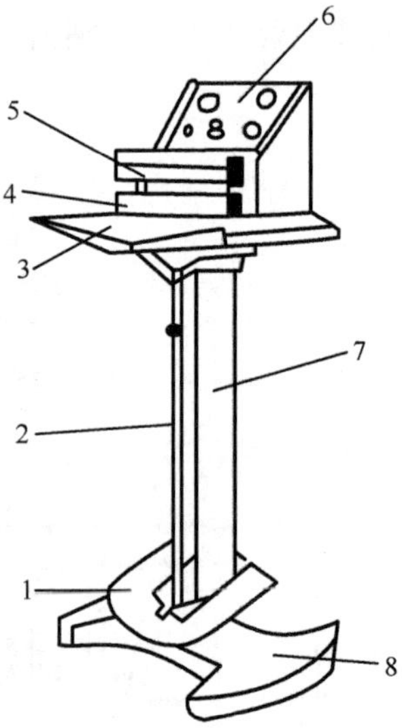

图 6-4　脚踏式封口机

1—踏板；2—拉杆；3—工作台面；4—下封板；5—上封板；6—控制板；7—立柱；8—底座

（三）常见封口机械设备运用

用手压封口机给塑胶袋封口。

方法与步骤：

1．操作前准备

（1）检查电源线是否破损。

（2）检查高温胶布是否保持完好，若有破损及时更换。

（3）检查发热丝是否断裂、变形。

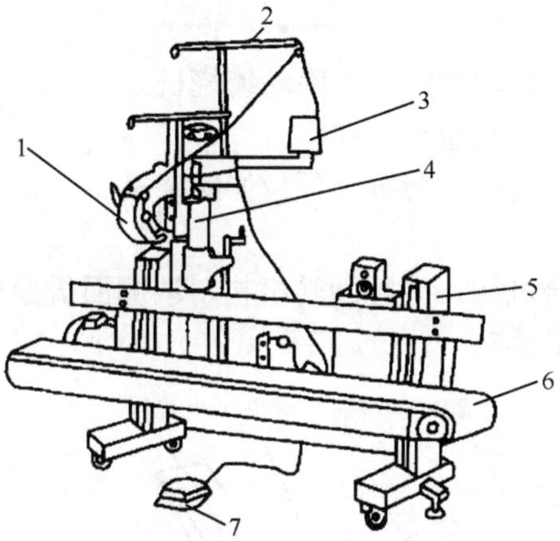

图 6-5　自动缝合机

1—缝纫机头；2—线挑；3—缝纫线；4—机头支架；
5—备用支架；6—输送带；7—脚踏开关

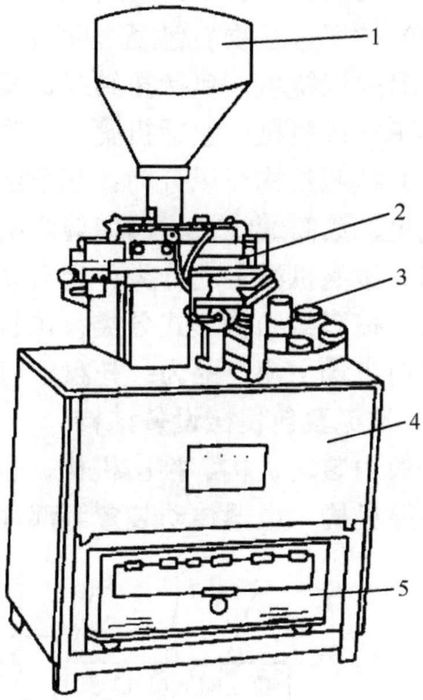

图 6-6　软管超声波封口机

1—加料斗；2—超声波封头；3—人工位回转台；
4—箱体；5—超声波发生器

2．操作程序

（1）插上 220V 电源，此时电源指示灯亮红灯。

（2）根据塑胶袋的材质、厚度来调节发热丝的温度，顺时针旋转温度高，逆时针转温度低（塑胶袋越厚，调节钮顺时针转角度越大）。

（3）温度调正常后，手按上盖板一次则表示一次收缩完成。

（4）若发现收缩达不到效果时，则检查电源、发热丝、高温胶布，并及时通知专业人员修理。

（5）使用完毕后，将控制温度旋钮逆时针旋转最低时，此时温度最低。并将电源插头拔掉，隔离电源，再将电源线整理好。

3．操作注意事项

（1）操作时，手切忌放入上盖与发热丝之间，以免手被烫伤。

（2）调温时，不要用力过猛，在停止使用时，一定将调温旋钮逆时针旋转到最小位置。

五、常见裹包机械设备结构及运用

1．裹包机械设备的概念及分类

缠绕机又称缠绕包装机，缠绕机，是用柔性的包装材料，全部或部分地将包装物裹包起来的包装机。广泛应用于食品、烟草、药品、日用化工品、音像制品等领域，能提高搬运效率，又能防止货物在搬运过程的损坏，并起到防尘、防潮及保洁作用。裹包所用包装材料较少，操作简单，包装成本低，流通、销售和消费都很方便，应用范围十分广泛。裹包机械的结构较为复杂，其调整及维修需要一定的技术水平。

（1）按照包装物被包裹程度可以分为：

全裹式缠绕机：包括扭结式、覆盖式、贴体式、接缝式等。

半裹式缠绕机：包括折叠式、收缩式、拉伸式、缠绕式等。

（2）按照结构可以分为：托盘缠绕机、无托盘缠绕机、水平缠绕机、悬臂缠绕机、环行缠绕机、滚筒缠绕机、钢带缠绕机。

（3）按照机械自动分类：全自动缠绕机、半自动缠绕机、手动缠绕机。

（4）按膜架结构形式分类：预拉伸、阻拉伸、机械预拉伸。

目前市场主流产品为：托盘缠绕包装机、无托盘缠绕机、预拉伸缠绕机。

2．常见裹包机械设备结构

一般由装料机构、推出机构、包装材料进给机构、间隙回转机构、端侧面折叠机构、整列排除机构、电器传动装置等部件组成（见图 6-7）。

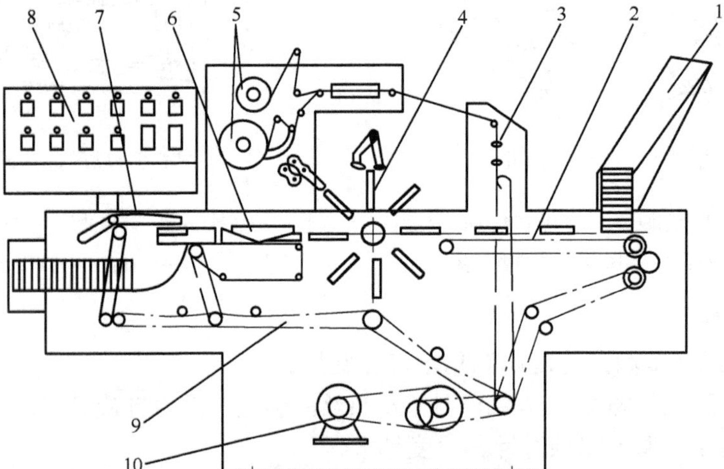

图 6-7　转塔折叠式裹包机结构

1—装料机构；2—推出机构；3—包装材料进给机构；4—间隙回转机构；5—包装材料；6—端侧面折叠机构；7—整列排除机构；8—电器控制箱；9—传动装置；10—电机

六、常见贴标机械设备结构及运用

（一）贴标机械设备的概念及分类

贴标机，是用黏合剂把纸或金属箔标签粘贴在规定的包装容器上的设备。

1．贴标机械设备的分类

（1）按照不同的粘胶涂布方式，可以分为不干胶贴标机、浆糊贴标机（上糊贴标机、胶水贴标机）和热熔胶贴标机。

（2）按照自动化程度，可分为全自动、自动、半自动和手动贴标机。

（3）按实现不同的贴标功能，可分为平面贴标机、侧面贴标机和圆周贴标机。

（4）按包装件运动的型式，分为直线式贴标机和回转式贴标机。

（二）常见贴标机械设备结构

一般由供标、取标、打印、涂胶、联锁装置等几部分组成（见图 6-8）。

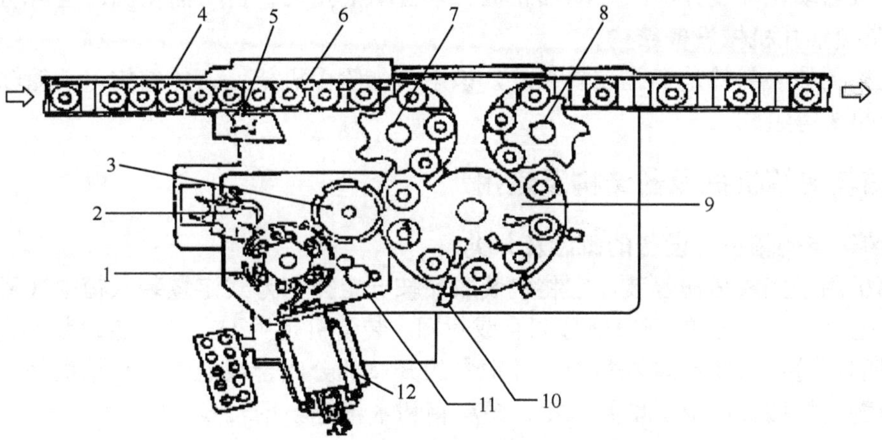

图 6-8 回转式真空转鼓贴标机工作原理图

1—取标转鼓；2—涂胶装置；3—真空转鼓；4—平板链；5、6—进瓶感应点；7—进瓶拨轮；8—出瓶拨轮；9—托瓶转盘；10—抚平海绵刷；11—打印装置；12—标签盒

（三）常见贴标机械设备运用

用回转式真空转鼓贴标机给口服液圆瓶贴标。

方法与步骤：

1．取标。由取标机构将标签从标签盒中取出。

2．标签传送。将标签传送给贴标部件。

3．印码。在标签上印上生产日期、产品批次等数码。

4．涂胶。在标签背面涂上粘接剂。

5．贴标。将标签粘附在容器的指定位置上。

6．抚平。将粘在容器表面的标签进一步贴牢，消除皱褶、翘曲、卷起等缺陷，使标签贴得平整、光滑、牢固。

七、常见捆扎机械设备结构及运用

1．捆扎机械设备的概念及分类

捆扎机是使用捆扎带缠绕产品或包装件，然后收紧并将两端通过热效应熔融或使用包扣等材料连接的机器。纸箱捆扎机又称纸箱打包机，用于生产完毕的纸箱产品在运输到纸箱用户之前，便于运输存放十个或二十个堆叠打包的设备。打包机的功用是使塑料带能紧贴于被捆扎包件表面，保证包件在运输、储存中不因捆扎不牢而散落，同时捆扎应整齐美观。

（1）按捆扎材料分类：塑料带捆扎机、钢带捆扎机。

（2）按接头方式分类：熔接式捆扎机（根据加热的方式不同，又分为电热熔接、超声波熔接、高频熔接、脉冲熔接等）、扣接式捆扎机。

（3）按结构特点分类：基本型捆扎机、侧置式捆扎机、加压捆扎机（加压方式分气压和液压两种）、开合轨道捆扎机、水平轨道捆扎机、手提捆扎机。

（4）按自动化程度分类：手动捆扎机、半自动捆扎机、自动捆扎机、全自动捆扎机。

2．常见捆扎机械设备结构

捆扎机的核心部件是捆扎装置系统，该系统一般由机架、刀体结构、凸轮轴、电热头摆杆、电热头等组成。

八、装箱与码箱机械设备结构及运用

1．装箱与码箱机械设备的概念及分类

装箱机用于完成运输包装，它将包装成品按一定排列方式定量装入箱中（瓦楞纸箱、塑料箱、托盘），并把箱的开口部分闭合或封固。装盒机是用于产品销售包装的机械，它将经过计量的一份定量物料装入盒中，并把盒的开口部分闭合或封固。码箱机是用于叠层码垛成箱货物的机械，可用于堆叠纸箱、塑料箱和木箱等。见表 6-3

表 6-3　装箱与码箱机械设备的分类表

名　称	分　类	型　式	适用范围
装箱机	连续式装箱机	水平旋转式、垂直旋转式	适用于啤酒瓶、汽水瓶等装箱，生产速度在 4.8 万瓶/h 以上的高速生产线
	间歇式装箱机	抓头移动式、箱式结构	生产速度在 4.8 万瓶/h 以下的生产线
码箱机	龙门式码箱机		适用于堆码纸箱、塑料箱、木箱等，适用范围窄
	工业机器人式码箱机		适用范围广

2．常见装箱与码箱机械设备结构

装箱机和装盒机均有容器成形（或打开容器）、计量、装入、封口等功能，大多数自动装箱机采用组合结构，包括成箱装置、整列装置、充填装置和封箱装置等功能单元，一般包括全自动纸箱自动开箱机、自动折盖封箱机、自动角边封箱机、全自动无人化打包机等。龙门式码箱机机架平稳，性能稳定，但外形尺寸较大；工业机器人式码箱机采用模块化设计，为柔性堆码系统。

3．常见装箱与码箱机械设备运用

如图 6-9 所示，按照装箱机的要求，它具有纸箱成形（或打开纸箱）、计量、装箱的功能，有些还配有封口或者捆扎功能。如图 6-10 所示为装箱与码箱流程示意图。

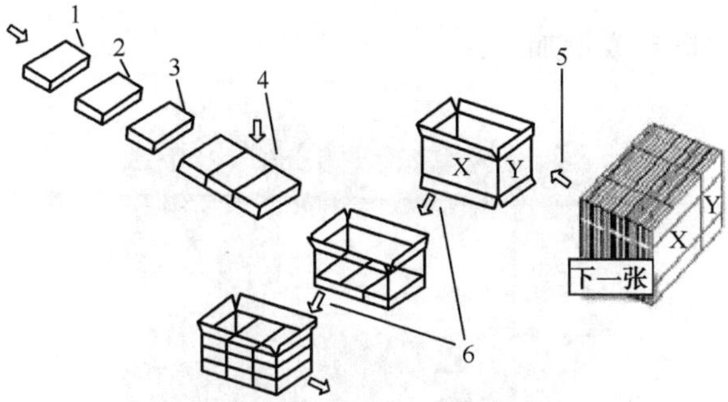
图 6-9 装箱流程示意图

1、2、3—被包装物；4—装箱单元；5—包装箱成型；6—装箱

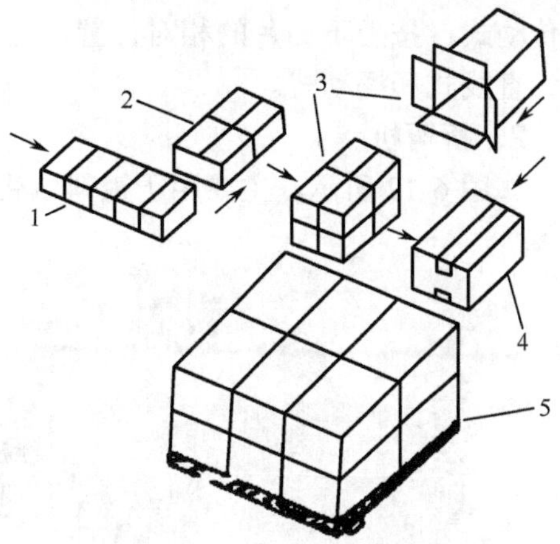
图 6-10 装箱与码箱流程示意图

1、2、3—装箱过程；4—封箱；5—码成集装单元

Mission 任务 2 其他流通加工设备使用

学习指南

本项任务将引领大家掌握流通加工设备的概念，熟悉常用流通加工设备的特点，理解流通加工设备的分类。同时，结合便利物流需要和客户要求，可科学选择相关流通加工设备。

流通加工机械的种类很多，除了上面所讲的包装机械外，根据流通加工的对象不同，可以分为金属加工机械、玻璃加工机械、搅拌混合机械、木材加工机械等。

一、金属加工机械

流通领域的金属加工机械主要是指对金属进行剪切、弯曲、下料、切削加工的机械。应用较多的是剪板机和折弯机。由于钢铁厂生产的钢材都是按照统一规格生产的，规格和卷重较大。通过剪板机可以将大规格的钢材裁小或剪切成毛坯，降低了销售起点，便于用户采购使用。在钢材流通领域采用集中下料加工，可以使钢材的利用率大大提高，减少了废料和边角料；集中下料加工可保证批量和生产的连续性，提高效率、降低成本；可以使用户简化生产环节，节省设备和人员的投入。

1．剪板机

如图 6-11 所示，主要用于金属板料、带料的剪切加工。钢板剪切机的类型，按照工艺用途，可分为多用途剪板机和专用剪板机；按照传动方式不同，可以分为机械传动式和液压传动式；按上下刀片的相对位置，可以分为平刃和斜刃剪板机；按刀架运动方式，可以分为直线式和摆动式。

2．折弯机

如图 6-12 所示，主要用于板料、带料的折弯成形加工。

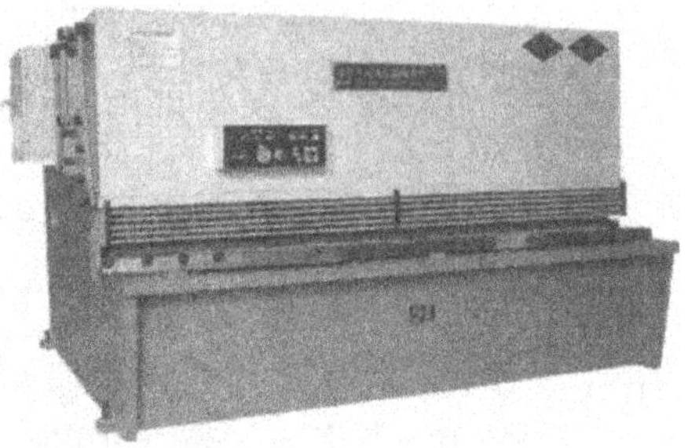

图 6-11　液压摆式剪板机

图 6-12　折弯机

3．冲剪机

采用机械传动机架为钢板焊接结构，有足够的强度和刚度，能对方钢、圆钢、槽钢、工钢、角钢进行剪切、冲孔、模剪。

二、玻璃刀口工机械

流通领域的玻璃加工机械主要是指对玻璃进行切割的各种专用机械。平板玻璃的“集中套裁、开片供应”是重要的流通加工方式。这种加工方式可以大大提高平板玻璃的利用率，可由不实行套裁时的 60%左右提高至 85%～95%。套裁中心按用户的需求进行裁制，有利于玻璃生产厂家简化规格，按单一品种大量生产，简化了生产工序，提高了生产效率。

玻璃切割机的种类很多，大多数玻璃套裁中心都装备有全自动数控玻璃切割机，如图 6-13 所示。全自动数控玻璃切割机从取玻璃、切割玻璃，到分离玻璃都由计算机自动控制，操作简单方便，生产效率高。该机可切割各种厚度的平板玻璃，同步带记数，切割精度高，适用于大批量高效切割。

此外，还有一种万能水切割机，如图 6-14 所示，适用于玻璃、石材等的切割加工。它采用超高压水枪进行切割加工，能够用于切割任意平面图形和文字，切割的物体表面平整、光洁，设备操作方便，无粉尘污染。

图 6-13　数控玻璃切割机

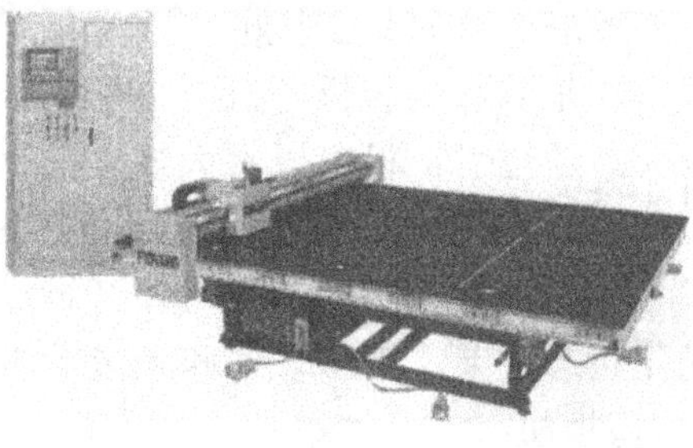

图 6-14　万能水切割机

三、混凝土搅拌机械

混凝土搅拌机械是将水泥、骨料、砂石和水均匀搅拌，制备成混凝土混合料的机械。它主要包括混凝土搅拌机、混凝土搅拌站、混凝土输送车、混凝土输送泵等。

水泥流通加工的主要方式有两种：一种是将粉状水泥供给用户，由用户在工地现场现制现拌混凝土；另一种是将粉状水泥输送到使用地区的集搅拌混凝土工厂，在那里搅拌成商品混凝土，然后供给各个工地或小型工厂使用。后一种流通加工方式的经济技术效果要优于前一种。它把水泥使用从小规模的分散状态改变为大规模集中加工状态，可以大大提高混土的生产效率；采用集中配料、集中搅拌，可以保证混凝土的配比、品质稳定。

1. 混凝土搅拌站（楼）

如图 6-15 所示，混凝土搅拌站（楼）是用来集中搅拌混凝土的联合装置。

主要特点有：

（1）机械化、自动化程度高，因此生产效率高；

（2）能够保证混凝土的质量和节省水泥；

（3）常用于混凝土工程量大、施工周期长、施工地点集中的大、中型工程工地。

图 6-15　混凝土搅拌站

2. 混凝土搅拌机

如图 6-16 所示，混凝土搅拌机适用于各类中、小型预制构件厂及公路、梁、水利、码头等工业及民用建筑工程，除作为单机使用外，还可与配料机组合为简易搅拌站。

3. 混凝土搅拌车

混凝土搅拌站所生产的混凝土需要输送到施工现场，并且在输送过程中，混凝土拌合物不得发生分层离析与初凝。混凝土搅拌输送车就是适用这一要求的专用机械，如图 6-17 所示。

4. 混凝土输送泵车

混凝土输送泵车是在拖式混凝土输送泵基础上发展起来的一种专用机械设备，如图 6-18 所示。它的应用，将混凝土的输送和浇筑工序合二为一，节约了劳动和时间。同时完成水平和垂直运输，省去了起重设备。

图 6-16　混凝土搅拌机

图 6-17　混凝土搅拌车

图 6-18　混凝土输送泵车

四、木材加工机械

对木材进行加工的机械主要有以下两种。

1．磨制、压缩木屑机械

木材是容重轻的物资，在运输时占用相当大的容积，往往使车船不能满载，同时，装车、捆扎也比较困难。从林区外送的原木中有相当一部分是造纸树，美国采取在林木生产地就地将原木磨成木屑，然后采取压缩方法使之成为容重较大、容易装运的形状，然后运至靠近消费地的造纸厂，取得了良好的效果。根据美国的经验，采取这种方法比直接运送原木节约一半的运费。磨制木屑机械如图 6-19 所示。

图 6-19　磨制木屑机械

2．锯木机械

在流通加工点利用木锯机等机械将原木锯裁成各种规格锯材，将碎木、碎屑集中加工成各种规格板，还可以根据需要进行打眼、凿孔等初级加工。对原木集中下料，按用户要求供应规格料，可以使原木利用率提高到 95%，出材率提高到 72%左右，有相当大的经济效果。

木工锯机是用有齿锯片、锯条或带齿链条切割木材的机床。锯机按刀具的运动方式可分为刀具做往复运动的锯机、有线锯机和框锯机，如图 6-20 所示；刀具做连续直线运动的锯机，有带锯和链锯，如图 6-21 所示；刀具做旋转运动的锯机，有各种圆锯，如图 6-22 所示。

图 6-20 框锯机

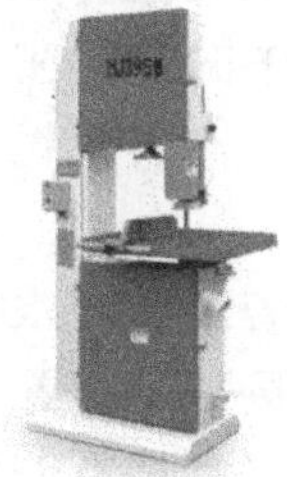

图 6-21 带锯机

图 6-22 圆锯机

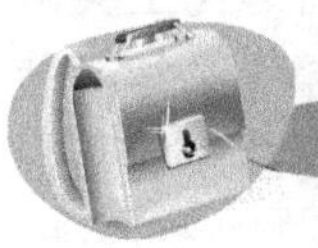

知识点延伸

常见包装机械设备运用

一、用量杯式充填机运用

某食品厂新进了一批大豆，并已经加工成豆浆准备销售。为了方便运送和销售，按经销商的要求，需用 200ml 的塑料杯将豆浆分装。

分析：类似豆浆等粒状、液体样的物品均可采用量杯式充填机进行分装。量杯式充填机是一种计量充填设备，是采用定量的量杯将物料充填到包装容器内。从小的范围来讲，它属于计量充填设备中的容积式充填机类型。固定式量杯充填机的定量装置用于密度较为稳定的物料，容积的改变可通过更换量杯来实现，如图 6-23 所示。

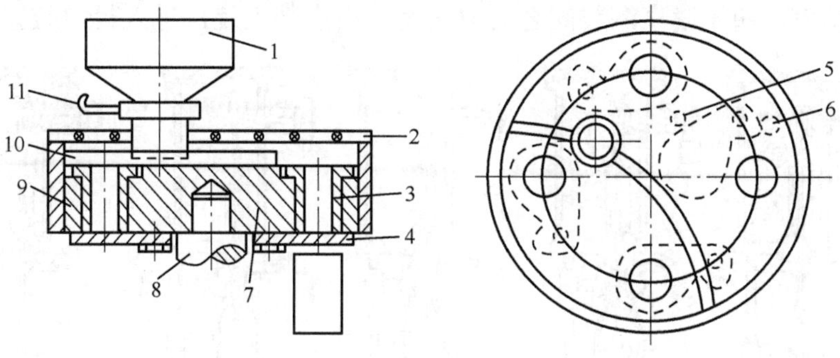

图 6-23 固定量杯充填机定量装置

1—供料斗；2—外罩；3—量杯；4—活门底盖；5—闭合阀销；6—开启阀销；

7—圆盘；8—转盘主轴；9—壳体；10—刮板；11—下料闸门

方法与步骤：

1．领用具和分装塑料杯。

2．准备设备。首先检查机器设备的技术状况，确认无误后，接通电源，调整加工的标度和精度。

3．操作机器装杯。物料经供料斗自由落入量杯内，圆盘口上装有 4 个量杯和对应的活门底盖，当转盘主轴带动圆盘旋转时，刮板将量杯上面多余的物料刮去。当量杯转到卸料工位时，顶杆推开量杯的活门底盖，量杯中的物料在自重作用下充填到下方的容器中。

二、等压灌装机运用

某物流仓库应客户要求，要将存储的若干吨汽水分装上市，物流员领受该项工作后，从管理部门拿回来相关手续单据，召集人员开始布置工作。

分析：汽水灌装需要有一定的体积，又需要有一定的压力，因此可采用等压灌装机来进行。等压灌装机是液体灌装设备的一种。主要应用于食品领域中对啤酒、饮料、乳品、白酒、葡萄酒、植物油和调味品的包装，以及洗涤类日化产品、矿物油和农药等化工类液体产品的包装。液体灌装设备的分类方法很多，在食品饮料行业中主要分为含气液体灌装设备和不含气液体灌装设备两大类。啤酒和碳酸饮料等含二氧化碳饮品的包装必须使用含气液体灌装设备，即等压灌装机，其工作状态如图 6-24 所示。

方法与步骤：

1．瓶阀对中密封。空瓶被输送至与灌装缸等速转动的瓶托上，瓶托沿弧形控制板（凸轮）上升，阀的控制圈罩住瓶颈，回气管插入瓶中，瓶口与阀的密封圈靠瓶托汽缸的气压密封。

2．开阀充气等压。专门机构打开灌装阀中的气阀，储液缸上腔的二氧化碳气体迅速充入瓶中，储液缸上腔与瓶内形成等气压。

3．进液回气。在弹簧的作用下，进液阀自动开启，靠液体的自重，在回气管上分水环的作用下，液体呈伞状沿瓶壁注入瓶中，瓶内气体随压力的增高由回气管返回储液缸上腔。

4．进液停止、关阀泄压。瓶内液面上升封住回气管的气孔后，瓶颈处气压逐渐高于储液缸上腔气压，进液停止，关阀机构关闭灌装阀。泄压弧形板顶开阀上的排气塞将瓶颈处气体均匀缓慢排出，此时要避免泄压过急或不充分的现象发生。

5．灌装结束。瓶子脱离灌装阀之后被拨盘导出灌装系统，进入封口装置。

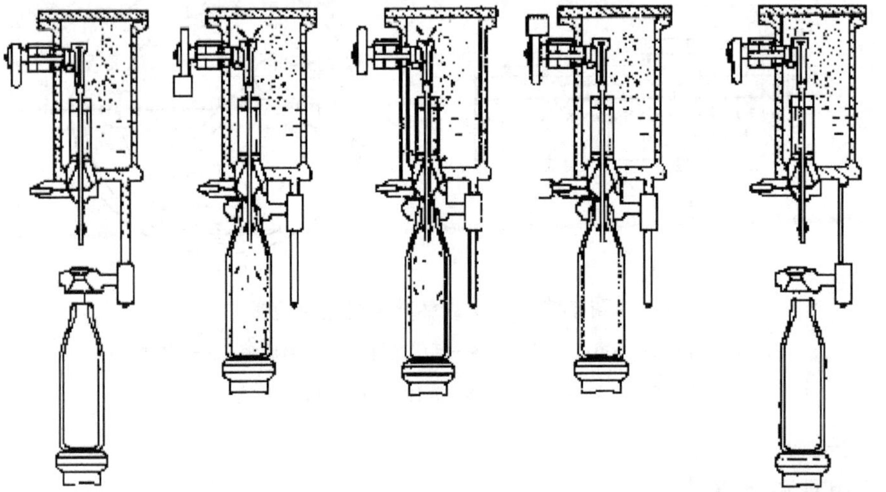

（a）瓶阀对中密封 （b）开阀充气等压 （c）进液回气 （d）进液停止、关阀泄压 （e）灌装结束

图 6-24　等压灌装机工作状态

三、转塔折叠式裹包机运用

某物流公司受当地棉花公司的委托，将部分库存的皮棉打包，以便运往制衣厂加工。

分析：裹包设备的种类繁多，功能、结构各异，按包装成品的形态不同可分为全裹包机和半裹包机；按裹包方式则可分为折叠式裹包机、接缝式裹包机、扭结式裹包机、拉伸式裹包机、贴体包装机、收缩包装机。本例中对皮棉的包装宜选用折叠式裹包机，其工作原理如图 6-25 所示。

方法与步骤：

1．包装物被依次推出。包装物堆放在加料器导槽中，供料推进器（链条型）将底部的包装物品（包件）推送出去，其余包件在自重的作用下填补到下一位置。

2．包装材料切下，端侧面短边折叠。被推出的包件在推进过程中与切下的包装材料相遇，在前方上下挡板的作用下，包装材料呈右框形（】）包在包件的 3 个平面上，一起被送入转塔的回转盘中，此时两端面的一角边被折叠。

3．长侧边折叠加热封口。转塔由间歇机构驱动，每转 45° 为一动作周期，当转塔转动到 90° 铅垂位置作间歇停顿时，由两折叠爪完成侧边口的折叠和加热定型，到下一动作周期转到 135° 位置时，进行加热黏合，至此，长侧边的折叠搭接黏合已经完成。

4．端侧面折叠热封。当转塔转到 180° 时，转塔再次停顿，此时包件已调头，两卸料杆将包件从转塔中卸出，由排料推进器送往端侧面折叠装置进行侧面折叠热封。首先折叠两端面的另一角边，随着包件被推进，包件端面的上边被折叠，接着下边也被折叠，至此折叠全部完成。

5．侧面热封。侧面热封，转向叠放，最后由输送带送出，从而完成整个包装过程。

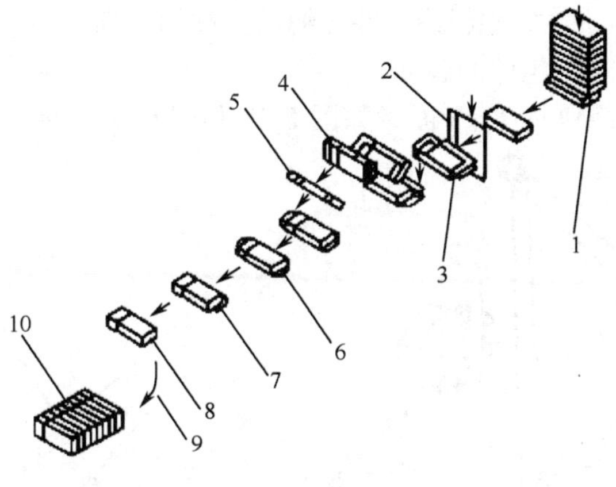

图 6-25　转塔折叠式裹包机工作原理图

1—包装物被依次推出；2—包装材料切下；3—端侧面短边折叠；4—长侧边折叠加热；5—长侧边加热封口；
6—端侧面折上边；7—端侧面折下边；8—端侧面热封；9—包装物翻转集合；10—侧面热封

四、塑料绳捆结机应用

某成衣批发商从各个厂家订购了不同套系的服装，为将这些不同套系的服装分发到全国各个零售商铺，需要将服装按品牌、款式、类别等分别打包，然后运送出去。现在捆扎服装的工作由某物流公司来承办。

分析：捆扎设备是利用带状或绳状捆扎材料将1个或多个包件紧扎在一起的机器，如图6-26所示，属于外包装设备。利用机器捆扎替代传统的手工捆扎，不仅可以加固包件，减少体积，便于装卸保管，确保运输安全，更重要的是可大大降低捆扎劳动强度，提高工效，因此，捆扎设备是实现包装机械化、自动化所必不可少的。本例中服装的捆扎即可采用塑料绳自动捆扎机进行。

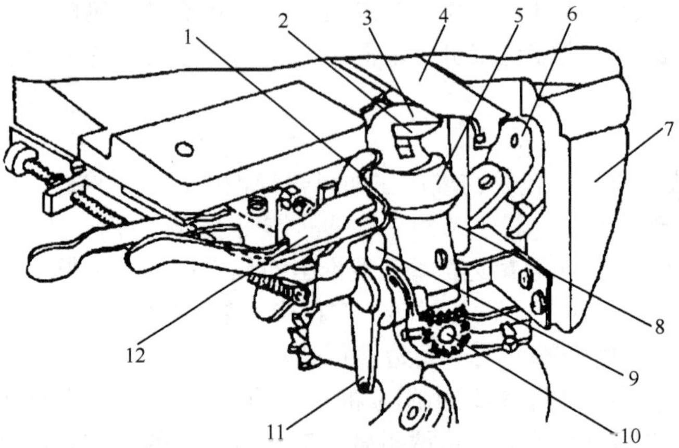

图6-26　捆扎机打结机构示意图

1—刀片；2—打结器下嘴；3—打结器下嘴；4—卸绳架；5—打结器凸轮；6—抬绳倾杆；7—机箱；8—卸绳器推杆；9—压绳器；10—齿轮；11—刀架摆杆；12—插入器

方法与步骤：

一般采用塑料绳作为捆扎材料，利用热熔搭接的方法使紧贴包件表面的塑料绳两端加压黏合，从而达到捆紧包件的目的。

1．绕绳。如图所示，穿好塑料绳，并将绳的始端用按钮压牢，这时启动机器，送绳臂开始转动，将塑料绳缠绕在包件的表面。

根据捆包需要，可绕包件1～3圈，如图6-27和图6-28所示。

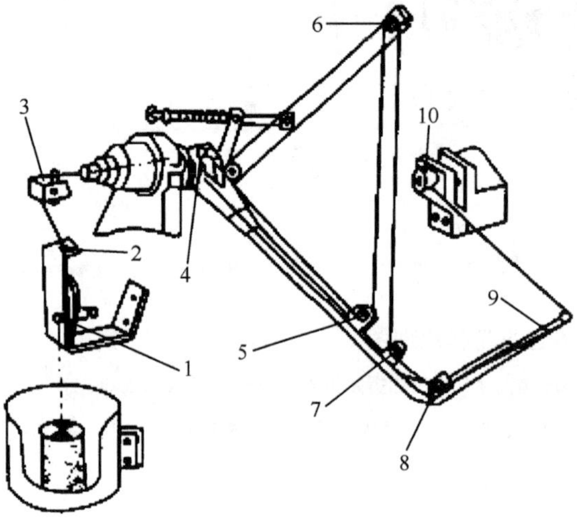

图6-27　绕绳（一）

1、2—张紧架穿绳孔；3—导向滚；4、5、6、7、8—导绳滚；9—送绳臂；10—按钮

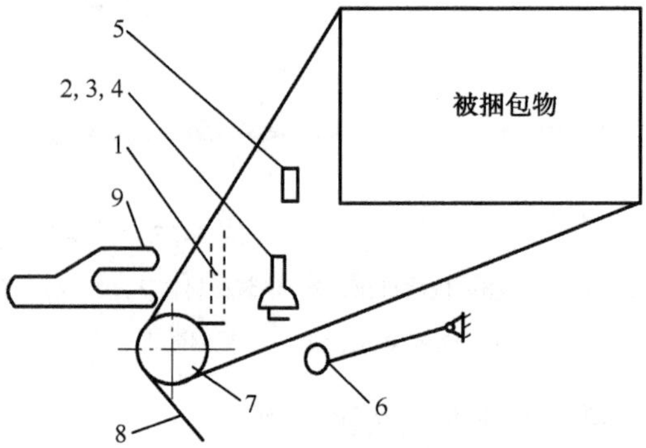

图6-28　绕绳（二）

1—刀片；2—打结器下嘴；3—打结器下嘴；4—打结器凸轮；5—卸绳架；6—抬绳倾杆；7—按钮；8—塑料绳；9—拉块

2．捆紧。如图 6-29 和图 6-30 所示，拉块连同塑料绳一起右移，此时上下打结器嘴向前插入拉块中间。当拉块开始左移时，打结器嘴钩住塑料绳，同时抬绳倾杆将绳的始端上提，直到塑料绳始末端靠近，逐渐捆紧包件。

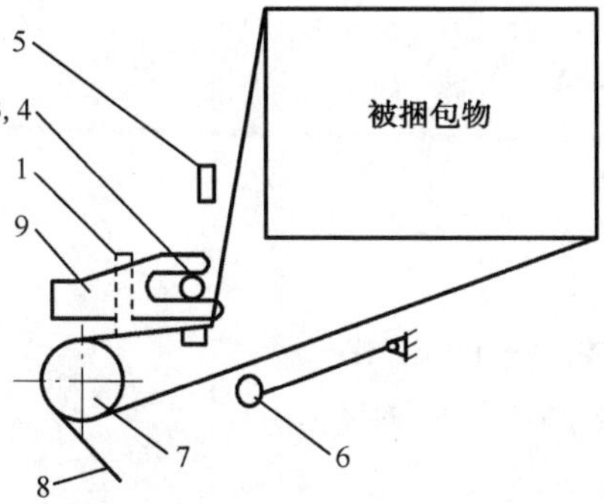

图 6-29　捆紧（一）

1—刀片；2—打结器下嘴；3—打结器下嘴；4—打结器凸轮；5—卸绳架；6—抬绳倾杆；7—按钮；8—塑料绳；9—拉块

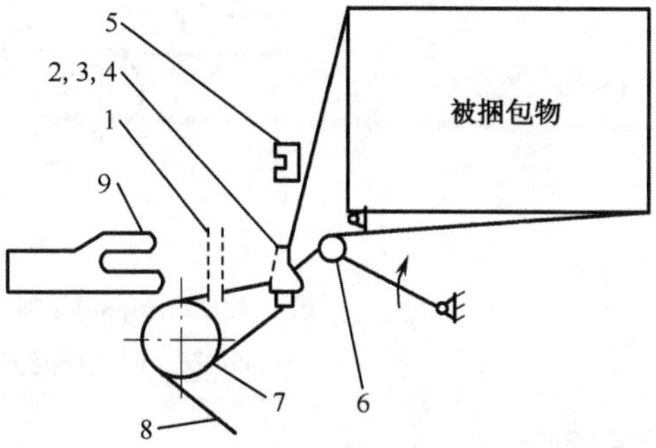

图 6-30　捆紧（二）

1—刀片；2—打结器下嘴；3—打结器下嘴；4—打结器凸轮；5—卸绳架；6—抬绳倾杆；7—按钮；8—塑料绳；9—拉块

3．结扣。如图 6-31 和图 6-32 所示，打结器嘴在垂直平面上回转 180°，使塑料绳绕在上下打结器嘴上，与此同时，上下打结器嘴在凸轮的作用下逐渐张大，当打结器嘴回转 360°时，塑料绳的端部刚好被打结器咬住，继而上下打结器后退并衔住绳子，使绳圈从打结器嘴上脱出，打结器继续后退，终于使结头被打结器嘴衔住结扣。

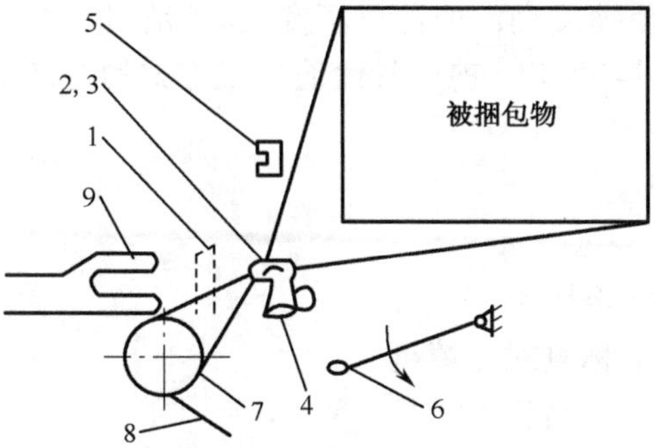

图 6-31　结扣（一）

1—刀片；2—打结器下嘴；3—打结器下嘴；4—打结器凸轮；5—卸绳架；6—抬绳倾杆；7—按钮；8—塑料绳；9—拉块

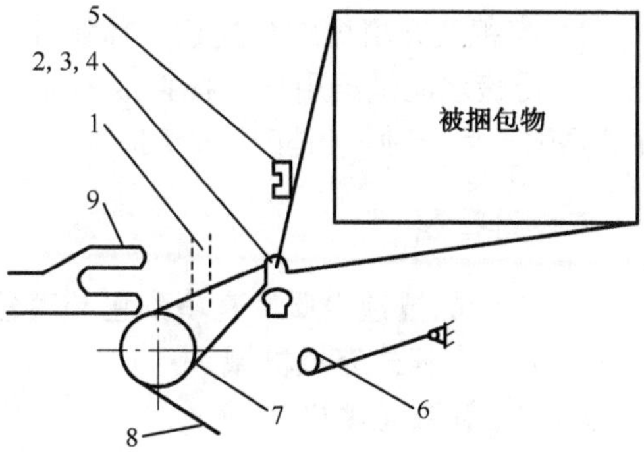

图 6-32　结扣（二）

1—刀片；2—打结器下嘴；3—打结器下嘴；4—打结器凸轮；5—卸绳架；6—抬绳倾杆；7—按钮；8—塑料绳；9—拉块

4．断绳。刀片向下摆动，将塑料绳切断后复位，完成捆扎打结全过程，如图 6-33 所示。

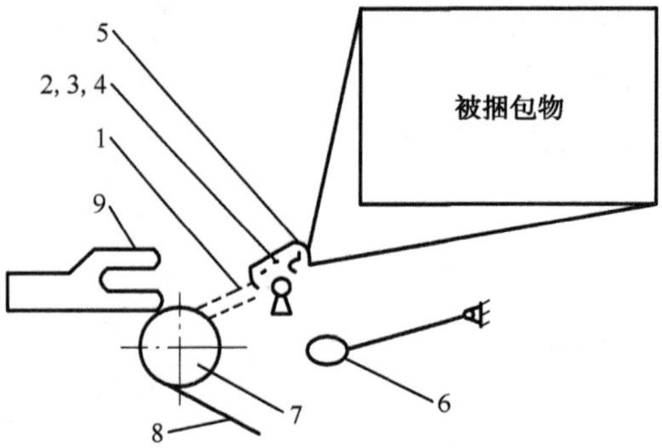

图 6-33　断绳

1—刀片；2—打结器下嘴；3—打结器下嘴；4—打结器凸轮；

5—卸绳架；6—抬绳倾杆；7—按钮；8—塑料绳；9—拉块

知识测试

一、判断题

1．包装按照在流通过程中的作用分为内销产品包装、出口产品包装和特殊产品包装。（是□　否□）

2．将产品按预定数量充填到包装容器内称为计数式充填机，它的特点是结构复杂，但计量速度快。（是□　否□）

3．捆扎机械、装箱机属于外包装机械。（是□　否□）

4．容积式充填机结构复杂，体积较大，计量速度高，但计量精度低。（是□　否□）

5．粉状水泥供给用户和搅拌成商品混凝土供给用户，前一种流通加工方式的经济技术效果要优于后一种。（是□　否□）

二、选择题

1．将产品技预定质量充填到包装容器内的机器是（　　）。

A．容积式充填机械　　B．称重式充填机

C．计数充填机　　D．灌装机

2．捆扎机械自动捆扎工作过程由送带、拉紧、（　　）、粘接四个环节组成。

A．收缩　　B．切烫　　C．搭接　　D．结扎

3．具有对板料进行剪切和折弯两种工艺的剪板机是（　　）。

A．圆盘剪板机　　B．多功能剪板机

C．摆式剪板机　　D．振动剪板机

4．为解决鲜肉、鲜鱼和药品等在流通过程中保鲜及搬运装卸问题，采用的加工设备为（　　）。

A．剪切加工设备　　B．精制加工设备

C．分选加工设备　　　　　　　　D．冷冻加工设备

5．下列不属于包装机械主要特点的是（　　）。

A．连续自动进行包装　　　　　　B．没有污染产品的现象

C．电动机的功率一般都比较小　　D．不容易采用先进方法

6．剪板机剪切厚度主要受剪板机构件强度的限制，最终取决于（　　）。

A．剪切力　　　　　　　　　　　B．剪切速度

C．剪切角大小　　　　　　　　　D．剪切温度

7．下列哪种剪切机又叫万能板料加工设备，广泛应用于各种薄板加工业（　　）。

A．圆盘剪板机　　　　　　　　　B．摆式剪板机

C．振动剪板机　　　　　　　　　D．机械剪板机

8．下图所示为包装机械，具体种类为（　　）。

A．封口机械　　B．裹包机械　　C．灌装机械　　D．捆扎机械

9．下图所示为包装机械，具体种类为（　　）。

A．裹包机械　　B．灌装机械　　C．封口机械　　D．捆扎机械

10．包装机械设备可分为（　　）。

A．灌装机械　　B．裹包机械　　C．封口机械　　D．集装机械

E．杀菌机械

三、简答题

1．包装机械的定义是什么？包装机械由哪几个要素组成？简试述各组成部分的工作职能。

2．包装机械是如何分类的？
3．包装机械的作用是什么？
4．裹包机械的共同特点是什么？
5. 自动包装生产线通常由哪些主要部分组成？各类自动包装生产线的布局有何特点？
6．举例说明刚性、柔性和半柔性生产线的特点。

技能训练任务单6

<table>
<tr><td>任务名称</td><td colspan="3">货物捆扎作业</td></tr>
<tr><td>学生学号</td><td></td><td>学生姓名</td><td></td></tr>
<tr><td>任务导入</td><td colspan="3">1．学生分组进行实训，一般每位教师带领10个左右学生，在教师示范与指导下，学生能独立利用半自动打包机完成货物捆扎作业。
2．在任务实施之前，教师通过课件和视频介绍货物捆扎知识和半自动打包机工作原理，并配备若干打包机或各种类型货物。
3．在任务实施之前，学生应查阅资料，掌握不同类型货物的捆扎方法。
4．在任务实施过程中，教师对学生出现的问题，加以指导，解答学生的疑问，注重设计的规范性、安全性</td></tr>
<tr><td>成果形式</td><td colspan="3">1．学生在老师指导下，能独立利用半自动打包机完成各类货物捆扎作业。
2．能简要说明各类货物捆扎方法，同时说明捆扎机操作前应检查哪些问题，操作时应注意哪些问题</td></tr>
<tr><td>任务破解</td><td colspan="3"></td></tr>
<tr><td>学习体会</td><td colspan="3"></td></tr>
<tr><td rowspan="2">老师评价</td><td colspan="3">评语：</td></tr>
<tr><td colspan="3">成绩：________　　　　　　　　　　　　　　　　　　　　____年____月____日</td></tr>
</table>

Project 项目 7 条形码识别与信息采集设备

职业素养目标

- 爱岗敬业
- 职业态度
- 学习能力
- 交流能力

知识培养目标

- 掌握条形码和 RFID 的概念
- 理解条形码符号的结构、条形码的识读原理
- 理解数据采集器的选择、RFID 的工作原理和流程
- 了解条形码数据采集器、无线数据采集器
- 熟悉识读设备选型原则、RFID 系统的分类

能力培养目标

- 能够进行识读设备的选型
- 能够对常用数据采集器进行使用和管理
- 能够结合实际案例进行条形码识别与信息采集设备

Mission 任务 1 条形码识别设备

学习指南

本项任务将引领大家掌握条形技术的基本知识，了解条形码的分类，进而理解条形码符号的结构、条形码的识读原理，同时可独立完成条形码的制作，并利用条形码识别设备完成进出库信息收集处理业务。

一、条形码技术概述

1．条形码

我国国家标准 GB/T12905—2001《条形码术语》中规定：条形码（Bar Code）是一种机器识读语言，由一组规则排列的条、空及其对应字符组成的标记，用以表示一组的信息。

图 7-1　某商品的条形码

条形码通常用来对物品进行标识，这个物品可以是用来进行交易的一个贸易基础上，如一瓶啤酒或一箱可乐，也可以是一个物流单元，如一个托盘。所谓对物品的标识，就是首先给某一物品分配一个代码，然后以条形码的形式将这个代码表示出来，并且标识在物品上，以便识读设备通过扫描识读条形码符号对该物品进行识别。条形码不仅可以用来标识物品，还可以用来标识资产、位置和服务关系等。

条形码如图 7-1 所示。

2．条形码符号的结构

一个完整的条形码符号是由两侧空白区、起始字符、数据字符、校验字符（可选）和终止字符以及供人识读字符组成，如图 7-2 所示。条形码信息靠条和空的不同宽度和位置来传递，信息量的大小是由条形码的宽度和印刷的精度来决定的，条形码越宽，包容的条和空越多，信息量越大；条形码印刷的精度越高，单位长度内可以容纳的条和空越多，传递的信息量也就越大。

图 7-2　条形码符号的结构

（1）条（Bar）：条形码中反射率较低的部分，一般印刷的颜色较深。

（2）空（Space）：条形码中反射率较高的部分，一般印刷的颜色较浅。

（3）空白区（Clear Area）：条形码左右两端外侧与空的反射率相同的限定区域。

（4）起始字符（Start Character）：条形码符号的第一位字符，标志一个条形码符号的开始，阅读器确认此字符后开始处理扫描脉冲。

（5）终止字符（Stop Character）：条形码符号的最后一位字符，标志一个条形码符号的结束，阅读器确认此字符后停止处理。

（6）中间分隔符（Central Seperating Character）：位于条形码中间位置的若干条与空。

（7）条形码数据符（Bar Code Data Character）：表示特定信息的条形码符号。位于起始字符后面的字符，标志一个条形码的值，其结构异于起始字符。

（8）校验字符（Check Character）：校验字符代表一种算术运算的结果。阅读器在对条形码进行解码时，对读入的各字符进行规定的运算，如运算结果与校验字符相同，则判定此次阅读有效，否则不予读入。

（9）供人识别字符（Human Readable Character）：位于条形码符的下方，与相应的条形码相对应的、用于供人识别的字符。

（10）模块（Module）：组成条和空的最基本单元，是条形码识读设备可以识别的最小单元。

（11）连续型和离散型（Continuous and Discrete）：在某种条形码符号中，如果相邻的两个字符之间存在空位，则称之为离散型条形码；反之为连续型条形码。

（12）符号密度（Symbol Density）：指在单位长度中所能表示的字符个数，一般用CPI表示，即每英寸内能表示的条形码字符个数。条形码密度越高，所需要扫描设备分辨率越高。

（13）固定长度和可变长度（Fixed-length and Variable-length）：在某种条形码符号中，所包含的字符个数是固定的，则称之为固定长度的条形码；反之为长度可变的条形码。

（14）双向可读条形码（Two-way Readable Bar Code）：条形码符号两端均可以作为扫描起点的条形码。

（15）对比度（PCS）：条形码符号中条的反射率 R_L 与空的反射率 R_D 比值的关系，可用公式表示如下：$\text{PCS}=\dfrac{R_L-R_D}{R_L}$

二、条形码的识读

1．条形码识读系统的组成

为了阅读出条形码所代表的信息，需要一套条形码识读系统，它由条形码扫描器、放大整形电路、译码接口电路和计算机系统等部分组成，如图 7-3 所示。

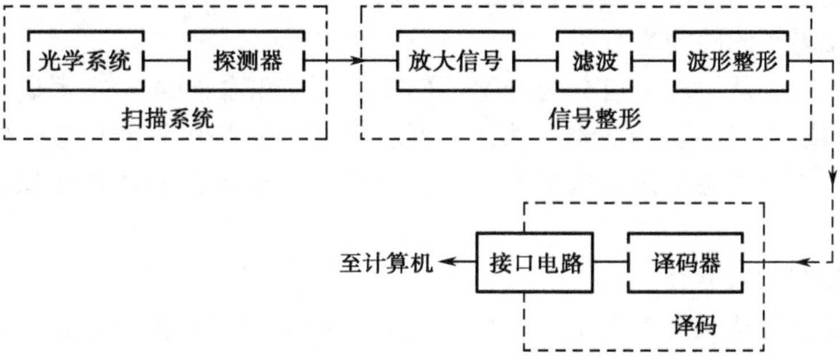

图 7-3　条形码识读系统的组成与光电识读器识别原理

2．条形码的识读原理

条形码符号是由宽窄不同、反射率不同的条、空按照一定的编码规则组合起来的一种信息符号。条形码识读是利用“色度识别”和“宽度识别”兼有的二进制赋值方式。

色度识别是由于条形码符号中条、空对光线具有不同的反射率，从而使条形码扫描器接收到强弱不同的光信号，相应地产生电位高低不同的电脉冲。宽度识别是由条形码符号中条、空的宽度来决定电位高、低不同的意脉冲信号的长短。常见的条形码是黑条与白空（也叫白条）印制而成的。因为黑条对光的反射率最低，而白空对光的反射率最高。条形码识读器正是利用条和空对光的反射率不同来读取条形码数据的。条形码符号不一定必须是黑色和白色，也可以制成其他颜色，但两种颜色对光必须有不同的反射率，保证有足够的对比度。扫描器一般采用 630nm 附近的红光或近红外光。

由光源发出的光线经过光学系统照射到条形码符号上面，被反射回来的光经过光学系统成像在光电转换器上，使之产生电信号。整形电路的脉冲数字信号经译码器译成数字、字符信息。它通过识别起始、终止字符来判别条形码符号的码制及扫描方向；通过测量脉冲数字电信号“0”、“1”的数目来判别条和空的数目；通过测量“0”、“1”信号持续的时间来判别条和空的宽度。这样便得到了被识读的条形码符号的条和空的数目及相应的宽度和码制，根据码制所对应的编码规则，便可将条形码符号转换成相应的数字、字符信息，通过接口电路送给计算机系统进行数据处理与管理，便完成了条形码识读的全过程。

3．条形码识读器的分类

条形码识读设备由条形码扫描和译码两部分组成。现在绝大部分识读器都将扫描器和译码器集成为一体。人们根据不同的用途和需要设计了各种类型的扫描器。一般按条形码扫描器的扫描方式、操作方式、识读码制能力和扫描方向对各类条形码识读器进行分类。

（1）按扫描方式来分类

条形码识读设备从扫描方式上可分为接触和非接触两种条形码扫描器。接触式识读设备包括光笔与卡槽式条形码扫描器；非接触式识读设备包括 CCD 扫描器和激光扫描器。

（2）按操作方式来分类

条形码识读设备从操作方式上可分为手持式和固定式两种条形码扫描器。手持式条形码扫描器应用于许多领域，有光笔、激光枪、手持式全向扫描器、手持式 CCD 扫描器和手持式图像扫描器。固定式扫描器有卡槽式扫描器、固定式单线、单方向多线式（栅栏式）扫描器、固定式全向扫描器和固定式 CCD 扫描器。

（3）按识读码制的能力来分类

条形码扫描设备从原理上可分为光笔、CCD、激光和拍摄 4 类条形码扫描器。光笔与卡槽式条形码扫描器只能识读一维条形码；激光条形码扫描器只能识读一维条形码和行排式二维条形码；图像式条形码识读器可以识读常用的一维条形码，还能识读行排式和矩阵式的二维条形码。

（4）按扫描方向来分类

条形码扫描设备从扫描方向上可分为单向和全向条形码扫描器。其中全向条形码扫描器又分为平台式和悬挂式。悬挂式全向扫描器可以手持，也可以放在桌子或挂在墙上，使用时更加灵活方便，适于商业 POS 系统及文件识读。

近几年来，条形码扫描器识读设备发展很快，正向着多功能、远距离、小型化、快速识别、经济方便的方向发展。常用的条形码识读设备主要有 CCD 扫描器、激光手持式扫描器和全向激光扫描器三种。

4．常见识读设备

（1）激光枪

激光枪属于手持式自动扫描的激光扫描器，见图 7-4。激光扫描器是一种远距离条形码阅读设备，其性能优越，因而被广泛应用。激光扫描器的扫描方式有单线扫描、光栅式扫描和全角度扫描三种方式。激光手持式扫描器属单线扫描，其景深较大，扫描首读率和精度较高，扫描宽度不受设备开口宽度限制；卧式激光扫描器为全角扫描器，其操作方便，操作者可双方对物品进行操作，只要条形码符号面向扫描器，不管其方向如何，均能实现自动扫描，超级市场大都采用这种设备。

（2）CCD 扫描器

这种扫描器主要采用了 CCD（Charge Coupled Device）一电荷耦合装置。CCD 元件是一种电子自动扫描的光电转换器也叫 CCD 图像感应器。它可以代替移动光束的扫描运动机构，不需要增加任何运动机构，便可以实现对条形码符号的自动扫描。

① CCD 扫描器

CCD 扫描器有两种类型，一种是手持式 CCD 扫描器，见图 7-5，另一种是固定式 CCD 扫描器，两种扫描器均属于非接触式，只是形状和操作方式不同，其扫描机理和主要元器件完全相同。

图 7-4　手持式激光扫描器

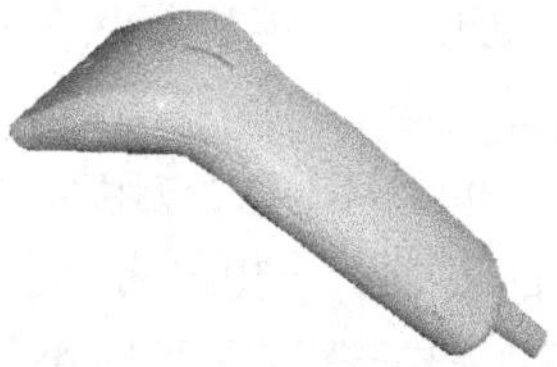

图 7-5　手持式 CCD 扫描器

CCD 扫描器是利用光电耦合原理，对条形码印刷图案进行成像，然后再译码。通常使用多个发光二极管固定泛光源照射系统，以照明条形码符号；通过平面镜改变光的方向，再经透镜和光阑等光学系统将条形码符号映像到 CCD 元件上。当条形码符号映像到光电二极管阵列上时，由于条和空的反光强度不同，产生的电信号强度也不同；通过采集光电二极管阵列中每个光电二极管的电信号，可实现对条形码符号的自动扫描。

CCD 扫描器的特点是操作方便，只要在有效景深的范围内，光源照射到条形码符号即可自动完成扫描，初学者一看就会操作；对于不易接触的物品，如表面不平的物品、软件物品、贵重物品、稳操作的物品等，均能方便地进行阅读；可内设译码电路，将扫描器和译码器制成一体；无任何机械运动部件，性能可靠，寿命长；按元件排列的节距或总长计算，可以进行测长，比激光枪便宜；可测条形码的长度受限制，景深小。

CCD 扫描器的不足之处是：阅读条形码符号的长度受扫描器的 CCD 元件限制，扫描景深不如采用激光器件光源的扫描器景深长。

② 选择 CCD 扫描器的参数

景深。由于 CCD 的原理类似于照相机，如果要加大景深，则相应地要加大透镜，否则使 CCD 体积过大，不便操作。优秀的 CCD 无须紧贴条形码即可识读，而且体积适中，操作舒适。

分辨率。如果要提高 CCD 分辨率，必须增加处光敏元件的单位元素。低价 CCD 一般是 512 像素，识读 EAN、UPC 等商品已经足够，对于别的码制识读就会困难一些。中档 CCD 以 1 024 像素为多，有些甚至达到 2 048 像素，能分辨最窄单位元素为 0.1mm 的条形码。

5．识读设备选型原则

不同的应用场合对识读设备有着不同的要求，用户必须综合考虑，以达到最佳的应用效果。在选择识读设备时，应考虑以下几个方面。

（1）与条形码符号相匹配。条形码扫描器的识读对象是条形码符号，所以在条形码符号的密度、尺寸等已确定的应用系统中，必须考虑扫描器与条形码符号的匹配问题。例如对于高密度条形码符号，必须选择高分辨率的扫描器；当条形码符号的长度尺寸较大时，必须考虑扫描器的最大扫描尺寸，否则可能出现无法识读的现象；当条形码符号的高度与长度尺寸比值小时，最好不选用光笔，以避免人工扫描的困难；如果条形码符号是彩色的，一定得考虑扫描器的光源，最好选用波长为 630nm 的红光，否则可能出现对比度不足的问题而给识读带来困难。

（2）首读率。首读率是条形码应用系统的一个综合指标，要提高首读率，除了提高条形码符号的质量外，还要考虑扫描设备的扫描方式等因素。当手动操作时，首读率并非特别重要，因为重复扫描会补偿首读率低的缺点。但对于一些无人操作的应用环境，要求首读率为 100%，否则会出现数据丢失现象，为此最好是选择移动光束式扫描器，以便在短时间内有几次扫描机会。

（3）工作空间。不同的应用系统都有特定的工作空间，所以对扫描器的工作距离及扫描景深有不同的要求。一些日常办公条形码应用系统，对工作距离及扫描景深的要求不高，先用光笔、CCD 扫描器这两种较小扫描景深和工作距离的设备即可满足要求。对于一些仓库、储运系统，大都要求离开一段距离扫描条形码符号，要求扫描器的工作距离较大，所以要选择有一定工作距离的扫描器，如激光枪等。对于某些扫描距离变化的场合，则需要扫描景深大的扫描设备。

（4）接口要求。应用系统的开发，首先是确定硬件系统环境，然后才涉及条形码识读器的选择问题，这就要求所选识读器的接口要符合该系统的整体要求。能用条形码识读器的接口方式有串行通信口和键盘口两种。

（5）性价比。条形码识读器由于品牌不同、功能不同，其价格也存在着很大的差别，因此在选择识读器时，一定要注意产品的性能价格比，应本着满足应用系统的要求且价格较低的原则选购。

扫描设备的选择不能只考虑单一指标，应根据实际情况全面考虑。

三、条形码其他设备

1．条形码打印机

条形码打印机如图 7-6 所示。

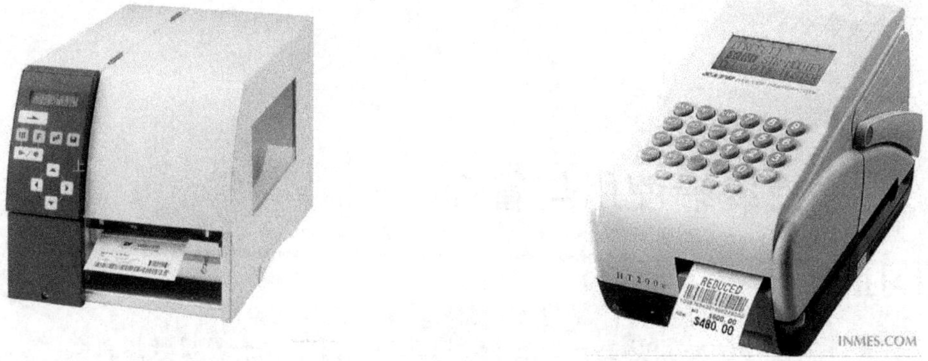

图 7-6　条形码打印机

2．数据采集器

数据采集器如图 7-7 所示。

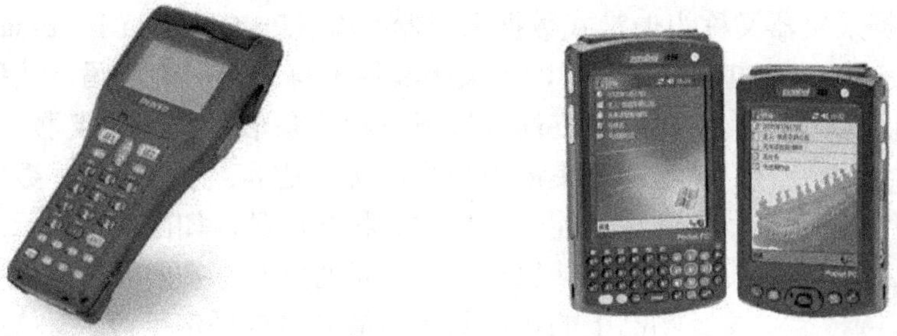

图 7-7　数据采集器

3．条形码检测仪

条形码检测仪如图 7-8 所示。

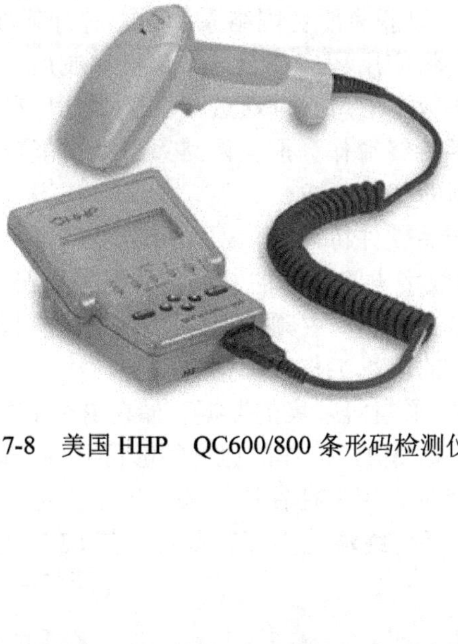

图 7-8　美国 HHP　QC600/800 条形码检测仪

Mission 任务2 手持终端使用与管理

学习指南

本项任务将引领大家掌握手持终端的基本知识，了解条形码数据采集器、无线数据采集器的特点，同时，可选择相应数据采集器完成储区货物进出库信息处理业务。

一、条形码数据采集器

条形码数据采集器又称为便携式数据采集器终端（Portale Data Terminal，PDT），也称为手持终端（Hand-hold Terminal，HT），又因其用于自动识别条形码，故称做便携式条形码扫描终端（以下统称为条形码数据采集器）。条形码数据采集器是集激光扫描、汉字显示、数据采集、数据处理、数据通信等功能于一体的高科技产品，如图 7-9 所示。它相当于一台小型的计算机，将计算机技术与条形码技术完美地结合，利用物品上的条形码作为信息快速采集手段。简单地说它兼具了掌上计算机和条形码扫描器的功能。

图 7-9 便携式数据采集器

条形码数据采集器硬件上具有计算机设备的基本配置：CPU、内存、电池、各种外设接口。软件上具有计算机运行的基本要求：操作系统、可以编程的开发平台、独立的应用程序。它可以将计算机网络的部分程序和数据下传至手持终端，并可以脱离服务网络系统独立进行某项工作。其基本工作原理是：首先按照用户的应用要求，将应用程序在经过计算机编制后下载到条形码数据采集器中。条形码数据采集器中的基本数据信息必须通过 PC 的数据库获得，而存储的操作结果也必须及时地导入数据库中。手持终端作为服务网络系统的功能延伸，满足了日常工作中人们对各种信息移动采集、处理的任务要求。

以下是数据采集器的产品硬件特点。

1．CPU 处理器。随着数字电路技术的发展，数据采集器大多采用 6 位或更好的 32 位 CPU（中央微处理器）。CPU 的位数、主频等指标的提高，使得数据采集器的数据处理能力、处理速度越来越高，使用户的现场工作效率得到改善。

2．手持终端内存。数据采集器采集的数据存储在 RAM 中，依靠电池、后备电池保存数据。由于 RAM 的读写速度较快，操作的速度能够得到保证。手持终端内存容量的大小，决定了一次能处理的数据容量。用户往往比较关心这个指标，认为内存容量越大，一次能同时处理的数据就越多。但手持终端的内存容量要与其 CPU 处理速度相对应。在一定的处理器速度下，盲目提高其内存容量，只能是增加用户使用时的处理、等待时间。

3．功耗。功耗包括条形码扫描设备的功耗、显示屏的功耗、CPU 的功耗等各部分，由电池支持工作。

CPU 的功耗，对手持终端的运行稳定性有很大影响。CPU 在高速处理数据时会产生热量，因其结构紧凑，不易散热，因此运行时会出现“死机”等不稳定现象。手持数据采集器有小巧、密封性好等制造特点，要求其 CPU 的功耗比较低。

对于整机的功耗，目前数据采集器在使用中采用普通电池和充电电池两种方式，但是如果长时间在户外工作，无法回到单位进行充电，充电电池就明显受到限制。对于低档的数据采集器，若采用一般 AA 碱性电池只能使用十几个小时左右，而一些高档手持终端，由于其整机功耗非常低，采用两节普通的 AA 大碱性电池可以连续工作 100 个小时以上，且由于其低耗电量、电池特性好等特点，当电池电量不足时，机器仍可工作一段时间，不需要马上更换电池，这个特性为用户在使用手持终端时提供了非常好的操作性能。

4．输入设备。输入设备包括条形码扫描输入和键盘输入两种方式。条形码扫描输入又分为 CCD、LASER（激光）和 CMOS 三种扫描方式。目前常用的是激光条形码扫描设备，具有扫描速度快、操作方便等优点。但是第三代的 CMOS 扫描输入产品具有成像功能，不仅能够识读一维、二维条形码，还能够识读各种图像信息，其优势已经被部分厂家所认识，并且应用在各领域中。键盘输入包括标准的字母、英文、符号等方法，同时具有功能快捷键。有些数据采集器产品还具有触摸屏，可使用手写识别输入等功能，对于输入方式的选择应该充分考虑到不同应用领域具有不同的要求。数据采集器如何满足人体工程学的要求，快速采集数据，是用户应该考虑的问题。

5．显示输出。目前的数据采集器大都具备大屏液晶显示屏，能够显示中英文、图形等各种用户信息。同时在显示精度、屏幕的工业性能上都有较严格的要求。

6．与计算机系统的通信能力。作为计算机网络系统的延伸，手持终端器采集的数据及处理结果要与计算机系统交换信息，因此要求手持终端有很强的通信能力。目前高档的数据采集器都具有串口、红外线通信口等几种通信方式，由于数据采集器每天都要将采集的数据传送给计算机，如果采用串口线连接，反复插拔会造成设备的损坏。所以，目前大多采用红外通信的方式传输数据，无须任何插拔部件，以降低出现故障的可能性，延长产品的使用寿命。

7．外围设备驱动能力。外围设备驱动能力是指利用数据采集器的串口、红外口，可以连接各种标准串口设备，或者通过串－并转换可以连接各种并口设备，包括串并口打印机、调制解调器等，以实现计算机的各种功能。

二、无线数据采集器

便携式数据采集器对于传统手工操作的优势是不言而喻的，然而一种更先进的设备——无线数据采集器则将普通便携式数据采集器的性能进一步扩展。无线数据采集器大都是便携式的，除了具有一般便携式数据采集器的优点外，还有在线式数据采集器的优点。它与计算机的通信是通过无线电波来实现的，可以把现场采集到的数据实时地传输到计算机。相比普通便携式数据采集器，无线数据采集器更进一步地提高了操作员的工作效率，使数据从原来的本机校验、保存转变为远程控制、实时传输，如图 7-10 所示。

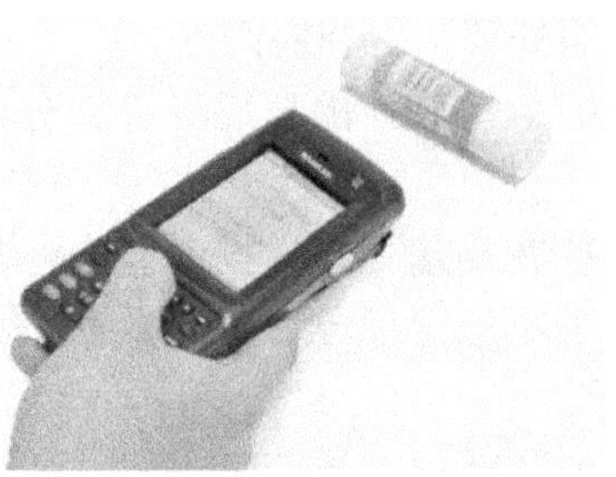

图 7-10　无线数据采集器

无线数据采集器不需要像普通便携式数据采集器那样依靠通信座和 PC 进行数据交换，而可以直接通过 PC、服务器进行实时数据通信。要使用无线手持终端就必须先建立无线网络。无线网络设备——登录点（Access Point）相当于一个有线局域网和无线网的网桥，它通过双绞线或同轴电缆接入有线网络，无线手持终端则通过与 AP 的无线通信和局域网的服务器进行数据交换。

无线式数据采集器通信数据实时性强、效率高。无线数据采集器直接和服务器进行数据交换，数据都是以实时方式传输。数据从无线数据采集器发出，通过无线网络到达当前无线终端所在频道 AP。AP 通过连接的双绞线或同轴电缆将数据传入有线 LAN 网，数据最后到达服务器的网卡端口后进入服务器，然后服务器将返回的数据通过原路径返回到无线终端。所有数据都以 TCP/IP 通信协议传输，如图 7-11 所示。从中看出，操作员在无线数据采集器上进行操作而得到的数据，都会在第一时间进入后台数据库。也就是说，无线数据采集器将数据库信息系统延伸到每一个操作员的手上。

无线数据采集器的硬件技术特点与便携式的一样，包括 CPU、内存、屏幕显示、输入设备、输出设备等。除此之外，比较关键的就是无线通信机制。目前，使用比较广泛的有无线跳频技术和无线扩频技术两种。应该说，两种技术各有优缺点，但是对于普通的仓储物流、零售应用来说，跳频技术由于其抗干扰能力较强，数据传输稳定，所以采用较广泛。

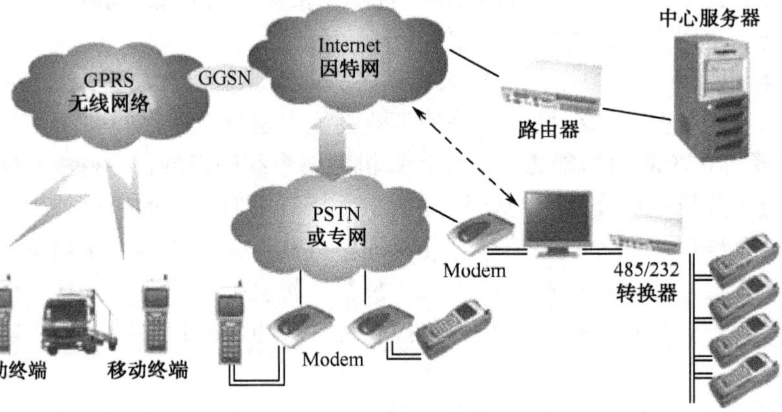

图 7-11　无线数据采集系统

每个无线数据采集器都是一个自带 IP 地址的网络节点，通过无线登录点（AP），实现与网络系统实时的数据交换。

无线数据采集器与计算机系统的连接，基本上采用三种方式：

1. Telnet 终端仿真连接。在这种方式下，无线数据采集器本身不需要开发应用程序，只是通过 Telnet 服务登录到应用服务器上，远程运行服务器上的程序。在这种方式下工作，由于大量的终端仿真控制数据流在无线采集器和服务器之间交换，通信的效率相对会低一些。但是由于在数据采集器上无须开发应用程序，在系统更新升级方面会相对简单、容易。

2. 传统的 C/S 结构。将无线数据采集器作为系统的客户端，采集器上面根据用户的应用流程要求进行程序的开发。开发平台与便携式一样，根据产品不同而有所不同。在这种方式下工作，数据采集器与通信服务器之间只需要交换所采集的数据信息，数据交换量小，通信的效率就相应比较高。但是像便携式数据采集器一样，每台无线数据采集器都要安装应用程序，对于后期的应用升级显得十分麻烦。

3．B/S 结构。在无线数据采集器上面内嵌浏览器，通过 HTTP 协议与应用服务器进行数据交换，这种方式对无线数据采集器的系统要求较高。而基于 WINCE 平台下的产品相对来讲比较容易实现，如 CASIO 公司生产的几款设备。

从以上可以看出，在应用无线数据采集器时，具体采用何种方式，应该根据实际情况而定。

三、数据采集器的选择

根据用途不同，数据采集器大体上可分为两类：在线式数据采集器和便携式数据采集器。在线式数据采集器又可分为台式和连线式两种，它们大部分直接由交流电源供电，一般是非独立使用的，在采集器与计算机之间由电缆连接以传输数据，不能脱机使用。这种扫描器向计算机传输数据的方式一般采用键盘仿真和通过通信口向计算机传输数据。在线式数据采集器必须安装在固定的位置，并且需要把条形码符号拿到扫描器前阅读。目前，一物流企业在出入库管理中已开始使用。但是，在线式数据采集器在使用范围和用途上有一些限制，不能应用在脱机场合，如不能应用于库存盘点、大件物品的扫描等。为了弥补在线式数据采集器的不足，便携式数据采集器便应运而生。

便携式数据采集器是为适应现场数据采集和扫描笨重物体的条形码符号而设计的，适用于脱机使用场合。识读时，与在线式数据采集器相反，它是将扫描器带到条形码符号前扫描，因此，又称之为手持终端机、盘点机。它由电池供电，与计算机之间的通信并不和扫描同时进行，它有自己的内部储存器，可以存储一定量的数据，并可在适当的时候将这些数据传输给计算机。便携式数据采集器有一定的编程能力，再配上应用程序便可成为功能很强的专用设备，从而可以满足不同场合的应用需要，如用于仓库管理、运输管理以及物品的实时跟踪。

选择便携式数据采集器应从以下几个方面进行考虑：

1．适用范围：用户应根据自身情况，选择合适的便携式数据采集器。如果是在大型、立体式的仓库使用，由于物品的存放位置较高，离操作人员较远，就应当选择扫描景深大、读取距离远且首读率较高的采集器。而对于中小型仓库的使用者，可以选择一些功能齐备，便于操作的采集器。对于用户选购便携式数据采集器来说，最重要的一点就是“够用”，即购买适用于本身需要的，而不是盲目购买价格贵、功能强的采集系统。

2．译码范围。译码范围是选择便携式数据采集器的一个重要指标。每一个用户都有自己的条形码码制范围，大多数便携式数据采集器都可以识别 FAN 码、UPC 码等几种甚至十几种不同码制。在物流企业应用中，还要考虑 EAN128 码、39 码、库德巴码等。因此，用户在购买采集器时要充分考虑到自己实际应用中的编码范围，选取合适的采集器。

3．接口要求。采集器的接口能力是评价其功能的又一个重要指标，也是选择采集器时要重点考虑的内容。用户在购买采集器时，要首先了解自己原系统的操作环境、接口方式等情况，再选择适应该操作环境和接口方式的采集器。

4．对首读率的要求。首读率是数据采集器的一个综合性指标，它与条形码符号的印刷质量、译码器的设计和扫描器的性能等均有一定的关系。首读率越高，越节省工作时间，但相应地，其价格也必然要高出其他数据采集器。在物品的库存（盘点）过程中，要以人工控制便携式数据采集器对条形码符号的重复扫描，因此，对首读率的要求并不严格，只把它作检验工作效率的量度而已。但在自动分拣系统中，对首读率的要求则很高。当然，便携式数据采集器的首读率高，也会导致它的误码率提高，所以用户要根据自己的实际情况和经济能力来选购符合系统需求的采集器，在首读率和误码率两者间进行平衡。

5．价格。选择便携式数据采集器时，价格也是一个重要问题。各种便携式数据采集器由于配置不同、功能不同，其价格也会有很大差异。因此，在购买采集器时，要注意产品的性能价格比，以满足应用系统要求且价格较低者为选购对象，真正做到“物美价廉”。

Mission 任务 3 RFID 使用与管理

学习指南

本项任务将引领大家掌握射频技术的基本知识，了解 RFID 系统的分类，进而理解 RFID 的工作原理和流程。同时，可借助 RFID 技术及设备实现不接触数据处理业务。

一、射频技术概述

1．RFID 的概念

（1）无线射频技术。射频技术（Radio Frequency，RF） 是指一种无线电通信技术，其基本原理是电磁理论，利用无线波对记录媒介进行读写。目前，RF 用得较多的是 IEEE 802.11b 标准，且 2.4GHz 的高频道使服务器与终端之间的通信速度可达 12Mbps。这段频道干扰小，在绝大部分国家都不受无线管理制约。

RF 技术以无线信道作为传输媒体，建网迅速，通信灵活，可以为用户提供快捷、方便、实时的网络连接，也是实现移动通信的关键技术之一。RF 技术的应用已渗透到商业、工业、运输业、物流管理、医疗保险、金融和教学等众多领域。

（2）射频识别技术。射频识别技术（Radio Frequency Identification ，RFID）是指利用射频信号及其空间耦合（交变磁场或电磁场）和传输特性进行非接触双向通信，实现对静止或移动物体的自动识别，并进行数据交换的一项自动识别技术。

射频识别技术是 20 世纪 90 年代开始逐渐发展起来并走向成熟的，被认为是一种较为先进和具有突破性的技术。相对于其他识别技术而言，这种先进性主要表现在以下几个方面。

① 唯一性。识别码无法仿造。

② 非接触性。由于其采用无线电射频，因此可以透过外部材料读取数据，实现非接触识别，识读距离可以从十厘米至几十米。

③ 同时性。可以同时对多个目标对象进行识读。

④ 无方向性。读取时不需对准被读物体，只需在阅读器的范围内，利用无线电进行读取，并且可识别高速运动物体。

⑤ 抗干扰性能好。全天候作业，抗恶劣环境能力强（如油渍、灰尘污染等），不容易污损或遭受破坏。

⑥ 数据容量大。存储信息量大，存储能力可达几百字节，并可重复读写。

⑦ 保密性能好。射频技术具有难以伪造和智能化等特性，具有极高的保密性。

总之，射频技术是条形码技术的补充和发展。它规避了条形码技术的局限性，为大量信息的存储、改写和远距离识读奠定了基础。

2. RFID 系统的组成

射频识别系统主要包括两个部分，一是读写器，二是电子标签（或称射频卡、应答器）；另外还包括天线、主机等，如图 7-12 所示。RFID 系统在具体的应用过程中，根据不同的应用目的和应用环境，系统的组成会有所不同，但从 RFID 系统的工作原理来看，系统一般都由信号发射机、信号接收机、编程器、天线等几部分组成。下面分别加以说明：

（1）信号发射机（射频标签）。在 RFID 系统中，信号发射机为了不同的应用目的，会以不同的形式存在，典型的形式是标签（TAG）。标签相当于条形码技术中的条形码符号，用来存储需要识别传输的信息，另外，与条形码不同的是，标签必须能够自动或在外力的作用下，把存储的信息主动发射出来。标签一般是带有线圈、天线、存储器与控制系统的低电集成电路。

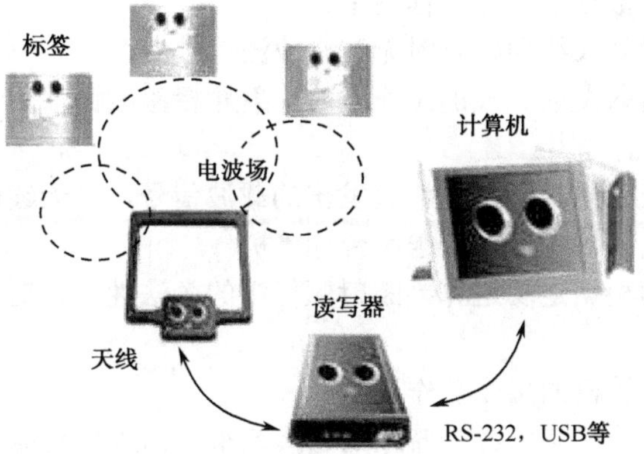

图 7-12　RFID 系统

（2）信号接收机。在 RFID 系统中，信号接收机一般叫做阅读器（Reader），也称为识读器或读写器。根据支持的标签类型不同与完成的功能不同，阅读器的复杂程度是显著不同的。阅读器基本的功能就是利用射频技术读取标签信息，或将信息写入标签，然后通过计算机及网络系统进行管理和信息传输。另外，阅读器还提供相当复杂的信号状态控制、奇偶错误校验与更正功能等。标签中除了存储需要传输的信息外，还必须含有一定的附加信息，如错误校验信息等。识别数据信息和附加信息按照一定的结构编制在一起，并按照特定的顺序向外发送。阅读器通过接收到的附加信息来控制数据流的发送。一旦到达阅读器的信息被正确地接收和译解后，阅读器通过特定的算法决定是否需要发射机对发送的信号重发一次，或者指导发射器停止发送信号，这就是“命令响应协议”。使用这种协议，即便在很短的时间、很小的空间阅读多个标签，也可以有效地防止“欺骗问题”的产生。

（3）编程器。只有可读可写标签系统才需要编程器。编程器是向标签写入数据的装置。编程器写入数据一般来说是离线（OFF-LINE）完成的，也就是预先在标签中写入数据，等到开始应用时直接把标签黏附在被标识项目上。也有一些 RFID 应用系统，写数据是在线（ON-LINE）完成的，尤其是在生产环境中作为交互式便携数据文件来处理时。

（4）天线。天线是标签与阅读器之间传输数据的发射、接收装置。在实际应用中，除了系统功率，天线的形状和相对位置也会影响数据的发射和接收，需要专业人员对系统的天线进行设计、安装。

二、RFID 的工作原理和流程

1. RFID 的工作原理

RFID 技术的基本工作原理并不复杂：标签进入磁场后，接收解读器发出的射频信号，凭借感应电流所获得的能量发送出存储在芯片中的产品信息（Passive Tag，无源标签或被动标签），或者主动发送某一频率的信号（Active Tag，有源标签或主动标签）；解读器读取信息并解码后，送至中央信息系统进行有关数据处理。

2. RFID 的工作流程

射频识别系统工作具体流程如下。

（1）编程器预先将数据信息写入标签中。

（2）阅读器经过发射天线向外发射无线电载波信号。

（3）当射频标签进入发射天线的工作区时，射频标签被激活后即将自身信息经标签天线发射出去。

（4）系统的接收天线接收到射频标签发出的载波信号，经天线的调节器传给阅读器，阅读器对接到的信号进行解调解码，送后台计算机。

（5）计算机控制器根据逻辑运算判断射频标签的合法性，针对不同的设定做出相应的处理和控制，发出指令。

（6）执行机构按计算机的指令动作。

（7）通过计算机通信网络将各个监控点连接起来，构成总控信息平台。

三、RFID 系统的分类

1. 按作用距离分类

按作用距离分类，RFID 系统可分为密耦合、遥耦合和远距离系统三类。

（1）密耦合。具有很小作用距离的射频识别系统，典型的范围为 0～1cm，这种系统称为密耦合系统，即紧密耦合系统，必须把应答器插入阅读器中，或者放置在阅读器为此设定的表面上。

（2）遥耦合。把写和读的作用距离为 0.1～1m 的系统称为遥耦合系统。所有遥耦合系统在阅读器和应答器之间都是电感耦合。遥耦合中又分为近耦合（典型距离为 15cm）和远耦合（距离大约为 1m）。

（3）远距离系统。远距离系统典型的作用距离为 1～10m，个别的系统也有更远的作用距离。所有远距离系统都是在微波范围内用电磁波工作的，发送频率通常是 2.4GHz。

2．按作用不同分类

据 RFID 系统完成的功能不同，可以粗略地把 RFID 系统分成四种类型：EAS 系统、便携式数据采集系统、物流控制系统、定位系统。

（1）EAS 系统。EAS（Electronic Article Surveillance）系统是一种设置在需要控制物品出入的门口的 RFID 技术。这种技术的典型应用场合是商店、图书馆、数据中心等地方，当未被授权的人从这些地方非法取走物品时，EAS 系统会发出警告。在应用 EAS 技术时，首先在物品上粘贴 EAS 标签，当物品被正常购买或者合法移出时，在结算处通过一定的装置使 EAS 标签失去活动性，物品就可以取走。物品经过装有 EAS 系统的门口时，EAS 装置能自动检测标签的活动性，发现活动性标签 EAS 系统会发出警告。EAS 技术的应用可以有效防止物品的被盗，不管是大件的商品，还是很小的物品。应用 EAS 技术，物品不用再放在玻璃橱柜里，可以让顾客自由地观看、检查商品，这在自选商品日益流行的今天有着非常重要的现实意义。典型 EAS 系统一般由三部分组成，分别为：附着在商品上的电子标签，电子传感器；电子标签灭活装置，以便授权商品能正常出入；监视器，在出口造成一定区域的监视空间。

（2）便携式数据采集系统。便携式数据采集系统是使用带有 RFID 阅读器的手持式数据采集器采集 RFID 标签上的数据。这种系统具有比较大的灵活性，适用于不宜安装固定式 RFID 系统的应用环境。手持式阅读器（数据输入终端）可以在读取数据的同时，通过无线电波数据传输方式（RFDC）实时地向主计算机系统传输数据，也可以暂时将数据存储在阅读器中，再一批一批地向主计算机系统传输数据。

（3）物流控制系统。在物流控制系统中，固定布置的 RFID 阅读器分散布置在给定的区域，并且阅读器直接与数据管理信息系统相连，信号发射机是移动的，一般安装在移动的物体或人上面。当物体或人流经阅读器时，阅读器会自动扫描标签上的信息并把数据信息输入数据管理信息系统存储、分析、处理，达到控制物流的目的。

（4）定位系统。定位系统用于自动化加工系统中的定位以及对车辆、轮船等进行运行定位支持。阅读器放置在移动的车辆、轮船上或者自动化流水线中移动的物料、半成品、成品上，信号发射机嵌入到操作环境的地表下面。信号发射机上存储有位置识别信息，阅读器一般通过无线的方式或者有线的方式连接到主信息管理系统。

3．按工作频率分类

按工作频率分类，可分为低频（30～300kHz）、高频（3～30MHz）、超高频（300MHz～3GHz）和微波系统（2.4GHz 以上）。低频系统一般工作在 100～300kHz，常见的工作频率有 125kHz、134.2kHz，它主要应用于多数门禁、考勤、动物监管、货物跟踪、防盗等领域；高频系统一般工作在 10～15MHz，常见的工作频率有 13.56MHz，它主要应用于门禁控制、物流、人员识别和需传送大量数据的应用等领域；超高频系统一般工作在 850～960MHz，常见的工作频率为 915MHz，应用于需要较长的读写距离和较高的读写速度的场合，如火车监控、高速公路收费等系统，如图 7-13 所示；微波系统一般工作频率在 2.4～5.0GH，现用于车辆管理、远距离传输数据等领域。

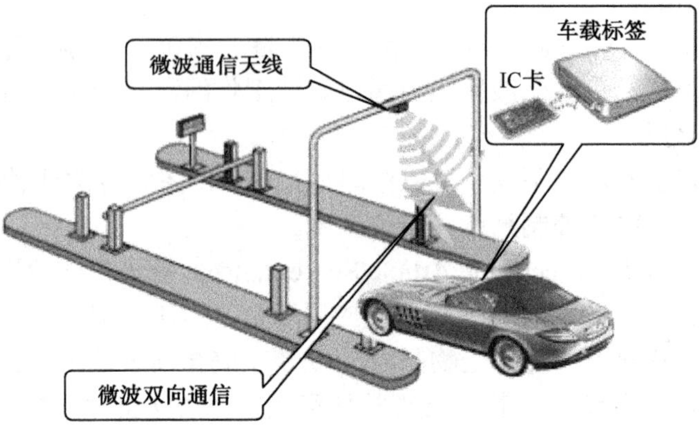

图 7-13　RFID 车辆收费

4．按技术实现手段分类

根据读取电子标签数据的技术实现手段，可分为广播发射式、倍频式和反射调制式三大类。

（1）广播发射式。广播发射式射频识别系统，电子标签必须采用有源方式工作，并实时地将其储存的标识信息向外广播，阅读器相当于一个只收不发的接收机。这种系统的缺点是由于电子标签需要不停地向外发射信息，对其自身而言费电，对环境而言造成电磁污染，同时，系统不具备安全保密性。

（2）倍频式。倍频式射频识别系统实现起来有一定难度。一般情况下，阅读器发出射频查询信号，电子标签返回的信号载频为阅读器发出射频的倍频。这种工作模式为阅读器接收处理回波信号提供了便利。但是，对无源电子标签来说，电子标签将收到的阅读器发来的射频能量转换为倍频回波载频时，其能量转换效率较低，而提高转换效率需要较高的微波技巧，也就意味着更高的电子标签成本；同时，这种系统工作时需要用两个工作频点，一般较难获得无线电频率管理委员会的产品应用许可。

（3）反射调制式。反射调制式射频识别系统实现起来要解决同频收发问题。系统工作时，阅读器发出微波查询（能量）信号，电子标签（无源）收到微波查询能量信号后，将其一部分整流为直流电源供电子标签内的电路工作，另一部分微波信号被电子标签内保存的数据信息调制（ASK）后反射回阅读器。阅读器接收反射回的幅度调制信号，从中提取出电子标签中保存的标识性数据信息。系统工作过程中，阅读器发出微波信号与接收反射回的幅度调制信号是同时进行的。反射回的信号强度较发射信号要弱得多，因此，技术上实现的难点在于同频接收。

5．其他分类

射频识别系统的应答器根据内部是否装有电池为其供电，可分为有源系统和无源系统两大类，电子标签属于无源标签；根据应答器保存信息注入的方式可分为集成电路固化式、现场有线改写式和现场无线改写式三大类，电子标签属于现场无线改写式。

知识点延伸

条形码技术与 RFID 在物流中的应用

一、条形码技术在物流中的应用

1．条形码在物流系统中的应用

条形码技术像一条纽带，把产品生命周期中各阶段发生的信息连接在一起，可跟踪产品从生产到销售的全过程。条形码在物流系统中的应用主要有以下几个方面。

（1）生产线自动控制系统。现代生产日益计算机化和信息化，自动化水平不断提高，生产线自动控制系统要正常运转，条形码技术的应用是不可或缺的。因为现代产品日益复杂，零部件数量和种类众多，所以传统的人工操作既不经济也不可能。如果使用条形码技术对每一个零部件进行在线控制，就能避免差错、提高效率、确保生产顺利进行。使用条形码技术成本低廉，只需先对进入生产的物品赋码，在生产过程中通过安装于生产线的条形码识别设备，获取物流信息，从而随时跟踪生产线上每一个物流的情况，形成自动化程度高的车间。

（2）信息系统。目前条形码技术应用最为广泛的领域是商业自动化管理，即建立商业信息系统（POS 系统），利用现金收款机作为终端机与主计算机相连，借助于识读设备为计算机录入商品上的条形码符号，计算机从数据库中自动查录对应的商品信息，显示出商品名称、价格、数量、总金额，反馈给现金收款机开出收据，迅速准确地完成结算过程，从而节省顾客购买结算时间。更为重要的是它使商品销售方式发生了巨大的变革，由传统的封闭柜台式销售变为开架自选式销售，大大便利了顾客的商品采购。同时，计算机还可根据购销情况对货架上种类商品的数量、库存进行处理，进而提出进、销、存、退的信息，供商家及时掌握购销行情和市场动态，提高竞争力，增加经济效益。对于商品制造商来说则可以及时了解产品销售情况，及时调整生产计划，生产适销对路的商品。

（3）仓储管理系统。仓储管理无论在工业、商业，还是在物流配送业中都是重要的环节。现代仓储管理所要面对的产品数量、种类和进出仓频率都大为增加，原有的人工管理不仅成本昂贵，而且难以确保准确率，尤其是对一些有保质期控制的产品的库存管理，库存不能超过保质期，必须在保质期内予以销售或进行加工生产，否则就有可能因其变质而遭受损失。人工管理往往难以真正做到按进仓批次在保质期内先进先出。

（4）自动分拣系统。现代社会物品种类繁多，物流量大，分拣任务繁重，人工操作越来越不能适应分拣任务的增加，利用条形码技术实现自动化管理就成为时代的要求。运用条形码技术对邮件、包裹、批发和配送的物品等进行编码，通过条形码自动识别技术建立分拣系统，就可大大提高工作效率，降低成本。在配送方式和仓库出货时，采用分货、拣选方式，需要快速处理大量的货物，利用条形码技术便可自动进行分货拣选，并实现有关的管理。其过程为：中心接到若干个配送订货要求，将若干订货汇总，每一品种汇总成批后，批发出所在条形码的拣货标签，拣货人员到库将标签贴于每件商品上，自动分拣；分货机始端的扫描器对处于运动状态分货机上的货物扫描，一方面是确认所拣出的货物是否正确，另一方面是识读条形码上用户标记，指令商品在确定的分支分流，到达各用户的配送货位，完成分货拣选工作。

（5）售后服务。一般而言，大件商品或一些耐用消耗品，其售后服务往往决定其市场销售情况和市场占有率。因此对此类商品的生产者来说，搞好客户管理和售后服务尤显重要。利用条形码进行客户管理和售后服务管理不仅简便易行，而且成本低廉，厂商只需在产品出厂前进行赋码，各代理商、分销商在销售时读取产品上的条形码，向厂商及时反馈产品流通的信息和客户信息，建立客户管理和售后服务管理工作，随时掌握产品的销售状况和市场信息，为厂商及时进行技术革新和品种更新以及生产适销对路的商品提供可靠的市场依据，因此，条形码标识大大提高了数据采集和识别的准确性和速度，并可实现过程中的计算意义，实现了物流的高效率运作。

总之，条形码技术极大地提高了基础数据的采集和传递的速度，提高了物流效率，为物流管理的科学性和现代化作出了巨大贡献。

2．条形码在物流环节中的应用

（1）运输中的应用。现代运输已广泛运用条形码技术进行运输管理，用条形码技术录入货物的品名、规格、数量等数据，促进了运输管理的信息化、自动化。航空、铁路、水路、公路的旅客自动化售票系统，桥梁、隧道、公路收费站的自动化收费，货运仓库、航空港、码头、物流中心、货场的物流自动化管理，都要使用条形码技术来进行自动化管理。

（2）仓储中的应用。在仓储管理中应用条形码技术，特别是在准备入库的货物上采用条形码技术，已得到了广泛的应用。货物在入库时自动扫描信息并输入计算机，然后由计算机处理后形成仓储信息，并输出入库货物的区位、货场和物流自动化管理，都要使用条形码技术来进行自动化管理。

（3）配送中的应用。物流配送中心无论是为制造商配送零配件、原材料，为连锁分店、超级市场配送商品，还是为消费者配送零售商品，都要根据配送指令进行物品包装、分拣、挑选、捆绑等作业活动，利用条形码技术实行自动化作业，大大提高了配送作业效率并减少了物流作业活动的差错事故，保证及时准确地将商品配送到目的地。

（4）商场 POS 系统的应用。现代零售商场广泛采用 POS 系统进行商场管理，在商品上贴上条形码，通过扫描器读取数据并输入到销售点信息系统。POS 系统能提供精确的销售、库存数据统计资料，有利于及时补充空货，掌握商品销售、库存情况和实行经济核算，为商场快速反馈商品的进、销、存各环节的信息，为经营决策提供依据。采用条形码技术既方便迅速，又保证了信息准确，保证经营活动的正常进行。

二、RFID 在物流中的应用

由于射频标签具有可读写能力，对于需要频繁改变数据内容的场合尤为适用，作用是数据采集和系统指令的传达，广泛用于供应链上的仓库管理、运输管理、生产管理工作、物料跟踪、运载工具和货架识别。因此，从采购、存储、生产制造、包装、装卸、运输、流通加工、配送、销售到服务，射频技术在物流诸多环节上发挥了重大的作用。

1．RFID 在零售环节的应用

RFID 可以改进零售商的库存管理，实现适时补货，有效地跟踪运输与库存，提高效率，减少出错。同时，电子标签能对某些时效性强的商品的有效期限进行监控；商店还能利用 RFID 系统在付款台实现自动扫描和计费。RFID 标签在供应链终端的销售环节中，特别是在超市中，免除了跟踪过程中的人工干预，因而具有巨大的吸引力。

2．RFID 在存储环节的应用

在仓库里，射频技术最广泛的使用是存取货物与库存盘点，它能用来实现自动化的存货和取货等操作。在整个仓库管理中，将供应链计划系统制订的收货计划、取货计划、装运计划与射频识别技术相结合，能够高效地完成各种业务操作，例如指定堆放区域、上架取货与补货等。这样，增强了作业的准确性和快捷性，提高了服务质量，降低了成本，节省了劳动力和库存空间，同时减少了整个物流中由于商品误置、送错、偷窃、损坏、库存、出错等造成的损耗。RFID 的另一个好处在于在库存盘点时降低人力损耗。商品盘点时，不需要人工的检查或扫描条形码，更加快速准确，并且减少了损耗。RFID 解决方案可提供有关库存情况的准确信息，管理人员可由此快速识别并纠正低效率运作情况，从而实现快速供货，并最大限度地减少储存成本。

3．RFID 在运输环节的应用

在运输管理中，在途运输的货物和车辆贴上 RFID 标签，以及运输线的一些检查点上安装上 RFID 接收转发装置。接收装置收到 RFID 标签信息后，连同接收地的位置信息上传至通信卫星，再由卫星传送给运输调度中心，送入数据库中。

4．RFID 在配送/分销环节的应用

在配送环节，采用射频技术能大大加快配送的速度和提高拣选与分发过程的效率与准确率，并能减少人工、降低配送成本。如果到达中央配送中心的所有商品贴有 RFID 标签，在进入中央配送中心时，托盘通过一个阅读器，读取托盘上所有货箱上的标签内容。系统将这些信息与发货记录进行核对，以检测出可能的错误，然后将 RFID 标签更新为最新的商品存放地点和状态。这样确保了精确的库存控制，甚至可确切了解目前有多少货箱处于转送途中，转运的始发地和目的地、预期的到达时间等信息。

5．RFID 在生产环节中的应用

在生产制造环节应用 RFID 技术，可以完成自动化生产线运作，实现在整个生产线上对原材料厂、零部件、半成品和成品的识别与跟踪，减少人工识别成本和出错率，提高效率和效益。特别是在采用准时（Just-In-Time）制造生产方式的流水线上，原材料与零部件必须准时送达到工位上。采用 RFID 技术之后，就能通过识别电子标签来快速从品类繁多的库存中准确地找出工位所需的原材料和零部件。RFID 技术还能帮助管理人员及时根据生产进度表发出补货信息，实现流水线均衡、稳步生产，同时也加强了对质量的控制与追踪。

知识测试

一、判断题

1．条形码由“条”与“空”组成，“条”与“空”的宽度要求相同。（是□　否□）

2. 由条形码和扫描设备构成的自动识别技术在物流管理中广泛应用，它能提高生产率，减少差错。（是□　否□）

3．广播发射式射频识别系统实现起来最简单，电子标签必须采用有源工作方式，并实

时地将其储存的标识信息向外广播。（是□　否□）

4．射频识别系统中的电子标签应附在待识别物体的表面。（是□　否□）

5．射频标签具有可读写能力，对于需要频繁改变数据内容的场合尤为适用。（是□　否□）

二、选择题

1．物流企业对仓库管理、运输管理以及物品进行实时跟踪使用的设备为（　　）。

A．在线式数据采集器　　B．台式数据采集器

C．便携式数据采集器　　D．连线式数据采集器

2．RFID 为下列哪个名称的缩写？（　　）。

A．无线电技术　B．阅读器　C．电子标签　D．射频识别

3．采用电荷耦合装置扫描机理的是（　　）。

A．普通光式光电扫描器　　B．激光式光电扫描器

C．CCD 扫描器　　D．固定光束扫描器

4．无线数据采集器可以直接通过________和 PC、服务器进行实时数据通信。（　　）。

A．无线网络　B．无线端口　C．无线射频　D．有线网络

5．条形码的组成要素之一是（　　）。

A．深浅不同的条与空　　B．长度不同的条与空

C．宽度不同的条与空　　D．颜色不同的条与空

6．条形码扫描器的选择应考虑的因素有：与条形码符号相匹配、工作空间、（　　）。

A．操作者经验　B．首读率　C．工作范围　D．精度

7．无线数据采集器目前使用比较广泛的有________和无线扩频技术两种。（　　）

A．无线跳频技术　　B．无线通信技术

C．无线终端技术　　D．仿真技术

8．下列关于 CCD 扫描器特点不正确的是（　　）。

A．CCD 扫描器操作难度大，使用前都应培训

B．对于不易接触的物品如不平的物品、软体物品等均能方便地进行阅读

C．CCD 扫描器性能可靠，使用寿命较长

D．与激光枪相比具有耗电省、体积小、便于携带等优点

9．接触式条形码识读设备主要包括（　　）。

A．光笔　　B．卡槽式条形码扫描器

C．CCD 扫描器　　D．激光扫描器

E．全向扫描平台

10．适用于自动化生产线上的扫描器包括（　　）。

A．手持固定光束接触式扫描器　　B．手持固定光束非接触式扫描器

C．手持移动光束扫描器　　D．固定安装固定光束扫描器

E．固定安装移动光束扫描器

11．射频识别技术，依其采用的频率不同，可分为低频系统和高频系统两大类。高频系统一般指工作频率大于 400MHz 的系统。典型的工作频率有（　　）。

A．500MHz　　B．800MHz　　C．915MHz　　D．1 000MHz

三、简答题

1．一维条形码和二维条形码的区别在哪里?
2．简要说明扫描器的扫描译码过程。
3．射频技术和条形码技术的主要区别是什么？
4．条形码技术的优越性主要体现在哪里？
5．什么是射频识别技术？
6．简述射频识别系统的工作流程。
7．POS 系统的作用。
8．简述 POS 系统的基本业务流程。
9．简述 GPS 系统的组成及各部分的作用。
10．简述 GPS 的基本工作原理。
11．简述网络 GPS 的概念及主要功能。

技能训练任务单7

<table>
<tr><td>任务名称</td><td colspan="3">条形码数据采集器操作</td></tr>
<tr><td>学生学号</td><td></td><td>学生姓名</td><td></td></tr>
<tr><td>任务导入</td><td colspan="3">1．以小组为单位,配备若干条形码数据采集器，根据仓储作业分工，轮流利用 WMS 与数据采集器开展货物出入库作业。
2. 任务以小组为单位，每组 4～5 人，设 1 名组长，轮流操作。
3. 任务实施之前，教师准备好 WMS 系统、条形码打印机、条形码数据采集器若干；提供条形码数据采集器说明书、学生实训手册。
4．在任务实施过程中，学生主导、教师指导监督，学生依据工作单开始工作实施，教师对学生出现的问题加以指导，解答学生的疑问，注重操作的规范性、安全性</td></tr>
<tr><td>成果形式</td><td colspan="3">1．学生能独立完成货物、储位等条形码制作，并熟练运用 WMS 完成入库、出库相关单据操作。
2．学生能熟练运用数据采集器，根据出入库信息开展储区货物出库、盘点、入库等作业</td></tr>
<tr><td>任务破解</td><td colspan="3"></td></tr>
<tr><td>学习体会</td><td colspan="3"></td></tr>
<tr><td rowspan="2">老师评价</td><td colspan="3">评语：</td></tr>
<tr><td colspan="3">成绩：________　　　　　　　　____年____月____日</td></tr>
</table>

Project 8 项目8 物流智能设备

职业素养目标

- 爱岗敬业
- 职业行为
- 自我学习能力
- 信息处理能力

知识培养目标

- 掌握物流智能设备的类型
- 理解自动导向车的控制系统、自动导向车的主要参数
- 理解机器人的结构组成、自动分拣机的基本结构
- 了解机器人的主要技术参数
- 熟悉自动导向车系统的构成、机器人的用途和作业特点、自动分拣机的功能及特点

能力培养目标

- 能够使用自动导向车的控制系统
- 能够运用自动分拣机
- 能够结合实际案例进行常用物流智能设备的选择及使用

Mission 1 任务1 自动导向车使用与管理

学习指南

本项任务将引领大家掌握自动导向车的基本知识，熟悉自动导向车系统的构成，进而理解自动导向车的控制系统及工作原理。同时，掌握自动导向车的控制系统的操作。

一、自动导向车系统的构成

自动导向车（AGV）用于自动导向车系统中，按照设定的路线自动行驶或牵引着载货台车，将物料搬运到指定的地点。它具有导向行驶、认址和移变载荷的基本功能。

AGV 是一种以电力为动力，装有非接触导向装置的无人驾驶自动化车辆。它的主要功能表现为能在计算机的监控下，按路径规划和作业要求，使小车较为精确地行走并停靠到指定地点，完成一系列作业功能。人们形象地把以巷道堆垛机装备的自动化仓库称做现代物流系统的枢纽，把 AGV 称为其动脉。

AGV 以轮式移动为特征，较之步行、爬行或其他非轮式的移动机器人具有行动快捷、工作效率高、结构简单、可控性强、安全性好等优势。与物料常用的堆垛机、单轨小车、传动链、传送辊道和固定式机器人相比，AGV 的活动区域无须铺设轨道、支座架等固定装置，不受场地、道路和空间的限制。因此，在自动化物流系统中，最能充分地体现其自动化和柔性，实现高效、经济、灵活的无人化生产。

（一）自动导向车系统的构成

自动导向车系统是以自动导向的无人驾驶搬运小车为主体，由导向系统、自动寄送系统、数据传输系统、管理系统、安全保护装置及周边设备等组成，如图 8-1 所示。

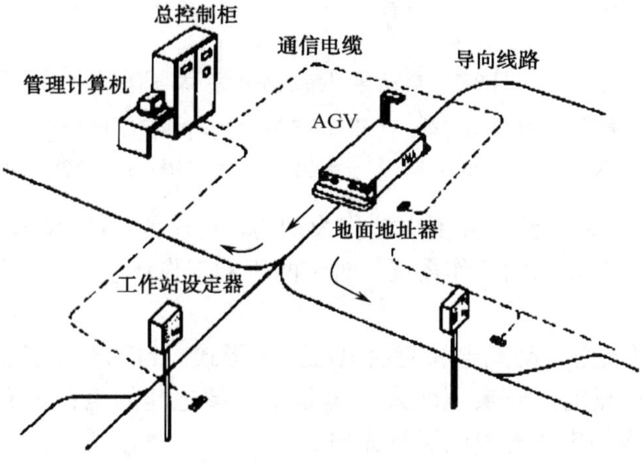

图 8-1　自动导向车系统（AGVS）的构成

1．自动导向车结构

自动导向车是无人驾驶的、能自动导向运行的搬运车辆，大多采用由蓄电池供电和直流电动机驱动。自动导向车的承载量一般为 50～5 000kg，最大承载量已达到 100t。根据用途的不同，自动导向车有多种型式，如自动导引搬运车、自动导向牵引车、自动导向叉车等。其中自动导引搬运车是使用最多的一类，约占 85%。

自动导引搬运车由机械系统、动力系统和控制系统组成，其中机械系统主要包括车体、车轮、移载装置、安全装置、转向装置等；动力系统包括运行电动机、转向电动机、移载电动机、蓄电池及充电装置等；控制系统包括信息传输及处理装置、驱动控制装置、转向控制装置、移载控制装置、安全控制装置等。AGV 的总体结构如图 8-2 所示。

车体是自动导引搬运车的基本骨架，车架要求有足够的强度和刚度，以满足车体运行和加速的需要。一般情况下，车架由钢构件焊接而成，上面由 1～3mm 厚的钢板或硬铝板覆盖，以安装移载装置、液压装置、电控系统、按键和显示屏，板下空间安装驱动装置、转向装置和蓄电池，以降低车体的重心。车轮包括卧式结构的驱动轮和立式结构的驱动轮。

安全装置的主要作用是为自动导引搬运车运行或故障急停时提供一定的安全保证，主要包括缓冲器、接近检测装置和紧急停车按钮等。

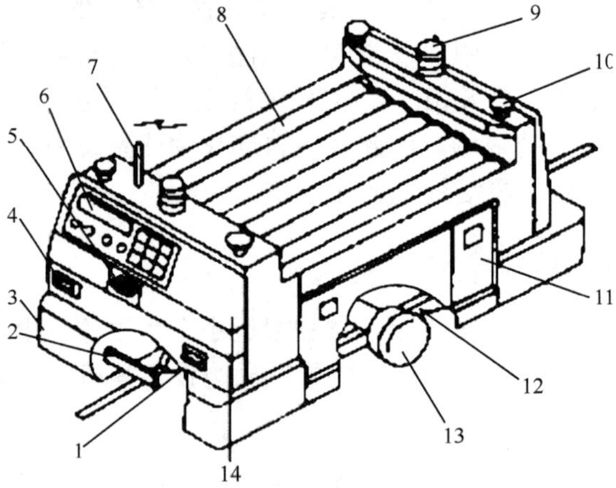

图 8-2　自动导引搬运车的总体结构

1—随动轮；2—导向传感器；3—接触缓冲器；4—接近探知器；5—警示音响；6—操作盘；7—外部通信装置；8—自动移载机构；9—警示灯；10—急停按钮；11—蓄电池组；12—车体；13—速差驱动轮；14—电控装置箱

自动导引搬运车采用直流工业蓄电池作为动力，电压为 24V 或 48V。蓄电池在额定的电流下，一般应保证 8h 以上的工作需要，对于两班制工作环境，要求蓄电池有 17h 以上的工作能力。

蓄电池充电可以采用自动充电和交换电池两种形式。自动充电是指在 AGV 的各个停泊站无时间限制随时充电，交换电池式充电是指当蓄电池的电荷降到指定范围后，要求 AGV 退出服务，进入指定的充电区进行充电。

驱动控制装置的功能是驱动 AGV 运行并对其进行速度控制和制动控制。它由车轮、减速器、制动器、电机和速度控制器组成。驱动装置及制动装置的控制命令由计算机或人工控制器发出。

AGV 的方向控制是接受导引系统的方向信息、通过转向装置来实现的。信息传输及处理装置主要的功能是对 AGV 进行监控，监控 AGV 所处的地面状态，包括手动控制、安全装置启动、蓄电池状态、转向和驱动电机的控制情况，然后将车上控制器的监控信息与地面控制器所发出的信息进行传递，以达到控制 AGV 运行的目的。

自动导引搬运车在控制台的操纵下，通过计算机网络接受下达的搬运任务，通过无线局域网通信系统实时采集各自动导引搬运车的状态信息。根据当前自动导引搬运车运行状况，将调度命令传递给选定的自动导引搬运车。对运行中的自动导引搬运车，控制台将通过无线局域网通信系统与自动导引搬运车交换信息，实现自动导引搬运车间的避碰调度、工作状态检测、任务调度，使自动导引搬运车完成货物的搬运。地面移载设备可实现自动导引搬运车的自动移载、加载、交换空托盘。

2．导向系统

导向系统分为外导式导向系统和自导式导向系统。

（1）外导式导向系统。它是在车辆的运行路线上设置导向信息媒体，如导线、磁带、色带等，如图 8-3 所示。由车上的导向传感器接收线路媒体的导向信息，信息经实时处理后控制车辆沿正确路线行驶。其中应用最多的是电磁导向和光学导向两种。

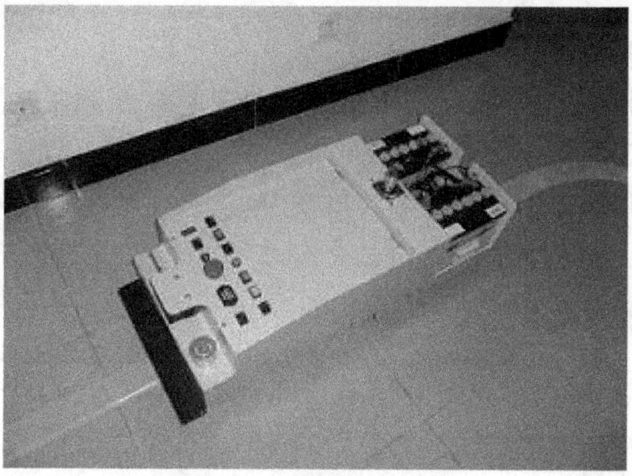

图 8-3　外导式导向系统

（2）自导式导向系统。在车辆上预先设定运行线路的坐标信息。在车辆运行时，实时测出实际的车辆位置坐标，再将二者进行比较后控制车辆的导向运行。

3．寄送系统

寄送系统包括认址、定位两部分。自动导向车系统中，在车辆停靠地址处设置传感标志，如磁铁、色标等。自动导向车就以相对认址或绝对认址的方式来接收标志信号，使车辆完成认址停靠。

车辆在地址处的定位可以分为一次定位和二次定位。车辆提前减速，在目的地地址处制动停车，是车辆的一次定位。二次定位是高精度定位，采用机械方式，其定位精度可达±1mm。

4．数据传输系统

自动导向车系统中，在地面设施之间一般采用有线传输方式。而在流动车辆和地面固定设施之间，有时必须采用无线传输方式。

（二）自动导向车的控制系统

自动导向车系统（AGVS）的控制和管理一般分为三级：计划管理级、过程处理级和作业执行级。该系统采用模块化层次结构。所谓模块化层次结构就是，按功能划分不同层次的功能模块，在层次间采用标准化接口协调管理，在每个层次之中也作同样的处理。

1．自动导向车控制

一般采用单片机或单板微机、PLC 等作为自动导向车的控制器。这个控制器可以分别对自动导向车的导向运行、认址定位、载荷移交、安全作业以及指令数据传输进行控制管理。

2. 运行路线控制

运行路线控制就是确定车辆行驶的路线和停靠的地址，即把路线的区段、分支和岔道信号传输给车辆控制系统，使车辆按照控制系统的指令行走和到达指定的地点。

运行线路控制既可以采用外导式，也可以采用自导式路线控制。在自动化立体仓库中，还可以采用超声波回波导向、激光导向和图像识别导向等方法引导自动导向车进入巷道。

3. 移载及周边设备的控制

自动导向车运行到指定地点要将车上的货物自动移载到载货台上，或者从载货台上移取货物进行搬运。移载控制系统要对自动移载作业进行控制，包括：车辆与货台在移载时的相对位置、货位的确定、移载动作的选择等，还要对系统中其他周边设备进行控制，如通断交通信号、启闭通道。

（三）自动导向车的主要参数

自动导向车的技术参数是指反映其技术性能的基本参数，是选择自动导向车的主要依据。其主要技术参数如下：

1. 承载量、牵引质量

额定承载量是指自动导向搬运车、自动导向叉车在正常使用时可搬运货物的最大质量。牵引质量是指自动导向牵引车在平坦道路上行驶时能牵引的最大质量。牵引质量中不包括被牵引的拖挂车质量。

2. 车体尺寸

车体尺寸是指自动导向车的长、宽、高的外形尺寸。该外形尺寸应该适应搬运物品的尺寸、通道宽度以及移载动作的要求。

3. 运行速度

运行速度是指车辆正常行驶时的速度。它是确定车辆作业周期或搬运效率的重要参数。

4. 认址精度

认址精度是指一次定位的认址精度，即车辆到达目的地址处并准备自动移载时的驻车精度。它是确定移载方式的重要参数。

5. 最小弯道半径

最小弯道半径是指满足车辆在运行过程中转弯时弯道的最小曲率半径，它是确定车辆弯道运行所需空间的重要参数。

6. 蓄电池容量

蓄电池容量是指在作业期间进行正常作业时车辆能够从蓄电池获得的能源供应量，可以用在正常工作状态下小车连续工作的时间来表示。

7. 电池电压

电池电压有两种规格，分别为24V和48V。

8. 工作周期

工作周期是指自动导向车在完成一次工作循环所需的时间。

Mission 任务2 物流机器人的应用

学习指南

本项任务将引领大家掌握物流机器人的基本知识，了解机器人的主要技术参数、机器人的类型，进而理解机器人的结构组成，可借助物流机器人完成物流业务。

机器人是一种典型的机电一体化产品，在物流领域主要用于自动化仓库各输送装置之间的物料搬运以及自动生产线各工序之间物料的搬运。

一、机器人的用途和作业特点

1．机器人的用途

随着物流系统新技术的应用开发，装卸机器人得到了广泛应用，机器人在物流活动中主要完成以下作业：

（1）搬运。被运送到仓库中的货物通过人工或机械化手段放到载货平台上，由于机器人具有智能系统，它将放在载货平台上的货物进行识别并分类，然后将货物搬运到指定的输送系统上。

（2）堆垛和拣选。仓库中作业的机器人与典型加工制造工厂用的机器人有很大的不同，在加工制造工厂，机器人的动作是固定的，而仓库中的机器人的作业会因客户的要求不同而不同。因而仓库的机器人必须能够根据计算机控制系统发出的指令完成堆垛作业，同理，机器人还可以根据出库信息完成拣选作业。

2．作业特点

（1）通用性。机器人的用途非常广泛，它除了可以进行搬运功能以外，还广泛应用于装配、焊接、探测等作业领域。

（2）生产柔性。当生产环境发生变化时，如产品的品种和规格发生变化、生产工艺改进等，要求机器人实现新的操作，这时，只要对机器人软件系统进行改造即可，而硬件设备无须改变。

（3）自动性。机器人完全依据其软件系统自动进行一系列的动作，无须人的参与，从而节省了劳动力。

（4）准确性。机器人的各零部件的制作和安装都非常精确，同时机器人依据其软件系统进行工作，因而机器人的动作具有高度的精确性。

二、机器人的类型

按照机器人的本体结构可将机器人分成以下五类，如图 8-4 所示。

1．角坐标型机器人

如图 8-4（a）所示，这种机器人具有三个互相垂直的移动轴线，其工作空间为一个长方体。其特点是结构简单，定位精度高，但占地面积大，工作范围小，灵活性差。

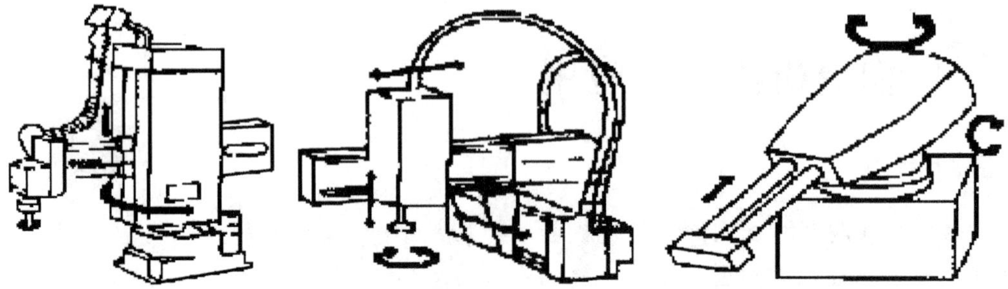

（a）角坐标型机器人　（b）圆柱坐标型机器人　（c）球坐标型机器人

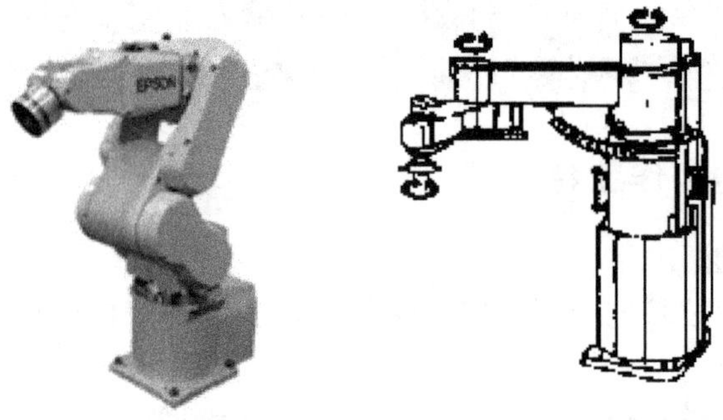

（d）垂直多关节型机器人　（e）多关节型机器人

图 8-4　机器人

2．圆柱坐标型机器人

如图 8-4（b）所示，这种机器人其水平臂能沿立柱上下移动，绕立柱转动，并能伸缩，作业空间为圆柱形。其特点是结构简单，占地面积小，操作范围较大，但定位精度不高。

3．球坐标型机器人

如图 8-4（c）所示，这种机器人的手臂能上下俯仰、前后伸缩、绕立柱回转，其作业空间为一球体。其特点是作业灵活，作业范围大，但结构复杂，定位精度不高。

4．垂直多关节型机器人

如图 8-4（d）所示，这种机器人由立柱、大小手臂和手爪组成，立柱与大臂间形成肩关节，大臂与小臂之间形成肘关节，小臂与手爪之间形成腕关节。其特点是动作灵活，工作范围大，占地面积小，通用性强，作业速度高。

5．多关节型机器人

如图 8-4（e）所示，这种机器人除了具有垂直多关节机器人的特点以外，它的臂部和腕部均可绕垂直轴在水平面内旋转，末端工作部分可沿垂直轴上下移动。其特点是动作灵活，速度快，结构复杂，定位精度高。

三、机器人的结构组成

机器人主要由五部分组成。

1．执行机构

执行机构的功能是可以抓取工件，并按照规定的运动速度、运动轨迹将工件送到指定的位置，然后放下工件。它由以下几部分组成。

（1）手部。手部是机器人用来抓取工件或工具的部位，直接与工件或工具接触。有一些机器人将工具固定在手部，这样就无须安装手部了。

（2）腕部。腕部是将手部和臂部连接在一起的部件。它的主要作用是调整手部的位置和姿态，并扩大臂部的活动范围。

（3）臂部。臂部支撑手腕和手部，使手部的活动范围扩大。在多关节机器人中，有大臂和小臂，两者由肘关节连接。

（4）机身。机身又称立柱，是用于支撑臂部，安装驱动装置和其他装置的部件。

（5）行走机构。行走机构是扩大机器人活动范围的机构，被安装于机器人的机身下部，有多种结构形式，可以是轨道和车轮式，也可以是模仿人的双腿。

（6）头部。有一些机器人具有头部，用于安装视觉装置和天线。

2．驱动系统

驱动系统是为机器人提供动力的装置。一般情况下，机器人的每一个关节设置一个驱动系统，它接受动作指令，准确控制关节的运动位置。

3．控制系统

控制系统控制着机器人按照规定的程序运动，它可以记忆各种指令信息，同时按照指令信息向各个驱动系统发出指令。必要时，控制系统还可以对机器人进行监控，当动作有误或者发生故障时发出报警信号，同时还实现对机器人完成作业所需的外部设备进行控制和管理。

4．检测系统

检测系统主要是检测机器人执行系统的运动状态和位置，并随时将执行系统的执行情况反馈给控制系统，并与设定的位置进行比较，然后通过控制系统进行调整，使执行系统以一定的精度达到设定的位置。

5．人工智能系统

人工智能系统使机器人具有思维判断能力，具有学习、记忆、逻辑判断能力。

四、机器人的主要技术参数

1．抓取重量

抓取重量是指机器人在正常运行速度时所能抓取的重量。当机器人运行速度可调时，随着运行速度的增大，其所能抓取的工件的最大重量减小。

2．运动速度

运动速度与机器人的抓重、定位精度等参数有密切关系，同时也直接影响机器人的运动周期。目前机器人的最大运行速度在 1 500mm/s 以下，最大回转速度在 120mm/s 以下。

3．自由度

自由度是指机器人的各个运动部件在三维空间坐标轴上所具有的独立运动的可能状态，每个可能状态为一个自由度。机器人的自由度越多，其动作越灵活，适应性越强，结构越复杂。一般情况下，机器人具有3～5个自由度即可满足使用要求。

4．重复定位精度

重复定位精度是衡量机器人工作质量的一个重要指标，是指机器人的手部进行重复工作时能够放在同一位置的准确程度。它与机器人的位置控制方式、运动部件的制造精度、抓取的重量和运动速度有密切的关系。

5．程序编制与存储容量

程序编制与存储容量是指机器人的控制能力，用存储程序的字节数或程序指令数来表示。存储容量大，机器人的适应性强，通用性好，从事复杂作业的能力强。

Mission 任务3 自动分拣系统的应用

学习指南

本项任务将引领大家掌握自动分拣系统的基本知识，熟悉自动分拣机的基本结构、自动分拣机的功能及特点，进而理解常见自动分拣机的工作原理，可借助自动分拣机完成出库自动分拣任务。

一、自动分拣机的功能及特点

（一）自动分拣机的功能

分拣设备是完成仓库、配送中心拣选、分货、分放作业的现代化设备，是开展分拣、配送作业的强有力的技术保证。目前国内外出现的大容量的仓库和配送中心，几乎都配备有自动分拣机。自动分拣机具有很高的分拣能力，能处理各种各样的货物。如日本福冈配送中心采用的灯光控制分拣系统是较为先进的分拣系统，它对到达、中转、发送的货物进行灯光控制处理，分拣系统的处理量包括灯光控制系统及其他系统的处理量，一般日处理量为 17 000 个，另外冬夏旺季日处理量可达 75 000 个。始发和到达的货车数量每日约为150 台。分拣系统采用直线分拣机，方式为倾斜式托盘，分拣能力为 8 160 箱/h 到 10 880 箱/h，分拣货物重量最大为 50t，最小为 0.1kg。

近年来，随着分拣技术的迅速发展，分拣系统的规模越来越大，分拣能力越来越高，应用范围也越来越广，自动分拣机已成为仓储设备中的重要设备。实践表明，自动分拣机具有劳动生产率高，自动化程度高，技术密集，分拣能力高等优点，它是现代仓库不可缺少的先进设备，决定着仓库的作业能力和作业规模，反映着物流技术水平的高低。

现代仓库和配送中心的分货工作，大多由自动分拣机来完成。自动分拣机是将混在一起而去向不同的物品，按设定要求自动进行分发配送的设备。

（二）自动分拣机的特点

1．能连续、大批量地分拣货物

由于采用大生产中使用的流水线自动作业方式，自动分拣不受气候、时间、人的体力限制，可以连续运行100h以上，同时由于自动分拣设备单位时间分拣货物件数多，因此，分拣能力是人工分拣系统的数倍。

2．分拣误差率很低

分拣误差率的高低主要取决于所输入分拣信息的准确性，准确程度又取决于分拣信息的输入机制。如果采用人工键盘或语音识别方式输入，则误差率在3%以上；如采用条形码扫描输入，除非条形码的印刷本身有差错，否则不会出错。目前，分拣设备系统主要采用条形码技术来识别货物。

3．分拣基本实现了无人化

自动分拣设备系统能最大限度地减少人员的使用，减轻员工的劳动强度。分拣作业本身并不需要使用人员，能基本实现无人化作业。

二、自动分拣机的基本结构

（一）自动分拣机的构成

一个自动分拣机系统主要由5个部分构成，如图8-5所示。

1．设定装置

设定装置是在货物的外包装上贴上或打印上表明货物品种、规格、数量、货位、货主等的标签。根据标签上的代码，在货物入库时，它可以表明入库的货位，在输送货物的分叉处，可以正确引导货物的流向；堆垛起重机可以按照代码把货物存入指定的货位。当货物出库时，标签可以引导货物流向指定的输送机的分支上，以便集中发运。

设定装置种类很多，在自动分拣机上可使用条形码、光学字符码、无线电射频码、音频码等。其中，条形码是国际通用码，应用极为广泛。

图8-5　自动分拣机

2．控制装置

控制装置的作用是识别、接收和处理分拣信号，根据分拣信号的要求指示自动分拣装置对货物进行分拣。分拣信号通过磁头识别、光电识别和激光识别等多种方式输入到分拣控制系统中去，分拣控制系统根据对这些分拣信号的判断，决定某一种商品该进入哪一个分拣道口。

3．自动分拣装置

自动分拣装置根据控制装置传来的指令，对货物进行分拣。把货物输送到按照货物的类型、货主、尺寸、重量等分类的输送机分支或倾斜滑道上去，完成货物的分拣输送。

4．输送装置

输送装置的主要组成部分是传送带或输送机，其主要作用是使待分拣商品通过控制装置和分拣装置。在输送装置的两侧，一般要连接若干分拣道口，使分好类的货物滑下主输送机，以便进行后续作业。

大型仓库或配送中心设置的大型分拣输送机，它可以高速度地把货物分送到数十条输送分支上去，完成众多货主的配货工作。它是配货发送场的主机。

一般的仓库或配送中心要在入库端、出库端、输送机分叉处设置若干个自动分拣机，引导货物的正确流向。

小型仓库或配送中心可利用输送机进行分拣，输送机上连续输送货物，在输送机的有关位置设立分拣工作，配备分拣人员，看到标签、编号、色标等分拣标志，就进行分拣，并放到边上的简易传递带或小车上。

5．分拣道口

分拣道口是已分拣货物脱离主输送机（或主传送带）进入集货区域的通道，一般由钢带、皮带、滚筒等组成滑道，使商品从主输送装置滑向集货站台，在那里工作人员将该道口的所有货物集中后，或是入库储存，或是组配装车并进行配送作业。

以上五部分装置通过计算机网络连接在一起，配合人工控制及相应的人工处理环节，构成一个完整的自动分拣系统。

（二）自动分拣机的工作过程

自动分拣机一般由接受分拣指令的控制装置、把到达分拣位置的货物取出的搬运装置、在分拣位置把货物分送的分支装置和在分拣位置存放货物的暂存装置等组成。自动分拣机种类很多，结构上差异较大，但分拣的工作过程基本相同。货物到达分拣点以前，先要经过输送、信号设定、合流、主传送带等工作过程。到达分拣点时，发出指令把货物传送到分拣机上，由分拣机的瞬时动作将货物分拣到指定的滑道。

为了把货物按要求分拣出来，并送到指定地点，一般需要对分拣过程进行控制。通常是把分拣的指示信息记忆在货物或分拣机上。当货物到达时，将其识别并挑出，再开动分支装置，让其分流。控制方式分为外部记忆和内部记忆两种。外部记忆是把分拣指示标识贴在分拣货物上，工作时用识别装置将其区分，然后做相应的操作。内部记忆是在自动分拣机的货物入口处设置控制盘，利用控制盘，操作者在货物上输入分拣指示信息，这个货物到达分拣位置时，分拣机接收到信息，开启分支装置。

在决定分拣系统时，控制方式的选择是一个需要考虑的重要因素，它对分拣系统的能力和成本有很大的影响。目前比较常用的分拣控制技术是扫描识别技术，在货场的固定位置上贴有某种标识，货物到达分拣位置时，扫描仪对标识进行扫描识别，然后按预先设定的程序运行，使货物按指定路线运送到指定的滑道滑下，完成分拣、作业。

采用自动分拣机使分拣处理能力大大提高，分类数量大，准确率高。

三、常见自动分拣机工作原理

(一) 带式分拣机

带式分拣机是利用输送带载运货物完成分拣工作的机械设备，按带的设置形式常分为平带式分拣机、斜带式分拣机和交叉带式分拣机 3 种类型。

1. 平带式分拣机

(1) 平带式分拣机的格口上设有挡板（或推板），货物到达格口时，挡板伸出将货物挡住，货物沿挡板卸入格口。常用的平带式分拣机是平钢带分拣机，如图 8-6 所示的是平钢带分拣机工作简图。

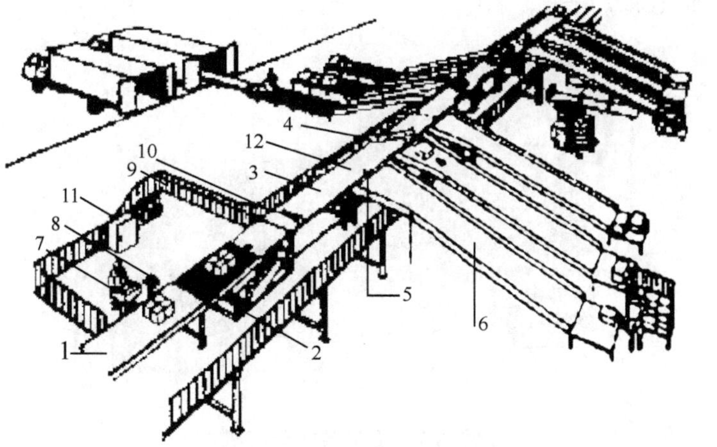

图 8-6 平钢带分拣机工作简图

1—编码带；2—缓冲存储器；3—平钢带；4—导向接板；5—过渡板；6—滑槽；7—编码键盘；8—监视器；9—货物检测器；10—消磁、充磁装置；11—控制柜；12—信息读出装置

(2) 平钢带分拣机分拣过程如下：分拣人员阅读编码带上的货物地址，在编码键盘上按相应的地址键，携带有地址代码信息的货物即被输送至缓冲储存带上排队等待。当控制柜中的计算机发出上货信号时，货物即进入平钢带分拣机。其前沿挡住货物探测器时，探测器发出货到信号，计算机控制紧靠探测器的消磁、充磁装置，首先对钢带上的遗留信息进行消磁，再将该货物的地址代码信息以磁编码的形式记录在紧挨货物前沿的钢带上，成为自携地址信息，从而保持和货物同步运动的关系。在分拣机每一个小格滑槽的前面都设置了一个磁编码信息读出装置，用来阅读和货物同步运行的磁编码信息。当所读信息就是该格口滑槽代码时，计算机就控制导向挡板，快速地运动到钢带上方，导向挡板和钢带运动方向呈 35° 左右的夹角，可以顺利地将货物导入滑槽，完成分拣任务。

(3) 平钢带分拣机的适用范围较大，除了易碎、超薄货物及木箱外，其余货物都能分拣，最大分拣重量可达 70kg，最小分拣重量为 1kg，最大分拣尺寸为 1 500mm×900mm×900mm，最小分拣尺寸为 50mm×150mm×50mm，分拣能力可达 5 000 箱/h，甚至更高。该分拣机主要优点是强度高，耐用性好，可靠性程度高，但设置较多的分拣滑道较困难，系统平面布局比较困难。另外，对货物冲击较大，运行费用较高，价格较高。

2．斜带式分拣机

斜带式分拣机与平钢带分拣机的主要区别是卸载的方式不同，斜带式分拣机的格门垂直于斜带，格门打开，货物失去支持，在自重的作用下，沿格门滑入格口。斜带式分拣机最大优点是利用重力卸载，因而，卸载机构比较简单，同时，可设置较多的分拣滑道，分拣效率比平钢带分拣机高。

3．交叉带式分拣机

交叉带式分拣机是一种独特的分拣设备，由主驱动带式输送机和载有小型带式输送机的台车（简称“小车”）连接在一起，其驱动行走方式比较独特，每个物件拥有一个独立的分拣单元，直至分拣完毕。当“小车”移动到所规定的分拣位置时，转动皮带，完成把商品分拣送出的任务。因为主驱动带式输送机与“小车”上的带式输送机呈交叉状，故称交叉带式分拣机，如图 8-7 所示。

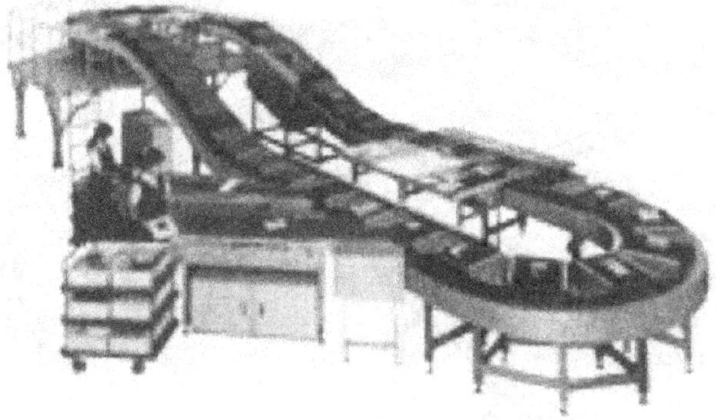

图 8-7　交叉带式分拣机

交叉带式分拣机是为适应物流现代化、自动化、高速化而开发研制的新一代带式分拣机。该分拣机能实现物件自动对中，无落差分拣，分拣出口多，可左右两侧分拣，对物件无冲击，完全的保护物件，适宜分拣各类小件商品，如食品、化妆品、衣物等。

（二）托盘式分拣机

托盘式分拣机是一种使用十分广泛的机型，它是用链条或皮带牵引的走动托盘作为载运工具。托盘走动线两侧设有格口，每一格口设一个控制凸轮。载运货物的平面托盘到达格口时，如果左边的凸轮升起使托盘向右倾斜 30°～50°，货物就从托盘滑落到右边格口；如果右边凸轮升起，货物则滑落到左边格口。它主要由托盘小车、驱动装置、牵引装置等构成。其中，托盘小车形式多种多样，有平托盘小车、U 型托盘小车、交叉带式托盘小车等。

传统的平托盘小车、U 型托盘小车利用盘面倾翻、重力卸落货物，结构简单，但存在着上货位置不准、卸货时间过长的缺点，结果造成高速分拣时不稳定以及格口宽度尺寸过大。

交叉带式托盘小车的特点是取消了传统的盘面倾翻、利用重力卸落货物的结构，而在车体上设置了一条可以双向运转的短传送带(称为交叉带)，用它来承接从上货机来的货物，由链牵引运行到相应的格口，再由交叉带运转，将货物强制卸落到左侧或右侧的格口中。图 8-8 所示的是交叉带式托盘分拣机的示意图。

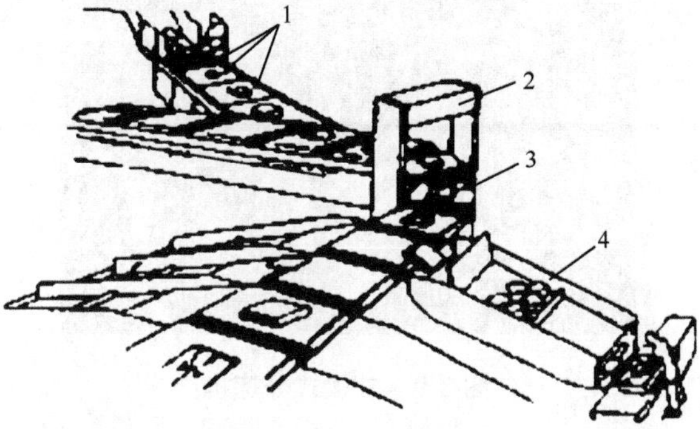

图 8-8　交叉带式托盘分拣机的示意图

1—上货机；2—激光扫描器；3—带式托盘小车；4—格口

交叉带式托盘小车有下列两个显著优点：

第一，能够按照货物的质量、尺寸、位置等参数来确定托盘带承接货物的启动时间、运转速度的大小和变化规律，从而摆脱了货物质量、尺寸、摩擦系数的影响，能准确地将各种规格的货物承接到托盘中部位置。这样一来，就扩大了上机货物的规格范围，在业务量不大的中小型配送中心，可按不同的时间段，处理多种货物，从而节省了设备的数量和场地。

第二，卸落货物时，同样可以根据货物质量、尺寸及在托盘带上的位置来确定托盘的启动时间、运转速度，可以快速、准确、可靠地卸落货物，能够有效地提高分拣速度、缩小格口宽度，从而缩小机器尺寸，有明显的经济效益。

托盘分拣机的适用范围比较广泛，它对货物形状没有严格限制，箱类、袋类，甚至超薄型的货物都能分拣，分拣能力可达 10 000 件/h。

（三）翻板式分拣机

翻板式分拣机是用途较为广泛的板式传送分拣设备。它由一系列相互连接的翻板、导向杆、牵引装置、驱动装置、支撑装置等组成，如图 8-9 所示。

当货物进入分拣机时，光电传感器检测其尺寸，连同分拣人员按键的地址信息一并输入计算机中。当货物到达指定格口时，符合货物尺寸的翻板即受控倾翻，驱使货物滑入相应的格口中。每块翻板都可由倾翻导轨控制向两侧倾翻。每次有几块翻板翻转，取决于货物的长短，而且，货物翻落时，翻板顺序翻转，可使货物顺利地进入滑道，这样就能够充分利用分拣机的长度尺寸，从而提高分拣效率。

翻板式分拣机的适用范围大，可分拣箱类、袋类等货物。它的分拣能力可达 5 400 箱/h。但该分拣机分拣席位较少，且只能直线运行，占用场地较长。

图 8-9　翻板式分拣机

（四）浮出式分拣机

浮出式分拣机是把货物从主输送机上托起，而将货物引导出主输送机式的分拣机，它主要由两排旋转的滚轮组成，滚轮设置在传递带下面，每排由 8～10 个滚轮组成。滚轮的排数也可设计成单排，主要根据被分拣货物的重量来决定单排或双排。滚轮接收到分拣信号后立即跳起，使两排滚轮的表面高出主传送带 10mm，并根据信号要求向某侧倾斜，使原来保持直线运动的货物在一瞬间转向，实现分拣。

浮出式分拣机由于分拣滑道多，输送带长，不可能是 1 条上料输送带，一般有 5 条左右。主传送带的速度为 100～120m/min，比输送带的速度要快得多。该分拣机对货物的冲击力较小，适合分拣底部平坦的纸箱、用托盘装的货物，不能分拣很长的货物和底部不平的货物。

浮出式分拣机适用于包装质量较高的纸制货箱，一般不允许在纸箱上使用包装带，分拣能力可达 7 500 箱/h。该分拣机的优点是可以在两侧分拣，冲击小，噪声低，运行费用低，耗电小，并可设置较多分拣滑道。但它对分拣货物包装形状要求较高，对重物或轻薄货物不能分拣，同时，也不适用于木箱、软性包装货物的分拣。

（五）悬挂式分拣机

悬挂式分拣机是用牵引链（或钢丝绳）作牵引件的分拣设备。按照有无支线，它可分为固定悬挂和推式悬挂两种机型。前者用于分拣、输送货物，它只有主输送线路，吊具和牵引链是连接在一起的。后者除有主输送线外还备有储存支线，并有分拣、储存、输送货物等多种功能。

固定悬挂式分拣机主要由吊挂小车、输送轨道、驱动装置、张紧装置、编码装置、夹钳等组成。分拣时，货物吊夹在吊挂小车的夹钳中，通过编码装置控制，由夹钳释放机构将货物卸落到指定的搬运小车上或分拣滑道上。

推式悬挂机具有线路布置灵活，允许线路爬升等优点，普遍用于货物分拣和储存业务。

悬挂式分拣机具有悬挂在空中、利用空间进行作业的特点，它适合于分拣箱类、袋类货物，对包装物形状要求不高，分拣货物重量大，一般可达 100kg 以上，但该机需要专用场地。

（六）滚柱式分拣机

滚柱式分拣机是用于对货物输送、存储与分路的分拣设备。按处理货物流程需要，可以布置成水平形式，也可以和提升机联合使用构成立体仓库。如图 8-10 所示是滚柱式分拣机局部段落的示意图。

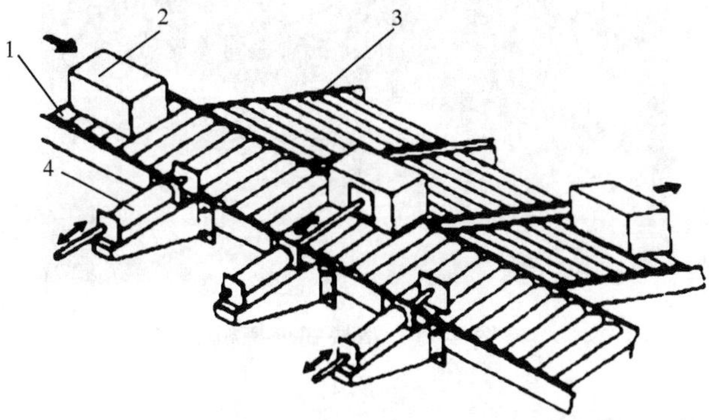

图 8-10 滚柱式分拣机局部段落示意图

1—滚柱机；2—货物；3—支线滚柱机；4—推送器

滚柱式分拣机的滚柱机的每组滚柱（一般由 3～4 个滚柱组成，与货物宽度或长度相当）均具有独立的动力，可以根据货物的存放和分路要求，由计算机控制各组滚柱的转动或停止。货物输送过程中在需要积放、分路的位置均设置了光电传感器进行检测。当货物输送到需要分路的位置时，光电传感器给出检测信号，由计算机分析，控制货物下面的那组滚柱停止转动，并控制推送器动作，将货物推入相应路向的支线，实现货物的分拣工作。

滚柱式分拣机一般适用于包装良好、底面平整的箱装货物，其分拣能力高，但结构较复杂，价格较高。

（七）滑块式分拣机

传送装置是一条特殊的板式输送机，其板面用金属板条或管子组成；每块板条或管子上各有一枚导向块，能做横向滑动。导向块靠在输送机一侧边上，当被分拣、货物到达指定道口时，控制器使导向滑块按顺序向道口方向滑动，把货物推入分拣道口，如图 8-11 所示。由于导向块可以朝双侧滑动，如同翻板式分拣机一样，也可在两侧设置分拣道口以节约场地空间。

这类分拣机系统在计算机控制下，自动识别、采集数据，操纵导向滑块，故被称为“智能型输送机”（Intelligent Conveyor）。该类分拣机振动小、不损坏货物，适宜于各种形状、重量不太大的货物。分拣能力最高可达每小时 12 000 件，准确率达 99.9%，是当代最新型的高速分拣机。

以上七类分拣机，在运用时具体选择哪种类型，需要综合考虑以下因素才能决定：分拣货物的形状、体积、重量、数量；输送的路线及变动性；单位时间内的处理能力；分拣量；设备费用、占地面积、周围环境等。

图 8-11　滑块式分拣机

四、自动分拣机的适用条件

在应用自动分拣系统时一定要考虑以下条件。

1．分拣量较大、一次分拣单位较多

自动分拣系统本身需要建设很长的机械传输线，还有配套的机电一体化控制系统、计算机网络及通信系统等，这一系统不仅占地面积大，而且一般自动分拣系统都建在自动主体仓库中，这样就要建 3～4 层楼高的立体仓库，库内需要配备各种自动化的搬运设施，投资很大。这种巨额的先期投入要花 10～20 年才能收回，如果没有可靠的货源作保证，则不宜建立自动分拣系统。一般日分拣量超过 10 000 件或更多、一次分拣单位在 100 个以上或更多时，采用自动分拣系统比较适宜。

2．对商品外包装要求高

自动分拣机只适于分拣底部平坦且具有刚性的包装规则的商品。袋装商品、包装底部柔软且凹凸不平、包装容易变形、易破损、超长、超薄、超重、超高、不能倾覆的商品不能使用普通的自动分拣机进行分拣，因此，为了使大部分商品都能用机械进行自动分拣，可以采取两条措施：一是推行标准化包装，使大部分商品的包装符合国家标准；二是根据所分拣的大部分商品的统一包装特性定制特定的分拣机。

3．配套设施齐全

自动分拣系统优点：正确、迅速、分拣能力大。缺点：分拣系统设施复杂，投资及营运成本较高，还需要与之相适应的外部条件，如计算机信息系统、作业环境、配套设施等。

知识点延伸

自动导向车的作业安全规范

自动导向车是无人驾驶自动导向运行的搬运车辆。为确保车辆、各种地面设备、现场人员以及自动导向车系统的安全，要采取综合的安全保障措施。主要的安全保障措施是技术性措施和防碰撞技术。

1．自动导向车安全保障措施

（1）车辆构造与功能

① 急停按钮和警示灯。车辆需具备紧急制动按钮、安全标志与警示、障碍物检测、手动操纵即事故检测装置。车辆的四角装有急停按钮，任何时候只要按下按钮车辆就能立即停止动作。车辆的前后装有警示灯，当小车准备启动或运行时，警示灯不断闪烁。

② 障碍探测和接触缓冲。在车辆的前端装有接近探知器和接触缓冲器。接近探知器在预定的距离内检测到障碍物，就能控制自动导向车减速直到车辆自动停止。若接近探知器未能检测到障碍物而当接触缓冲器触及障碍物时立即发出触碰障碍物的信号，同时车辆紧急停止。

③ 弯道自动减速。车辆应具备在必要场所如弯道等确保安全的缓行速度。车辆最大运行速度在一般作业场合下通常在60m/min以下。

（2）货物搬运和移载

① 车辆运行时，车上的移载装置及其上的货物必须锁紧和固牢；车辆进行移载时，车体不能移动。

② 自动移载时，应保证车上的移载装置与地面上承载装置联动。

③ 移载发生异常时，应立即停止运动直至故障消除。

（3）事故监测与紧急停车

当地面导向信息消失或中断、系统区段引导信息消失或中断、车辆导向精度超过设定范围、车辆接近或碰触到障碍物、蓄电池所储能量低于规定的限度，以及载物的货位异常和移载异常，还有锁紧部位异常和其他控制异常等情况时，能够保证车辆紧急停止运动。

2．自动导向车的防碰撞技术

在自动导向车系统中，采取三级防碰撞安全保护，即地面系统的防追撞区段保护；车辆上的接近障碍物探知保护和触碰障碍物的缓冲保护等。常用设施有障碍物接触缓冲器、障碍物接近探知器、防止追尾冲撞的车上/地面装置等。

⑴ 接近探知器。接近探知器安装在车体的前端，用于探测AGV工作范围内的障碍物。目前，可以被用于非接触障碍物探测的技术主要有四种：激光测距技术、红外技术、超声波技术及微波技术，其中激光扫描式和多探头红外光电式技术在AGV上的应用已经成熟。车辆运行前，探知器向运行前方发出遥测信号并接收回波进行安全确认。确认信号输入中央数据处理器，经过分析后作出判断，以决定是否执行运行指令。

运行中，探知器的发射部分定时发出探测信号，再将接收部分的“停车回波选通”接收门和“减速回波选通”接收门依次打开，用来判断车辆的运行前方有无障碍物，以及障碍物与车辆的距离是多少等，决定车辆应采取减速还是停车的措施。探测周期和相应车速与时间自动调整有关。

（2）接触缓冲器。接触缓冲器装在车体前端的下面，可以在碰击时吸收能量，减小对车体本身的冲击。接触缓冲器有多种结构形式。如弹性胶垫式、杠杆机构式、弹性薄板式和摆动撑杆式等。当接触缓冲器触及障碍物时，可发出触碰障碍物信号，使车辆紧急停止。缓冲器中的弹性元件可减少车辆制动过程中的冲击。

知识测试

一、判断题

1. AGV 可以利用低频引导电缆形成的电磁场及电磁传感装置引导无人搬运车的运行。（是□　否□）

2. 机器人既可以接受人类指挥，也可以自己运行。（是□　否□）

3. 机器人的任务是取代人类进行的工作。（是□　否□）

4. 自动分拣技术是随着激光扫描、条形码及计算机控制技术而发展起来的。（是□　否□）

5. 分拣道口不能存放未被取走的物品，即使暂时的。（是□　否□）

6. 物流设备的智能化是物流自动化、信息化的更高层次。（是□　否□）

7. AGV 可在仓库内按固定或自由路径行驶的搬运工具，但需有人驾驶。（是□　否□）

二、选择题

1. 一般可将 AGV 控制系统分为（　　）。

A．一级控制方式　　B．二级控制方式

C．三级控制方式　　D．四级控制方式

2. 在 AGV 的行驶路径上涂漆或粘贴色带，通过对摄像机采入的色带图像信号进行简单处理而实现导引称为（　　）。

A．磁带导引技术　　B．光学导引技术

C．激光导引技术　　D．惯性导航技术

3. 下列关于机器人的说法不正确的是（　　）。

A．第一台机器人是由德国人制造出来的

B．机器人特点是速度高，作业准确，尤其适合某些特殊场合

C．机器人具有智能系统，可根据货箱的位置和尺寸进行识别

D．机器人是机电一体化的系统

4. 以下符合自动分拣机工作过程划分的是（　　）。

A．合流　　B．分拣信号输出　　C．分拣和分流　　D．分运

5. 下图所示为输送系统，具体种类为（　　）。

A．翻盘式分拣系统　　B．滑块式分拣机

C．升降推出式分拣系统　　D．悬吊式分拣系统

6. 自动导引搬运车与电池加起来的总重量是指（ ）。

A. 额定载重量 B. 最大载重量 C. 自重 D. 电池重量

三、简答题

1. 自动导向车的定义是什么？自动导向车由哪几个要素组成？试述各组成部分的工作职能。

2. 机器人的用途和作业特点是什么？

3. 自动分拣机的特点和组成结构是什么？

4. 带式和托盘式分拣机有什么区别？

5. 在应用自动分拣系统时要考虑哪些条件？

技能训练任务单8

<table>
<tr><td>任务名称</td><td colspan="3">自动导向车搬运</td></tr>
<tr><td>学生学号</td><td></td><td>学生姓名</td><td></td></tr>
<tr><td>任务导入</td><td colspan="3">1. 以小组为单位，利用仓储自动导向车设备，根据储区自动导向车行驶路径，开展货物入库作业、出库作业。
2. 任务以小组为单位，每组4～5人，设1名组长，轮流操作。
3. 任务实施之前，教师讲解自动导向车结构及工作原理，并调试好自动导向车，发放学生实训手册。
4. 在任务实施过程中，学生主导、教师指导监督，学生依据工作单开始工作实施，教师对学生出现的问题加以指导，解答学生的疑问，注重操作的规范性、安全性</td></tr>
<tr><td>成果形式</td><td colspan="3">1. 学生能根据储区货物储存位置，结合储区自动导向车行驶路径，合理规划最佳行驶路线。
2. 学生熟练操作自动导向车，完成到货入库作业、储区发货作业等业务</td></tr>
<tr><td>任务破解</td><td colspan="3"></td></tr>
<tr><td>学习体会</td><td colspan="3"></td></tr>
<tr><td rowspan="2">老师评价</td><td colspan="3">评语：</td></tr>
<tr><td colspan="3">成绩：________ ____年____月____日</td></tr>
</table>

Project 9 项目9 物流机械设备管理

职业素养目标

- 爱岗敬业
- 职业守则
- 解决问题能力
- 经济分析能力

知识培养目标

- 掌握物流机械设备管理的内容、物流机械设备使用管理的基本含义
- 理解物流机械设备管理的主要任务
- 理解物流设备更新和技术改造
- 了解物流机械设备的评价指标
- 熟悉物流机械设备管理的作用、物流机械设备的维护保养管理

能力培养目标

- 能够进行物流机械设备的使用管理
- 能够进行物流机械设备的维护保养管理
- 能够结合实际案例进行物流机械设备的配置

Mission 1 任务1 物流机械设备管理的内容

学习指南

本项任务将引领大家掌握物流机械设备管理的基本内容，了解物流机械设备的评价指标、物流机械设备管理的作用，进而理解物流机械设备管理的主要任务、物流机械设备管理的主要内容。同时，掌握物流机械设备配置的方法。

现代物流的一个重要标志，就是不断把现代科技的最新成果应用于物流机械设备中，为满足用户和生产需要提供最优质的服务。合理使用和管理物流机械设备，使之经济、可靠、安全运行，是每个物流管理者和企业设备管理者必须关心的问题。因此，设备管理是

物流管理的基础工作，也是企业管理的重要组成部分。

一、物流机械设备管理的作用

物流机械设备在生产企业、流通企业应用广泛，并在企业设备中占有相当的比重，如港口、仓库，物流机械设备是命脉性设备，其作业状况直接影响到企业的经营管理。因此，物流机械设备是企业管理的重要内容。

物流机械设备管理主要是通过有效合理的管理，保证物流机械设备处于良好的工作状态，尽量避免其使用价值的下降。在保证和提高各种设备功能的同时，最大限度地发挥其综合效益。这就要求管理人员必须充分了解和掌握物流机械设备原理和性能，研究如何最有效地发挥它们的功能，提高利用率，并在此基础上，尽量减少劳动力和能耗物耗，通过正确合理的维修和保养，保持设备处于良好的技术状态，为物流活动提供坚实的技术保证。

良好的物流机械设备管理是物流管理工作的基础，是使物流活动正常运行的保证，是提高物流现代化、自动化程度的有效手段。物流机械设备管理的作用主要表现在以下几方面。

1．保证物流活动顺畅

现代物流依靠机械设备进行物流作业，物流中各个环节要求严格的衔接、配合。物流过程的连续性和均衡性主要靠机器设备的正常运转来保证。设备在长期使用中的技术性能逐渐劣化（如运转速度降低）就会影响物流作业的完成；一旦出现故障停机，就会造成某些环节中断，甚至引起物流系统停顿。因此，只有遵循物流机械设备管理规律，加强设备管理，正确地操作使用、精心地保养、进行设备的状态监测、科学地修理改造，保持设备处于良好的技术状态，才能保证物流活动连续、稳定地运行。反之，如果忽视设备管理、放松修理、改造，导致设备技术状态严重恶化、带病运转，必然故障频繁，无法按时完成生产计划和物流任务。

2．提高物流经济效益

企业要获得经济效益，必须适应市场需要，提供物美价廉的产品和服务，而这些依赖于作为企业固定资产的物流机械设备。在物流活动中，要保证生产顺利进行，要为用户提供优质服务，必然要求加强物流机械设备管理，通过管理，保证设备正常使用，从而可靠、经济地实现物流任务，实现经营管理目标，提高物流经济效益。

3．影响企业的声誉及社会形象

企业如果对设备管理不当，而使设备不能正常运转，哪怕是偶然的一次，也会影响生产的进行，就会给用户带来极大的不便，因此，必然对企业的社会声誉及社会形象造成影响。

4．保证操作人员和货物安全

设备技术落后和管理不善，是导致事故发生和环境污染的重要原因。消除事故、净化环境，是人类生存、社会发展的长远利益所在。重视设备管理，是实现企业安全作业和环境保护的基本条件。为此，要加强设备管理。在设备管理中除了保障设备的高效运转外，还要有预见性，采取措施保证操作人员和货物的安全，如对起重机按不同的需要安装必要的超载限制器、安全栅栏等安全防护装置，同时，要根据物流设备使用特点，教育操作人员要遵守操作规范，保证设备安全、高效运转。

综上所述，企业应该管好、维护好物流机械设备，保证设备正常运行，并在此基础上对现有设备进行改造、更新，使物流系统建立在设备精良及技术先进的基础上。

二、物流机械设备的评价指标

1．设备完好率

设备完好率是反映设备技术状况完好程度的指标，它等于一定时间内经检验合格的设备数在全部设备数中所占的百分比。即：

$$K=\frac{C}{N}\times100\%$$

式中：K——设备完好率；

C——完好设备的台数；

N——全部设备的台数（包括在用、停用、检修、封存和借用的设备）

完好设备即经检验合格的设备。由于设备的工艺结构特点不同，完好的标准即检验合格的要求也不完全相同，对每台设备都有具体规定。但总体看来，设备完好的标准应具备：设备性能良好，零部件和附件完整无损；设备运转正常，操作安全可靠；能耗正常，经济合理。

2．设备故障率

它是反映设备各技术状态的另一指标，等于一定时间内故障停机时间与工作时间的百分比。即：

$$K_f=\frac{T_s}{T_t}\times100\%$$

式中：K_f——故障率；

T_s——故障造成的停机时间；

T_t——设备工作运转时间

3．设备的新度

它指的是设备的新颖程度，可按下式计算：

$$D=\frac{P_n}{P_s}\times100\%$$

式中：D——设备新度；

P_n——设备净值；

P_s——设备原值

设备的净值是设备的原值减去折旧提成。目前，国外有些国家用设备新度来反映设备现代化的程度。D越大，设备新度越高，说明设备现代化程度越高。

4．设备更新率

设备更新率是一定时期设备更新原值与期末设备总原值的百分比。即：

$$设备更新率=\frac{期内设备更新原值}{期末设备总原值}\times100\%$$

5．设备役龄

它是指设备投入使用的年限。一般来说，新设备较旧设备在性能、效率等方面总是要优越些。设备役龄越短，表示企业的技术装备水平越先进，因此，一个企业设备的平均役龄可以反映企业技术装备的先进程度。

6. 设备可利用率

它是指设备实际开动时间与设备实际开动时间与故障停用时间之和的比值百分比，即：

$$设备可用率=\frac{设备实际开动时间}{设备实际开动时间+故障停用时间}\times100\%$$

7. 设备的综合效益

设备的综合效益是设备寿命周期的输出与设备寿命周期费用的比值。即：

$$设备综合效益=\frac{设备寿命周期的输出}{设备寿命周期的费用}$$

设备寿命周期费用是设备一生的总费用支出，包括设备购置费和一生的使用费用。设备寿命周期输出，就是设备一生在满足安全、卫生、环境保护、货物安全、交货期等条件下的作业量，用价值表示。

三、物流机械设备管理的主要任务

物流机械设备管理任务是由设备管理的目的确定的。这个任务应该是：保证为企业的物流活动提供最优的技术设备，使企业物流系统或物流作业建立在最佳的物质技术基础之上，以获得设备最佳的经济效益。为明确起见，可以把这个任务具体化为以下九个方面。

1. 制定设备综合管理规划

根据企业的物流战略目标制定物流机械设备管理长期规划，根据企业的年、月生产目标或物流作业目标制订设备管理的中期计划以及更为具体化的短期计划，还要进行技术经济方面的综合平衡，与资金计划、利润计划、能源计划相协调，保持与企业生产计划或物流任务相适应的技术先进、经济合理的设备。

2. 正确选购设备

要根据技术上先进、经济上合理的原则，对设备进行全面的技术经济评价，合理选购设备。有关部门和人员应密切配合，掌握国内外技术发展动向，收集包括技术和经济两个方面的资料。技术方面资料，包括设备的规格、性能、用途、效率、动力、材料，对环境的污染、可靠性、维修性、运输安全条件、备品配件的供应等；经济方面的资料，包括该设备市场状况、设备的价格、运费、相应的配套工程投资、安装费用，维修人员和操作人员的培训费，购买该设备的资金来源，估计设备投资效果等。

3. 用好、修好、管好设备

通过全面规划、合理配置、择优选购、精确安装、正确使用、精心维护、适时检修、安全作业、适时改造与更新使设备始终处于最佳的技术状态，其工作性能能够满足生产工艺或物流作业的要求。

4. 对现有设备进行挖潜、改造和更新

挖掘设备的潜力，不仅充分发挥了原有设备的工作能力，而且还会革新设备结构，改进技术，扩大设备的工作能力。设备管理部门要与其他部门协调配合，筹集资金，及时做好设备的更新改造工作，使物流现代化水平不断提高。这里尤其值得重视的是，必须对设备的更新、改造和大修理给予技术经济分析，进行综合决策，以选择最优方案，并予以实施。

5．保证国内外引进设备正常运转

设备管理部门要与有关部门配合，对引进设备研究、消化，尽快引进设备的维修技术，及时解决配件的供应。根据引进设备的具体情况，如规模大小、技术复杂程度，分别承担引进设备的部分或全部测绘、仿造和改进工作。

6．搞好自制设备的综合管理

自制设备，要做到技术上先进实用，经济上合理。要统管设备的前半生和后半生，即在设备设计阶段进行可行性研究，制造阶段要有定额指标，使用阶段要有一整套维修保养方法。并且要加强标准化工作，统一某些关键设备的设计，搞好设备的鉴定、定型、推广工作，以提供成套的设备和技术资料及备品配件。

7．做好设备管理和维修人员的培训工作

对设备管理和维修人员进行培训是设备管理的技术组织保证，不搞好培训工作，设备管理和维修就不能很好地开展。

8．追求设备寿命周期费用最优化

设备的寿命周期费用，是设备一生的总费用，在设备规划决策的方案论证中，应追求设备寿命周期费用最经济，而不是只考虑购买或使用某一阶段的经济性。因此，在设备规划阶段，要求设备的经济性；在设备维修阶段，要谋求停机损失和维修费用之间的最佳平衡，求得设备维修的最佳，保障物流机械设备的运用与管理经济效果。当然，还要考虑设备的综合效益。

9．应用科学管理手段

随着电子技术的发展及其应用推广，企业为了提高管理效率和质量，广泛采用了计算机管理决策系统，设备管理也开始应用计算机这一先进管理手段。利用计算机可完成设备数据报表资料的统计和分析以及各种计划的编制。如维修记录、故障状况、停机占时、修机工时、维修费用、备件库存等，均可用代码将其收集在数据库内，需要时随时调出使用，促进了设备管理科学化。

设备管理是一项技术工作，又是一项复杂的经济工作和细致的组织工作，因此，要求设备管理工作体现科学性、经济性和群众性特点。

四、物流机械设备管理的主要内容

物流机械设备管理是对设备进行全过程管理，它是从设备规划和选购设备或自行设计制造设备开始，到设备在物流系统中使用、维护、修理直至报废退出物流系统的全过程管理。

物流机械设备的管理，不仅限于提供符合性能要求和使用要求的设备本身，而且还要求提供使用操作条件和技术保障。物流机械设备必须通过人员操作才能发挥作用，必须通过人员给予保养修理才能保证无故障状态下的正常使用。物流机械设备的管理内容，当然首先是物流机械本身；其次包括对物流机械设备技术管理、操作使用与维修人员的管理，只有通过对人员的管理，才能实现对物流机械设备的管理；最后，还应包括与物流机械相关的经济管理。总之，物流机械设备管理贯穿于物流机械设备运动全过程，主要内容有以下三个方面：

1．设备的技术管理

主要包括：设备的规划、选购、自制与安装调试；设备的合理使用和维护保养管理；

设备的计划检修；设备的状态监测与技术诊断；设备安全技术管理和事故处理；设备备件管理；设备的技术资料管理；设备技术改造；设备技术档案管理等。

物流机械设备技术管理，必须遵循物流机械设备的运动特性与技术状况的变化规律，科学地组织好物流机械设备管理各项内容中的技术工作，不断提高其技术素质，保证其完好状况，使之充分发挥效能，完成生产作业任务，为企业创造良好经济效益。

2．设备的经济管理

主要包括：设备投资效益分析；资金筹措和使用；设备移交验收、分类编号、登记卡片和台账管理、库存保管、调拨调动、年终清查等资产管理；折旧的提取与管理；费用的收支核算；设备更新等。

物流机械设备的经济管理必须遵循价值规律和寿命周期费用变化规律，对物流机械设备管理的各项内容进行经济论证、经济核算、经济分析和成本控制等活动，开展多种形式的增收节支和经营，使企业取得最佳经济效益投资。

3．设备的组织管理

主要包括：人员教育和培训；设备管理制度和规范的制定；设备管理、使用的监督、检查和评比等。

物流机械设备的组织管理，必须遵循物流机械使用与磨损的客观规律，运用行政手段，科学地把物流机械设备技术管理和经济管理结合起来，全面完成物流机械设备管理任务。

设备管理的三方面内容，是相互联系的一个整体。其中，技术管理是基础，经济管理是目的，组织管理是手段。只有三者结合，才能实现综合管理的目标。

五、物流机械设备配置

物流机械设备一般投资大，使用期限较长，在配置和选择时，一定要进行科学决策和统一规划。正确地配置与选择物流机械设备，可为物流作业选择出最优的技术设备，使有限的投资发挥最大的技术经济效益。

（一）物流机械设备配置的原则

1．系统化原则

系统化就是在物流机械设备配置、选择中用系统的观点和方法，对物流机械设备运行所涉及的各环节进行系统分析，把各个物流机械设备与物流系统总目标、物流机械设备之间、物流机械设备与操作人员之间、物流机械设备与物流作业任务等有机严密地结合起来，改善各个环节的机能，使物流机械设备配置、选择最佳，使物流机械设备发挥最大的效能，并使物流系统整体效益最优。

在企业物流系统中，用系统观点和方法解决物流机械设备配置和选择问题，是提高企业资源的利用率，实现最合理投资的重要手段。按系统化原则配置与选择物流机械设备，不仅要求物流机械设备与整个系统相适应，各物流机械设备之间相匹配，而且还要求全面、系统地分析物流机械设备单机的性能，从而进行综合评价，做出决策。例如，为了完成搬运和装卸作业，需采购四台叉车，叉车的选择就可用系统观点进行综合分析，从而得出最佳叉车性能价格比，如表 9-1 所示。

表 9-1　三种叉车性能价格比较

单位：万元

	国产电瓶叉车	日本力之优电瓶叉车	国产内燃叉车
型号	CPD20B	FBA20P	CPCD20-W
设备采购单价	9.5	19.5	11
充电机	1.2	标准配备，采购价格	
备用电瓶	0.8	90%～100%	
电瓶寿命	2 年	6～10 年	
折算成相同寿命	2.4～4		
开动率	40%～60%	90%～100%	
折算成相同开动率	19.5		
单台总价	35	19.5	
4 台总价	140	78	
备件单价	相对便宜	相对昂贵	相对便宜
维修难度	拆卸/分析/诊断	自动诊断	拆卸/分析/诊断
维修工时	多	少	多
人力资源投入	多	极少	多
备件储存量	多	少	多
电瓶保养	复杂	简单	
噪声	大	极小	很大
污染	无	无	大
操作灵便性	一般	好	差
外观	一般	好	一般
性能价格比	不好	最佳	一般

通过表 9-1 分析可知：各种设备所涉及的成本不仅是首次的采购成本，更大的是运行成本和效率成本。如果选用进口叉车，单从有形的价格分析，总费用就比国产电瓶叉车减少了 62 万元人民币。用户真正需要的是工作效率高、运行成本低、可靠性高、开动率高和故障率低的设备。如果仅仅考虑设备采购单价、设备国产化、维修备件单价，可能会造成高成本、低效益。因此，选择故障率低、可靠性高、开动率高、操作方便、维修少而简便的进口叉车，其性能价格比最好。

2．适用性原则

适用性是物流机械设备满足使用要求的能力，它基本包括适应性和实用性。在配置与选择物流机械设备时，应充分注意到与物流作业的实际需要和发展规划相适应，应符合货物的特性，适应货运量的需要，适应不同的工作条件和多种作业性能要求，操作使用灵活方便。因此，首先应明确物流机械设备的必要功能是什么。物流作业都有相应的物流机械设备去完成。根据具体的作业任务来确定需要什么样的物流机械设备，做到物流机械设备与作业配套，发挥各物流机械设备的效能，这就是一个把握必要功能的问题。要考察什么样的物流机械设备具有什么样的功能，能完成什么样的作业。例如，叉车的功能就是拆码垛及短距离运输，它一般适用于普通货物装卸作业。所以，在配置与选择物流机械设备时应根据物流作业特点，找到必要功能，选择相应的物流机械设备。这样的物流机械设备才有针对性，才能充分发挥其功能。有人认为，物流机械设备的适用性越强，其功能就越多。其实不然。功能越多，厂家的成本投入一定大，物流机械设备的价格也会提高，购置时一次支付的费用也会增高，况且，功能太多，不一定是实际作业所需要的，花了钱买了不需要的功能，物流机械设备得不到充分的利用，肯定造成浪费，不可能取得良好的经济效益。那么，能不能为了省钱而购置功能较少的物流机械设备呢？也不行。功能太低，不能满足作业要求，不能体现物流机械设备适用性的优势，物流效益低，也是不可取的。只有充分考虑使用要求，去选择物流机械设备的功能，才能充分体现物流机械设备的适用性，获得较大的投资效益。

3．技术先进性原则

技术先进性，是指配置与选择的物流机械设备能够反映当前科学技术先进成果，在主要技术性能、自动化程度、结构优化、环境保护、操作条件、现代新技术的应用等方面具有技术上的先进性，并在时效性方面能满足技术发展要求。因而，先进是指在一定条件下、一定时期内的先进。物流机械设备的技术先进性是实现物流现代化的技术基础。但先进是以物流作业适用为前提，以获得最大经济效益为目的，绝不是不顾现实条件和脱离物流作业的实际需要而片面地追求技术上的先进。不过，要防止购置技术上已属落后、已被淘汰的机型。

4．低成本原则

低成本是指物流机械设备的寿命周期成本低。它不仅是一次购置费用低，更重要的是物流机械设备的使用费用低。任何先进物流机械设备的使用都受着经济条件的制约，低成本是衡量机械设备的技术可行性的重要标志和依据之一。在多数情况下，物流机械设备技术先进性与低成本可能会发生矛盾。但在满足使用的前提下应对技术先进与经济上的耗费进行全面考虑和权衡，做出合理的判断，这就需要进一步做好成本分析。

物流机械设备成本费用主要有原始费用和运行费用两大部分。原始费用是购置设备发生的一切费用，它包括设备购置价格、运输费、安装调试费、备品备件购置费、人员培训费等；运行费用是维持设备正常运转所发生的费用。它包括间接或直接劳动费用、服务与保养费用、能源消耗费用、维修费用等。在配置和选择设备时，需要同时考虑这两部分费用的支出。然而，在实际中，许多时候往往只注意了物流机械设备的原始费用，而忽略了物流机械设备的运行费用。结果造成物流机械设备整个寿命周期费用高，投资增大。有些物流机械设备原始费用比较低，但其能耗消耗量大，故障率高，维修费用高而导致了运行成本很高。相反，有些物流机械设备的原始费用高，但其性能好、能耗小、维修费用低，因而运行成本较低。因此，全面考察物流机械设备的价格和运行费用，选择整个寿命周期费用低的物流机械设备，才能取得良好的经济效益。

此外，为完成某种轻量级工作而购买价格昂贵的重量级物流机械设备，或选用使用寿命不长的物流机械设备，或非标准物流机械设备，都可能会带来经济上的不合理。

5．可靠性和安全性原则

可靠性是指物流机械设备在规定的使用时间和条件下，完成规定功能的能力。它是物流机械设备的一项基本性能指标，是物流机械设备功能在时间上的稳定性和保持性。如果可靠性不高，无法保持稳定的物流作业能力，也就失去了物流机械设备的基本功能。物流机械设备的可靠性与物流机械设备的经济性是密切相关的。从经济上看，物流机械设备的可靠性高就可以减少或避免因发生故障而造成的停机损失与维修费用支出。但是可靠性并非越高越好。因为提高物流机械设备的可靠性需要在物流机械设备开发制造中投入更多的资金，受到其制约，价格较贵。因此，不能片面追求可靠性，而应全面权衡提高可靠性所需的费用开支与物流机械设备不可靠造成的费用损失，从而确定最佳的可靠度。

安全性是指物流机械设备在使用过程中保证人身和货物安全以及环境免遭危害的能力。它主要包括设备的自动控制性能、自动保护性能，以及对错误操作的防护和警示装置等。

随着物流作业现代化水平的提高，可靠性和安全性日益成为衡量设备好坏的重要因素。在配置与选择物流机械设备时，应充分考虑物流机械设备的可靠性和安全性，以提高物流机械设备利用率，防止人身事故，保证物流作业顺利进行。

6．一机多用原则

一机多用是指物流机械设备具有多种功能，能适应多种作业的能力。配置用途单一的物流机械设备，使用起来既不方便，又不利于管理。因此，应发展一机多用的物流机械设备。配置和选择一机多用的物流机械设备，可以实现一机同时适宜多种作业环境的连续作业，有利于减少作业环节，提高作业效率，并减少物流机械设备台数，便于物流机械设备管理。从而充分发挥物流机械设备潜能，确保以最低投入获得最大的效益。如叉车具有装卸和搬运两种功能，正是这点使其得到极为广泛的应用。再如多用途门座起重机，可实现集装箱吊具、吊钩、抓斗多种取物装置的作业，用途广泛，适用于装卸集装箱集装货物、钢材和超长超大重件等件杂货、煤和砂石等散装货物。在配置与选择物流机械设备时，要尽量优先考虑一机多用的物流机械设备。

此外，还有环保性原则，要求物流机械设备噪声低，污染小，具有较好的环保性。

（二）物流机械设备配置前期工作

1．了解设备规划的要求

设备规划是企业根据生产经营发展总体规划和本企业设备结构的现状而制订的用于提高企业设备结构合理化程度和机械化作业水平的指导性计划。科学的设备规划能减少购置设备的盲目性，使企业的有限投资保证重点需要，从而提高投资效益。

设备规划主要包括设备更新规划、设备现代化改造规划、新增设备规划。

设备规划的编制依据主要有：企业经营发展的需求；现有设备的技术状况；有关安全、环境保护、节能等方面法规的要求；国内外新型设备的发展和科技信息；可筹集用于设备投资的资金。

在确定配置方案之前，要根据设备规划确定需更新的物流机械设备，然后再根据要求，进行物流机械设备配置。

2．收集有关资料，并进行详细分析比较

（1）经济资料

货物的种类及其特性、货运量、作业能力、货物流向等是最主要的经济资料。它们直接影响着物流机械设备的配置与选择。因此，必须多渠道、正确地搜集这些资料。在调查搜集有关经济资料时，不仅要掌握目前和近期的情况，而且还需要摸清远景的发展或变化趋势。调查所得的资料并加以必要的整理、审查、核实、分析研究，并做出有关的统计分析表。

（2）技术资料

它包括物流机械设备技术性能现状及发展趋势；主要生产厂家技术水平状况；使用单位对设备技术评价等。这些资料是从整体上把握物流机械设备技术状况的重要数据和资料。

（3）自然条件资料

它主要包括货场仓库条件、地基的承受能力、地基基础、作业空间等资料。

（三）物流机械设备配置方案制定

1．拟定物流机械设备配置的初步方案

对于同一类货物、同一作业线、同一个物流作业过程，可以选用不同的物流机械设备。因而在拟定初步方案时，就可能提出几个甚至更多而又具有不同程度优缺点的配置方案。然后，按照配置原则和作业要求确定配置物流机械设备的主要性能，分析各个初步方案的优缺点，并进行初步选择，去劣存优，最后保留2～3个较为可行的、各具优缺点的初步方案，并估算出它们的投资，计算出物流机械设备生产率或作业能力以及初步的需要数量。

2．物流机械设备配置方案的确定

为了比较各种配置方案，从经济上分析哪些方案较为有利，必须进行技术经济评价，以便选择一个最有利的方案。当然，在确定配置方案时，具体方案中如出现有不可比因素，这就要求将不可比因素作一些换算，尽量使比较项目有可比性。

为此对经过选择而保留的几个方案进行评价后，还需要进一步分析比较，以便从中选择不但在技术性能和使用方面有较多优点，而且也是最经济的方案。

Mission 任务2 物流机械设备使用管理

学习指南

本项任务将引领大家掌握物流机械设备使用管理的基本知识，进而理解物流机械设备的维护保养管理。同时，根据物流机械设备的故障管理规律及企业管理制度，开展物流机械设备的修理管理。

使用，是指设备工作过程。物流机械设备正常使用，是指在正常工作条件下，物流机械设备从事物流作业，并且充分发挥其设计效用的工作过程。物流机械设备使用管理是从验收、投入使用到寿命终止、报废的全过程的管理，它包括组织管理、技术管理、经济管理等具体内容，是设备管理工作的核心。物流机械设备使用管理的基本要求是：保持机械设备的良好状态，正确使用和优化组合，充分发挥机械设备的功能，安全、优质、高效、

低耗地完成所担负的物流作业任务，并且取得最佳经济效益。

一、物流机械设备的正确使用

正确使用，包括技术合理和经济合理两方面内容。技术合理就是按有关技术文件上规定的物流机械设备性能、使用说明书、操作规程、安全规则、维护和保养规程，以及不同的工作状况、工作环境、自然条件下使用要求，正确操作使用物流机械设备。经济合理就是在物流机械设备性能允许范围内，能充分发挥物流机械设备的效能，以高效、低耗获得较高的经济效益。

（一）物流机械设备正确使用的衡量标志

评价物流机械设备是否属于正确使用，可以三个方面指标作为考察的主要标志。

1. 高效率

物流机械设备的使用，必须使其作业能力得以充分发挥。在物流作业流水线所需的设备中或综合机械化组合中，至少应使其主要物流机械设备的物流作业能力得以充分发挥。物流机械设备如果长期处于低效运行状态，那就是不合理使用的主要表现。

2. 经济性

在物流机械设备使用已经达到高效率时，还必须考虑经济性的要求。经济性要求是使物流机械设备在完成一定工作量的物流作业时所需使用费成本最低。不同的物流机械设备，不同作业性质，具有相应的经济性指标。如在码头前沿作业的港口抓斗起重机，各个港口的管理部门都制定有“最经济指标”。如果使用费成本经常高于这一定值，也就称不上正确使用。

3. 非正常磨损防护

物流机械设备的正常磨损是物质运动的规律，即使正确使用和精良的维护保养，也是无法避免的。但是，非正常磨损往往可通过有效防护得到避免或者杜绝。机械设备非正常磨损的防护指标，一般以零部件和结构件的早期磨损、过度磨损、事故损伤频度以及各种使原有技术性能受到损害或缩短使用寿命的程度来考察机械设备是否正确使用。

以上三个标志是衡量物流机械设备是否做到正确使用的主要标志。要达到上述要求的因素是多方面的，有物流作业设计方面、专业人员素质方面和运行管理方面的因素，也有各种技术措施方面的因素等。正确使用物流机械设备就是对这些因素进行分析和研究，找出有效的解决办法。

（二）物流机械设备使用初期管理

使用初期管理是指物流机械设备在安装后投入使用初始阶段的管理。新机械设备的零件表面加工比较粗糙，在使用初期，有形磨损严重，各个紧固件也会因振动十分容易松动而产生噪声，因此，为了使设备进入正常运行状态，必须加强初期管理，使投入使用的物流机械设备满足物流作业工艺、质量、效率的综合要求。

物流机械设备使用初期管理的内容大致包括以下几个方面。

1. 人员培训

对物流机械设备操作人员、管理干部、维修技术人员进行技术培训。通过培训，要求有关人员不同程度地了解和掌握物流机械设备基本结构、工作原理、性能、操作规范、维护保养、使用规程和方法，为正确使用创造良好的条件。

2．调整运行

物流机械设备安装之后，要对各个机构及整机进行全面检查，随后进行初期试运行，分别对各个技术参数作实测，必要时作调整试验，使实测数据符合设计指标。

3．初运行记录

在使用初期，应做好各机构及整机运行情况、使用条件、工作范围、工作量、工作时间、早期故障、零部件损伤与失效、更换与修复件等方面的详细记录，以作为今后物流机械设备使用与管理的技术资料。

4．改进修理

物流机械设备在使用初期发生的故障一般为事后修理，采用状态监测和故障诊断系统的物流机械设备，则可以进行预知修理。尤其对使用中暴露出的设计缺陷，应提出合理化的改进修理意见，实施修理的效果应作为信息收集并反馈到有关部门。

5．探索总结

在使用初期，探索和总结物流机械设备在使用中的稳定物流作业与合理的工艺过程条件下的各项额定指标，使用费用最经济的方法和措施，为正确使用奠定基础。

6．评价与反馈

对物流机械设备使用初期的费用和经济效益进行技术经济分析，做出评价，并对有关使用信息进行收集和综合整理，及时向有关部门反馈。

（三）物流机械设备使用管理制度

1．“三定”责任制

定人、定机、定岗位责任，简称“三定”制，它是把物流机械设备和操作人员相对固定下来，使机械设备的使用、维护和保养的每一个环节，每项要求都落实到具体人员，既责任明确，又有利于增强操作人员爱护物流机械设备的责任感。对保持物流机械设备良好技术状况，促使操作人员熟悉物流机械设备特点，熟练掌握操作技术，正确使用维护，充分发挥物流机械设备功效，预防和排除故障，防止事故发生，提高统计水平和经济分析准确程度等都具有决定性作用。

根据物流机械设备类型不同，定人、定机有下列形式：单人操作的物流机械设备，实行专机专责制，其操作人员承担机长职责；多班作业或多人操作的物流机械设备，均应组成机组，实行机组负责制，其机组长即为机长；班组共同使用物流机械设备以及一些不宜固定操作人员的设备，如仓库或配送中心的物流机械设备，应指定专人或小组负责保管和保养，限定具有操作资格的人员进行操作，实行班组长领导下的分工负责制。

2．交接班制度

对于连续运转和多班制工作的物流机械设备，要建立严格的交接班制度。物流机械设备交接班时，交接双方都要全面检查，做到不漏项目，交待清楚，由交方负责填写交接记录。接方核对相符签收后，交方才能下班。交接班制主要包括以下内容：交清本班次生产作业任务的完成情况；交清物流机械设备运转情况；交清保养修理与技术监测情况；填写本班运行记录。

物流机械设备管理人员应经常检查交接班记录的填写情况，并作为操作人员日常考核的依据之一。

3．凭证操作制度

为了加强物流机械设备使用和操作人员管理，保证设备完全运转，一些物流机械设备如载货汽车、起重机等的操作人员，需要经过该机种的技术考核合格后，取得操作证，方能独立操作该种机械设备。

4．岗位责任制度

为了加强操作人员和管理人员的工作责任心，安全高效地完成生产作业任务，必须遵守岗位责任制。岗位责任制内容主要包括：严格遵守“三定”制度、凭证操作制度、操作维护规程；加强学习，掌握技能，做好点检、日常维护、定期保养工作；参与所操作设备的检查和修理工作，并对外包修理项目进行技术验收；不违章作业，抵制违章指挥；认真执行交接班制度，填好设备运行记录；若发生事故，按有关规程采取相应的制止措施；管理好使用的工、属具。

5．使用管理监督检查制度

为保证物流机械设备的正确使用管理，应根据有关规定，结合实际情况制定切实可行的使用管理、监督检查制度。

（四）物流机械设备正确使用的注意事项

正确、合理地使用物流机械设备，能使设备减轻磨损，保持良好的工作性能，更好地发挥设备的效能，延长设备的使用寿命。为此，在物流机械设备的使用中，应做好如下工作：

第一，健全组织保障体系，做好设备安装工作。从企业领导到一线操作人员都应树立起关心设备、爱护设备的思想，使人人都参与设备管理。在使用前首先要严格按质量标准安装设备，安装后要经试运转验收合格才能投入使用。

第二，合理安排设备的工作量负荷。在安排设备工作量时，应根据设备本身的技术操作要求和物流作业的任务量，经过科学的计算，合理确定物流机械设备的运用与管理。不同物流机械设备，其性能、结构、效率、使用范围、工作条件和能力都不相同，所以在安排工作量时，需按照设备的不同技术条件分别确定。既要充分发挥设备的效能，有利于提高设备利用率，又要防止设备的过度疲劳和磨损，更不允许超负荷使用。合理安排设备的工作量也为设备的计划检修打下基础。

第三，加强对操作人员的规范管理。要做到正确使用设备，必须使设备的操作、使用人员熟知设备的性能、操作和使用程序。这就要求不断地对操作使用人员进行技术培训，严格考核制度，不断提高操作人员的操作技术水平。合格的操作人员必须做到“四懂四会”，即懂性能、懂结构、懂原理、懂用途；会使用、会维护保养、会检查、会排除故障。

第四，做好物流机械设备使用的技术供应工作。要及时提供规格、质量符合要求的燃油、润滑油、液压油、备品配件等，以及轮胎、钢丝绳等替换零部件，这是保证物流机械设备正常运行的物质条件。

第五，健全和完善物流机械设备使用管理制度，并督促制度的贯彻执行。同时，定期开展物流机械设备使用检查评比活动。

二、物流机械设备的维护保养管理

（一）物流机械设备保养管理的基本内容

物流机械设备要经常处于完好状态，除了正确使用设备之外，还要做好维护保养工作。维护保养工作做得好，设备不但能保持正常运转，减少设备的故障及修理次数，而且还能延长设备的使用寿命。

维护保养是指对设备进行清洁、润滑、紧固、调整、防腐、检查等一系列工作的总称，其目的是减缓设备的磨损，及时发现和处理设备运行中出现的异常现象。

由于物流机械设备结构、性能和使用方法不同，设备维护保养工作的具体内容不完全一致。但设备维护保养的基本内容是一致的，即清洁、安全、润滑、防腐、检查。

清洁是指各种物流机械设备要清洁，做到无灰、无尘、整齐，保持良好的工作环境。

安全是指设备的保护装置要齐全，各种装置不漏水、不漏油、不漏气、不漏电，保证安全，不出事故。

润滑是指设备要定时、定点、定量加油，保证润滑面正常润滑，保证运转畅通。

防腐是指要防止设备腐蚀，提高设备运行的可靠性和安全性。

要实现上述维护保养，必须加强维护保养管理，在维护保养过程中严格遵守有关作业制度和注意事项、操作程序、维护保养规程和规范。

（二）物流机械设备的三级保养制度

设备的维护保养方法很多，无论采用哪种方法，其目的都是使设备保持其良好性能，提高设备效率，降低成本，更好地为物流作业服务。

1. 设备的日常维护保养

物流机械设备的日常维护是全部维护工作的基础。它的特点是经常化、制度化。一般日常维护保养包括班前、班后和运行中维护保养。

参加日常维护保养的人员主要是操作工人。要严格按操作规程操作，集中精力工作，注意观察设备运转情况和仪器、仪表，通过声音、气味发现异常情况。设备不能带病运行，如有故障应停机检查及时排除，并做好故障排除记录。

日常维护保养的内容大部分在设备的外部。其具体内容有：搞好清洁卫生；检查设备的润滑情况，定时、定点加油；紧固易松动的螺钉和零部件；检查设备是否有漏油、漏气、漏电等情况；检查各防护、保险装置及操纵机构、变速机构是否灵敏可靠，零部件是否完整。

2. 设备的一级保养

设备的一级保养是要使设备达到整齐、清洁、润滑和安全的要求，减少设备的磨损，消除设备隐患，排除一般故障，使设备处于正常技术状态。通过一级保养，使操作者逐步熟悉设备的结构和性能。设备一级保养的具体内容有：对部分零部件进行拆卸清洗；部分配合间隙进行调整；除去设备表面斑迹和油污；检查调整润滑油路，保持通畅不漏；清洗附件和冷却装置等。

参加一级保养的人员以操作工人为主，维修工人为辅。保养一般在每月或设备运行500～700h 进行一次。每次保养之后，要填写保养记录卡，谁保养，谁记录，并将其装入设备档案。

3. 设备的二级保养

设备二级保养，又叫年保。其主要目的是延长设备的大修周期和使用年限，使操作者进一步熟悉设备的结构和性能，使设备达到完好标准，提高及保持设备的完好率。

设备二级保养的具体内容有：根据设备使用情况进行部分或全部解体检查或清洗；检查、调整精度，校正水平；检修电器箱、电动机，修整线路；对各传动箱、液压箱、冷却箱清洗换油；修复和更换易损件。

参加二级保养的人员以维修工人为主，操作工人参加。保养时间一般是按一班制考虑，一年进行一次，或设备累计运转 2 500h 后进行。保养后，要填写保养记录卡。

（三）物流机械设备的点检制度

物流机械设备的点检是一种现代先进的设备维护管理方法，是对影响设备正常运行的一些关键部位进行经常性检查和重点控制的方法。

1. 设备点检的含义

设备的点是指预先规定的设备关键部位或薄弱环节。设备的点检是指通过人的五官或运用检测的手段进行检查，及时准确地获取设备部位的技术状况或劣化的信息，及早预防维修。

进行设备点检能够减少设备维修工作的盲目性和被动性，及时掌握故障隐患并予以消除，从而掌握主动权，提高设备完好率和利用率，提高设备维修质量，并节约各种费用，提高了总体效益。

2. 设备点检的类别

由于各种物流机械设备性能不同、运行规律不同，设备的点检可分为日常点检、定期点检和专项点检。

（1）日常点检。每日通过感官检查设备运行中的关键部位的声响、振动、温度、油压等，并将检查结果记录在点检卡中。

（2）定期点检。时间周期长短按设备具体情况划分，有一周、半月、一月、数月不等。定期点检除了凭感官外还要使用专用检测仪表工具。定期点检主要是针对那些重要设备，检查其性能状况、缺陷、隐患以及劣化程度，为设备的大修、项修方案提供依据。

（3）专项点检。专项点检是有针对性地对设备某特定项目的检测，使用专用仪器工具，在设备运行中进行。

3. 设备点检的方法

设备点检方法有：

（1）运行中检查。

（2）停机检查，其中包括停机解体检查和停机不解体检查。

（3）凭感官和经验检查。

（4）使用仪表仪器检查。

某设备的点检方法一经确定，点检人员不能随意自行改变。

4. 设备点检的步骤

（1）确定设备的检查点。设备的检查点往往是设备的关键部位或薄弱环节，检查点一经确定，轻易不要变动，并要长期积累历次检查数据和资料。

（2）确定点检路线。检查点确定后，要根据设备的分布和类型等具体情况组成一条点检路线，并明确点检前后顺序。点检路线确定后，也不许轻易变动。

（3）确定点检标准。设备的点检标准要根据设备的各种资料并结合实际经验来制定，其标准要量化，便于检查。

（4）确定点检周期。设备的各自性能不同、特点不同、寿命不同，点检周期也不同，因此要根据实际情况，分别制定各设备的点检周期，以保证设备按时接受检查。

设备点检人员必须有高度的责任心和技术水平，切实做好点检工作，点检人员对检查信息记录要准确、简明、全面、规范。设备点检工作完成后，必须妥善保存、归档，以便今后工作所用。

5．设备点检工作的检查和考核

做好点检工作，对今后设备的修理工作会起到重要作用，因此要加强领导，定期检查、考核，杜绝不负责任的点检，使点检工作真正起到成效。

三、物流机械设备的故障管理

（一）物流机械设备故障及其管理的重要性

设备的零部件、元器件、机构或系统在使用中丧失或降低其规定功能，称为设备故障。设备一旦发生故障，会直接影响到生产作业任务的完成、工作质量以及企业的经济效益。

设备故障的产生受多种因素的影响，如设计制造质量、使用的环境条件、维护保养、操作人员的素质，以及设备的老化、腐蚀和磨损等。为了减少以至消灭故障，必须研究和探索发生故障的规律，对故障进行记录和机理分析，以及采取有效的措施控制故障的发生和扩展，这就是设备的故障管理。

物流作业效率较高的现代物流机械设备，由于故障停机会给企业带来很大的损失。对仓库、配送中心、大型货场的物流作业来说，减少故障停机，不仅能保持物流作业高效率，而且能使整个物流系统畅通运行，创造出更大的经济效益。因此，随着物流机械设备现代化水平的提高，加强故障管理，有着极其重要的意义。

（二）物流机械设备的故障规律

设备的故障规律，就是设备从投入使用直到报废为止的设备寿命周期内故障的发展变化规律。设备是由许多零件构成的，设备故障常常由某个或某些关键随机件失效引起。设备的典型故障曲线似浴盆，故又称浴盆曲线（Tub Curve），如图 9-1 所示。

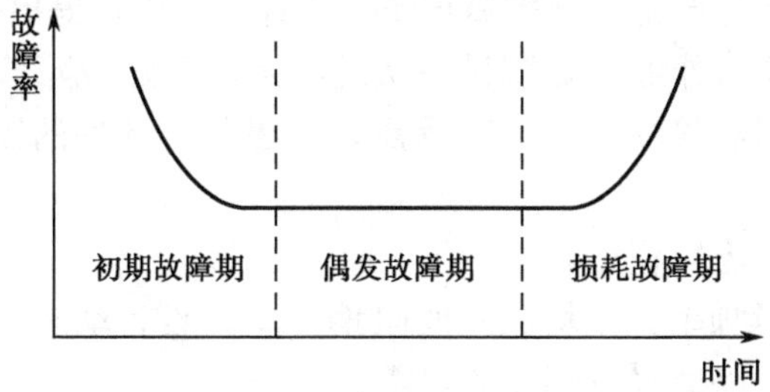

图 9-1 设备故障率变化图

浴盆曲线可以划分为三个不同阶段。第一阶段叫初期故障期，这个阶段的故障率较高，故障一般是由于设计上的疏忽、制造质量欠佳和操作不协调引起的。第二阶段叫偶发故障期（稳定阶段），在这个阶段内设备已进入正常运转阶段，故障率较低，基本上为一常数，一般情况下大部分故障属于维护不好和操作失误而引起的偶发故障。第三个阶段叫做损耗故障期（磨损阶段），在此阶段，设备的某些零件已经老化，因而故障率剧增，若能事先知道或能事先预测到劣化开始时间，在这个时间开始之前进行更换，就可以把故障率降下来，延长设备的有效寿命。

（三）物流机械设备故障管理内容

物流机械设备故障管理内容主要包括以下几个方面：

1．掌握异常信息

积极推广和开展物流机械设备技术状况监测与故障诊断，并且与利用简易仪器仪表进行感官诊断的方法相结合，通过监测，掌握物流机械关键部位和容易产生故障的机构、系统的异常现象或故障征兆信息，如振动、噪声、温度变化等。

2．收集故障资料

做好物流机械设备故障资料的记录和收集工作，对故障信息及时、准确、完整地收集记录和总结分析后，存入专业档案保管。对专业图书和技术通信等刊物上报道的有关故障分析处理的经验、资料进行摘录与编辑，或者以文摘索引方式存入档案。有关记录或资料摘录内容通常包括：物流机械设备的编号、名称、型号规格、故障发生的所属部位或机构，故障原因、停机修理时间、修理内容与工艺措施、所用工艺装备、工时材料和主要修换件、维修费用、经济损失等。

3．信息处理，寻找规律

充分利用数理统计等理论和分析方法，如管理图、直方图、因果图、控制图等，进行记录数据处理，分析故障产生的原因，找出故障规律，制定故障处理对策。

4．故障处理与信息反馈

由设备技术人员针对故障现场实际情况和积累的有关经验，制定具体对策，提出故障处理和维修方案，并及时组织力量对故障进行处理，技术活动中的有关信息向主管部门和设计制造部门反馈。

（四）物流机械设备故障管理的具体做法

开展物流机械设备故障管理，一般做法如下：

第一，操作人员自觉对设备进行故障记录、统计、分析，提出排除故障的合理化建议。

第二，结合本单位物流作业实际和设备状况特点，确定故障管理的重点设备。

第三，采用监测仪器和诊断技术，对重点设备进行有计划的监测活动，以发现故障征兆和劣化的信息。

第四，建立故障查找逻辑程序。

第五，分析设备故障频率、平均故障间隔期、单台设备动态，以及重复故障发生的原因，找出故障发生规律，以便采取相应的对策。

第六，建立故障管理系统，确定故障管理的合理程序。

第七，针对故障情况，采取相应对策。

第八，对重复性频率高的故障，要重点进行研究，采取改善维修的对策，以减少故障的发生。

四、物流机械设备的修理管理

物流机械设备的修理是针对那些由于损坏，而造成设备无法正常工作而进行的修复工作。设备的修理不同于设备的维护保养，修理的主要目的是修复和更换已经磨损或腐蚀的零部件，使设备恢复其技术性能和使用性能，保证发挥其正常功能。对于自然的有形磨损的修理称为正常修理；对于事故性损坏的修理称为非正常修理。修理则是恢复物流机械设备功能的有效措施，是对有形磨损的局部补偿，也是物流机械设备管理的一个重要组成部分。

（一）物流机械设备修理方式

1．事后修理

物流机械设备发生故障甚至不能使用后，再对其进行修理的方法，称为事后修理。一般为非计划性修理，也被称为故障修理。事后修理一般适用于利用率较低、修理复杂程度较低、能及时提供备件、实行预防修理在经济上并不合理的中小型物流机械设备，如中小型起重机等。

2．改善修理

根据故障记录和状态监测的结果，在修复故障部位的同时对设备性能或局部结构加以改进，根除故障根源的措施，称作改善修理。改善修理的范围，适宜某些物流机械设备结构的原设计制造不合理的情况，目的在于提高和改善局部结构或系统的可靠性和维修性。

3．预防维修

根据物流机械设备的工作环境、零部件及控制系统的工作状况，依靠监测信息，事先编制修理计划和修理项目相应的工艺方案及程序，开展对物流机械设备的修理作业，称为物流机械设备的预防修理。预防修理可以分为两类：一是定期修理，二是状态监测修理，或称为定检定项修理制。

（1）定期修理。它是以时间为基础或者以工作台时为基础，而不考虑零部件磨损规律的修理方式。它的特点是具有周期性，人力、备件等资源可事先预计，并可做长期安排。这种维修方式适用于连续或多班作业场合、使用频繁、平时难以停机修理的物流机械设备。

（2）状态监测修理。它是以设备运行技术状况为基础的预防修理，也称为针对性修理。它用人工或仪器对设备进行监测和诊断，通过数据分析处理，了解并掌握设备或零部件的劣化程度、故障隐患，从而可选择适当时机安排修理工作。状态监测修理的特点是针对性强，可有计划地排除甚至消除故障，使物流机械设备经常处于完好技术状态，并可有效地提高零部件、结构件等物质的寿命，使材料和零部件得到充分使用。这种修理方式常适用于大中型物流机械设备中，如门座起重机、岸边集装箱装卸桥等。

以上修理方式各有优缺点，选择最佳的修理方式是要用最少的费用取得最好的修理效果。为此，企业可根据自己的物流作业特点、各类物流机械设备特点、故障规模、修理费用、停机损失、维修组织工作、资金、修理效果等情况择优选用。在一个企业里或仓库、配送中心中，多种修理方式可以并存。

（二）物流机械设备的修理类别

物流机械设备的修理类别，按修理范围、修理内容、要求、工作量，一般可分为大修、项修、小修。

1．大修

它是指工作量较大的全面修理。大修时，要将全部或部分零件分解，修复基准件和不合格零件，更换部分磨损零部件，修理电气系统及整修外形等，以恢复设备原有性能，延长设备寿命。

2．项目修理（项修）

它是指物流机械设备结构中的某部位实际状况已经劣化到不能继续使用的程度，根据实际需要进行的针对性修理。一般只需对局部进行拆卸解体，零部件、元件修复与更换，以做到通过局部性调整恢复设备技术性能，延长整机大修周期。项目修理的特点是修理内容明确，针对性强，可节省修理时间、人力、物力和费用，效果较好。

3．小修

它是指工作量较小的修理。小修的工作内容除日常保养和定期保养的全部内容之外，还要根据物流机械设备的磨损规律，进行机、电检修，对需要修理的部分进行分解、检查、修理，更换磨损件，对磨损部位加工等。小修属局部修理，目的在于排除故障，恢复局部功能。

物流机械设备的大修、项修、小修都是以技术状态监测为基础的，从而提高了修理的计划性、准确性和经济性，减少了不必要的拆卸或过剩修理。大修、项修、小修三者都具有恢复物流机械设备技术性能和使用性能的功用，但具体的工作内容和范围各不相同。大修是整机全面性恢复的修理，项修是局部性调整与恢复的修理，小修是排除故障性的修理。

（三）物流机械设备修理计划的编制与实施

1．物流机械设备修理计划的编制

设备修理计划是在事先计划的情况下，对设备进行维护、检查和修理，以防止设备的突发故障，保证和延长设备使用寿命。设备修理计划是企业生产经营计划的一个重要组成部分，也是设备管理工作的一个重要环节。

设备修理计划由企业的设备管理部门负责编制，并与财务等有关部门共同讨论，从人力、物力、财力等方面综合协调物流作业和修理时间，平衡费用支出。计划确定后报送主管领导批准，并与生产经营计划同时下达执行。

正确编制物流机械设备修理计划，可以合理安排工作量、修理工期，及早做好修理前的技术准备和物质准备，达到缩短修理停机时间、提高修理质量、降低修理费用的目的。

修理计划有年度修理计划、季度修理计划、月度计划。修理的项目包括大修、项修、小修。此外，企业通常还把技术改造等项目列入其中。

（1）年度修理计划。它是企业修理计划编制的重点，为保证其准确、经济、合理，要做细致的准备工作，如掌握需要修理设备的技术状况，预测修理工作量大小、难易程度；区分轻重缓急；修前准备，维修能力及人员安排，等等。它是一项技术性很强、组织管理要求高的工作。

（2）季度计划。它是年度计划的实施计划，是按年度计划分解的大修、项修、技术改造、小修和安装项目，以及使用部门新提出的小修及调整项目计划。

（3）月度计划。它是季度计划的执行作业计划，是根据年度和月度修理计划制订的，一般在月前提出，报送企业主管领导审定批准。

编制修理计划时应该注意以下几点：应首先考虑重点设备修理计划的安排；从企业设备构成及技术状态出发，应尽量考虑新工艺、新技术、新方法的应用，结合修理适当改善设备素质；在保证修理质量的前提下，尽量减少停机时间和修理费用；编制程序通常按收集资料、拟写修理计划草案、平衡审定批准、下达执行等顺序进行。

2．物流机械设备修理计划的实施

在修理之前，应做好有关设备修理的准备工作，主要包括修理前的技术准备和生产准备两个方面的内容。

修理前的技术准备是一项重要而细致的技术组织工作，是提高修理质量的首要环节和措施。其内容包括预检测和编制修理技术文件。预检测是全面掌握待修物流机械设备的技术状况，以便制定出经济合理的修理方法和措施的技术准备工作。预检测时，要求全面了解物流机械设备存在的问题，准确、全面确定更换件、修复件，并对有损伤和临近失效或报废的零件与图纸进行认真仔细的校对。无图纸资料时，应立即进行测绘需要更换的机件。物流机械设备修理前的预检测工作结束后，由主管技术人员根据预检测过程中的问题，按照物流作业工艺对设备的要求，编制修理技术文件，主要内容包括：设备修理任务书；更换或修复件、材料明细表；修理工艺；专用工属具及量具；修理质量标准、零部件修换依据、报废标准；更换或修复件的图纸及制造工艺。其中，设备修理任务书是修理工艺过程中的重要指导性技术文件，它不仅是修理实施的依据，也是修理质量检验的依据。修理任务书中包括修理前技术状况、主要修理项目和工艺规程、修理质量要求等。

修理前的生产准备也很重要，是缩短修理周期的关键环节。这项工作一般由备件和材料供应、工属具管理等专门技术人员负责。其内容包括修理前的备件、主要材料、专用和通用工属具的计划及供应工作。

在物流机械设备修理计划实施过程中，管理部门应督促使用部门在计划时间内将设备交付修理。在交付修理之前，应全面考虑物流作业任务、进度、计划的统筹安排问题，使待修理设备能保证按时停机或下线。交修时，应认真填写设备交付修理单。大修过程中，要做好质量监督和进度监督。设备大修后，要填写设备大修竣工验收单，验收时有关部门应一起参加并签字。

物流机械设备的修理，有些可用自己的维修队伍，如小修或项修，而有些设备的大修理项目，企业可委托社会化专业维修公司或设备制造厂家维修机构来承担。因为大修任务的完成，不仅需要专业化较强的维修队伍，而且还要有专门的仪器、工具。从经济角度来考虑，委托专业化机构修理更为可行。

Mission 任务3 物流设备更新和技术改造

学习指南

本项任务将引领大家掌握物流设备更新和技术改造的基本知识，熟悉物流机械设备磨损，进而理解物流机械设备的更新。同时，根据企业生产效率要求，并结合物流设备发展形势，有计划地进行物流机械设备的技术改造。

物流机械设备在使用过程中零部件会发生各种磨损，使机械设备技术性能和使用性能下降，维持费用增加，必须根据不同情况，采取修理、更新、改造的补偿措施。为了选择适当的补偿措施，应首先研究物流机械设备的磨损问题。

一、物流机械设备磨损的认知

磨损的含义是广泛的，它包括老化、贬值、陈旧等。设备的磨损一般分为有形磨损和无形磨损。

1．有形磨损

有形磨损是指设备实体上的磨损，又称为物质磨损。机械设备使用过程中，在外力的作用下，其零部件会发生摩擦、振动和疲劳，以致机械设备的实体发生磨损，这种磨损叫做第Ⅰ种有形磨损。机械设备在闲置或封存中，由于自然力的作用（如金属件生锈、腐蚀，橡胶件和塑料件老化等），也会使机械设备发生实体磨损，这种磨损称为第Ⅱ种有形磨损。不论哪一种有形磨损，都会造成机械设备物质技术状态的劣化，使机械设备使用价值降低或完全丧失。为了补偿有形磨损，需要支出修理费或更新费。

从磨损的补偿角度看，设备的有形磨损可分为消除性的有形磨损与不可消除性的有形磨损两种。

2．无形磨损

设备的无形磨损是指设备实体看不见的磨损，又叫经济磨损或精神磨损。设备无形磨损分为两种形式：第一种形式在于设备生产厂劳动生产效率大幅度提高，原材料、动力消耗减少，生产相同结构设备的再生产价值降低，因而使原有设备价格降低，这种形式的磨损对于设备生产厂更为突出。第二种形式是由于不断出现性能更加完善、生产效率更高的设备，使原有设备无形中变得陈旧、落后，要提前报废。一般说来，技术进步快，无形磨损也就越快。

机械设备在使用过程中，由于摩擦、应力和化学反应的作用，各相对运动零件总会逐渐磨损和腐蚀，甚至断裂。机械零件的磨损过程大致分为三个阶段，如图9-2所示。

一是初期磨损阶段，又称跑合阶段。在这个阶段，磨损速度虽然快，但时间较短。

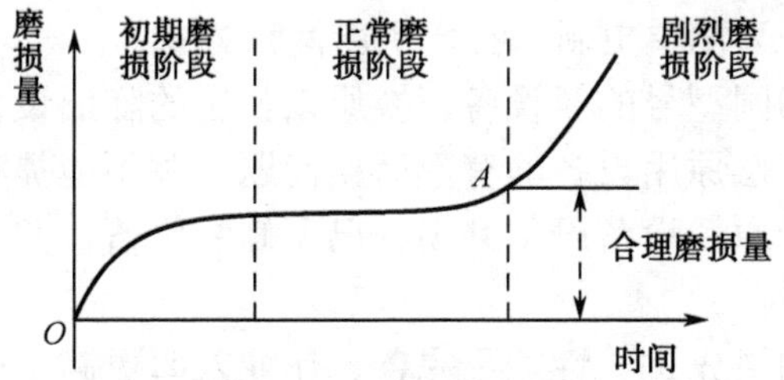

图 9-2 设备磨损曲线图

二是正常磨损阶段。如果机械零件的工作条件不变或变化很小，机械零件的磨损速度稳定，在正常情况下，机械零件磨损非常缓慢。这一阶段，就是机械零件的使用寿命缩短的阶段。

三是剧烈磨损阶段。当机械零件磨损到这个阶段，正常磨损关系就遭到了破坏，磨损急剧增加，从而使设备的精度、性能和作业效率明显降低。这就要求停止使用，及时进行修理。否则，会造成物流作业事故和设备事故。因此，需要掌握好时机，在设备进入急剧磨损阶段以前，就应进行修理。一般采用正常磨损阶段的终点 A 作为合理磨损极限。从设备零件的三个磨损阶段及磨损曲线不难看出：

第一，在设备使用的过程中，零件总是有磨损的，磨损到一定程度，就会降低作业效率和作业能力。要使设备经常处于良好状态，必须做好保养和修理工作。

第二，如果设备管理得好，合理使用，经常维护，就会延长零件的正常磨损阶段，减少故障，提高作业效率，延长设备的使用寿命。

第三，加强设备的日常检查和定期检查，及时掌握零件的磨损情况，在零件进入急剧磨损阶段之前就进行修理，可以防止设备发生故障，减少修理工作量。

第四，机械零件在正常磨损阶段的磨损是与时间成正比的。因此，在正常物流作业条件下，可通过实验和统计分析等方法，计算出物流机械设备的易损件在正常条件下的磨损率和期限，以便有效地组织技术措施，保证物流机械设备处于良好的技术状态，从而达到提高企业经济效益的目的。

3．设备磨损的补偿

为了保证物流机械设备的正常运行，并使其处于良好的技术状态，必须对物流机械设备的磨损及时予以补偿。机械设备磨损形式不同，所采取的补偿磨损的方式也就不同。一般补偿可分为局部补偿和完全补偿。设备有形磨损的局部补偿是修理；设备无形磨损的局部补偿是现代技术改造；有形磨损和无形磨损的完全补偿则是更新。设备的磨损经过补偿，才能保持良好的技术状态。

二、物流机械设备的更新

1．物流机械设备更新的概念与方式

设备更新是指技术性能更完美、经济效益更显著的新设备替代原有技术上不能继续使用，或经济上不宜继续使用的旧机械设备。通过设备更新，企业不断获得技术上先进、经济上合理的良好技术装备，保证企业物流作业建立在先进的物质技术基础上，是提高物流现代化水平的重要途径。

设备更新一般可以分为简单更新和技术更新两种方式。

简单更新是指采用相同型号的新设备替换原来使用的陈旧设备。简单更新又叫做原型更新，它只能解决完全补偿原用设备的有形磨损问题，并不能提高设备本身的技术水平。因此这种方式一般适用于原用设备严重磨损，已无修复价值，并且又无适宜的新型设备能替代的情况。

技术更新是指用结构更先进、性能更完善、作业效率更高、能源和原材料消耗更少的新型设备替换原用的陈旧设备。技术更新又叫做新型更新，它不但能完全补偿设备的有形磨损，而且还能补偿设备的无形磨损，提高设备自身的技术水平。因此，技术更新应当是设备更新的主要方式，是企业技术发展的基础。

2．物流机械设备更新时机的选择

究竟在什么时候进行更新比较适宜，这里存在一个更新时机的选择，即如何确定设备寿命的问题。由于计算依据的不同，机械设备寿命周期可分为物质寿命、技术寿命、经济寿命。

设备的物质寿命，又称自然寿命或物理寿命。它是指设备实体存在的时期，即设备从投入使用直到报废所经历的时间。虽然对机械设备合理使用、正确维护可以延长它的物质寿命，通过修理还可以局部或全部恢复机械设备的使用性能，但机械设备的物质寿命并不是无止境的，对机械设备的每次修理并不能使之完全恢复到初始的最佳状态。

设备的技术寿命，是指设备在技术上有存在价值的时期，即设备从开始使用直到技术落后而被淘汰所经历的时间。技术寿命取决于设备无形磨损的速度。科学技术的发展，加快了设备更新换代的速度，使机械设备技术寿命趋于缩短。要延长机械设备的技术寿命，就必须用新技术对机械设备加以改造。

设备的经济寿命，它是依据设备的使用费用最经济来确定的使用期限，通常是指设备平均每年使用费用最低的年数。超过这个年数，如不进行改造或更新，就会加大机械设备使用费用，影响企业经济效益。因此，机械设备的经济寿命终了时，也就是机械设备的最佳更新期。

3．物流机械设备更新的分析和论证

为了使物流机械设备能适时得到更新，需要根据企业物流作业要求和机械特性、使用状况和现实情况作必要的分析论证，主要依据有两个方面：一方面是以国家规定的机械报废条件为主的对更新对象的选择，属于定性分析方面；另一方面是更新后的经济效果比较，属于定量分析方面。

物流机械设备的更新对象是：

（1）役龄过长、技术经济性能差的物流机械设备。机械设备役龄是指机械设备投入使用的年限。机械设备役龄过长，超过了规定的使用年限，即到了超期服役阶段，使机械设备的有形磨损和无形磨损都达到相当大的程度，难以恢复机械设备应有的功能，并造成机械设备维持费大量超支，这样的机械设备是更新的主要对象。

（2）大修理次数多或修理后技术状况仍不能恢复的物流机械设备。机械设备每经过一次大修，其性能的保持性要较前次下降，运行和修理等维持费用增加，大修周期也会缩短，而大修费用将随着修理次数递增。因此，过多的大修不仅经济上不合理，而且会阻碍技术进步。一般情况下，大修超过三次时应考虑更新。对于大修次数不多，但修理后技术性能达不到物流作业要求的也应考虑更新。

（3）先天性制造质量低劣的物流机械设备。企业中还有一些制造质量低劣的机械设备，使用性能和维修性能都很差，难以改善其性质，又无改造修理的价值，应作为更新对象。

（4）严重浪费能源的物流机械设备。有些机械设备在制造时就存在耗能高的缺陷，不仅对企业经济效益不利，而且违背国家节约能源的方针。因此，对耗能高而又难以改造或无改造价值的机械设备，应果断地进行更新。

（5）技术落后或相对陈旧的物流机械设备。有些机械设备技术落后，不仅劳动生产率低，劳动条件也较差，严重影响操作或周围人员的安全。还有些机械设备由于企业物流技术的发展，原有机械设备的安全性不能满足物流作业要求。这些机械设备经过分析论证后应予以更新。

（6）对环境严重污染的物流机械设备。这些机械设备使用中将造成极大危害，如果难以采取改造措施或经济上不合算时，应予以更新。凡符合上述条件的物流机械设备，均可作为更新对象。并根据其具体情况进行分析研究，排列顺序，再依次进行技术经济论证。

三、物流机械设备的技术改造

1．物流机械设备技术改造的概念和内容

物流机械设备技术改造是指根据物流作业的需要，应用现代科学技术成就和先进经验，改变现有设备的结构，装上或更换新部件、新装置、新附件，以补偿设备的无形磨损和有形磨损。通过技术改造，可以改善原有设备的技术性能，增加设备的功能，使之达到或局部达到新设备的技术水平。

物流机械设备的技术改造是在原有功能不变的情况下，改造原机结构，以提高其技术性能和使用性能，其主要内容有：

第一，改造或更新物流机械设备的动力装置，提高物流机械设备的技术性能和作业效率。如我国仓库目前普通使用的叉车、拆码垛机和牵引车，是仓库装卸搬运机械中数量最大、品种最多的设备。其动力形式分别有内燃机动力和蓄电池动力两大类。以内燃机提供动力的叉车、牵引车，其功率大、作业能力大、机动性强，适宜在库外进行装卸搬运作业。特别是对单元货物和集装货物的装卸搬运，具有快速高效的优点。但由于燃油对环境造成污染，它们不适宜在库内作业。其机动性和作业效益的发挥也因此受到限制。在北方寒冷的季节，由于内燃叉车、牵引车低温启动性能差，装卸搬运工作也常因此受到影响。以蓄电池组提供动力的叉车、拆码垛机和牵引车，其功率小、作业能力小、作业效率低，加上电池蓄电量小，导致此类机械设备的连续工作时间短。尽管它们可以适应库内作业，却难以满足大批量、高强度收发作业时的装卸搬运要求，也不能满足货物单元化、集装化装卸与储运的要求。为此，可在原机械设备基础上，通过技术改造，增添动力装置，形成混合动力装卸搬运机械，可实现一机同时适宜多种作业环境的连续作业，提高了作业效率，可取得明显的经济效益。

第二，加装节能装置或改善耗能装置，以降低能源消耗，降低使用费用。

第三，增加安全装置或改造原机结构，提高物流机械设备的安全性和环保性，保证设备运行安全，并防止或减少污染。

第四，改造或增加必要装置，扩充物流机械设备功能，做到一机多用。如某单位对购

置的内燃叉车，经过认真的研究，在厂家的协助下，对其进行改造，添置货叉侧移属具、推力自卸属具，由原来起升 3m 增高到 5m，安装液压式侧向出叉装置，使 1 台普通叉车，变成了一个能在货架 6m 高的巷道内进行收发作业的实用机械，其经济效益非常明显。

第五，对物流机械设备薄弱环节进行改造，以提高物流机械设备的可靠性和耐用性。

第六，改进原机结构，更换某些装置或总成，统一机型，以利于修理和配件的供应。

物流机械设备技术改造，可以延长物流机械设备的物质寿命和技术寿命，提高物流机械设备的效率、安全性、可靠性，减少故障，降低维修费用，改善环境，并在较短时间内达到预期目的。

2．物流机械设备技术改造应注意的问题

物流机械设备技术改造具有适用性强、经济性好、针对性强、见效快的优点，因此，凡是技术上符合要求、经济上合算的物流机械设备，能修复使用的，就不必急于更新，可以通过修理与技术改造满足企业物流作业的要求。

目前，从总体来看，物流机械设备还较落后，所以对物流机械设备技术改造是设备管理的当务之急。企业应根据物流作业要求，做出切合实际的发展规划，不断进行技术改造，保证物流机械设备年年有发展，逐步提高企业物流现代化水平。

在进行技术改造时要注意以下问题：

第一，要从实际出发，充分考虑企业人力、物力、财力条件，合理确定技术改造项目，并制订切实可行、行之有效的技术改造规划，把有限的资金、技术等资源用在重点和关键物流机械设备的技术改造上。

第二，物流机械设备技术改造，要经过认真的经济可行性论证，要从效益最大化来考察。然而，经过经济论证是可行的，在技术上有时也可能会达不到预期目的。很多实例说明技术改造失败的原因都在技术方面。因此，物流机械设备技术改造，通过经济论证后还必须进行技术可行性分析。

第三，要统揽全局，统筹安排，把当前的与长远的技术经济效益相结合，不仅要看到当前取得的技术经济效益，而且还要估计到较长时期的技术经济效益。

第四，物流机械设备技术改造要实行专业队伍和广大职工积极参与相结合。搞好设备技术改造需要有精通技术的专家，企业可通过各种途径和多种形式培养技术人才，也可以委托专业机构进行技术改造，同时，要充分发挥职工特别是设备操作人员、管理人员的积极性，大力开展技术革新和技术协作活动。

知识点延伸

知识点 1　物流机械设备配置方案技术评价方法

1．用每吨作业的投资额和每吨作业的成本指标进行评价

计算公式如下：

$$K=\frac{\sum K_{投}}{\sum Q_{物}}\ （元/t）$$

式中：K——物流机械设备每吨作业的投资额，元/t；

$\Sigma K_{投}$——物流机械设备投资总额，包括物流机械设备本身及所需的附属设备和设施等的投资，如修理场地、车库、充电设备等；

$\Sigma Q_{物}$——一年内的作业总量，单位 t。

很显然，每吨作业的投资额K值越小，物流机械设备在经济上越合理。

每吨作业成本的计算公式如下：

$$K=\frac{\sum C}{\sum Q_{物}} \quad（元/t）$$

式中：K——完成 1 吨货物的作业成本，元/t；

ΣC——该物流机械设备在 1 年内所需费用的总和。

物流机械设备在一年内所需的费用包括全部操作人员的工资、折旧与维修检查费用、燃料电力费用、润滑及其他材料消耗的费用等。当然，每吨作业成本（S）也是越小越好。

在配置物流机械设备时，必须对各种物流机械设备的每吨作业投资额和每吨作业成本进行逐项比较。在实际比较时，也可能出现这种情况：例如，选择出两种作业能力基本相等的方案 A 和方案 B，它们的投资总额和一年的作业成本分别用ΣK_A、ΣC_A、ΣK_B、ΣC_B来表示，若$\Sigma K_A>\Sigma K_B=\Sigma C_A<\Sigma C_B$，这时就可用下面公式做进一步判断：

$$\frac{\sum K_A-\sum K_B}{\sum C_A-\sum C_B}=\eta'$$

式中：η'——设备的折旧回收期。

如果设备的投资回收期为η，则：当$\eta'<\eta$时，采用 A 方案；当$\eta'=\eta$时，选择 A 或 B 方案都可以；当$\eta'>\eta$时，则采用 B 方案。

2．用投资回收期法进行评价

投资回收期法是一种根据投资回收期的长短来判断配置方案优劣的方法，即计算使用物流机械设备所获得的年净收益（即纯利润）来回收投资的年数。在其他条件相同的条件下，投资回收期最短的方案即为最优方案。

其计算公式为：

$$\eta=\frac{\sum K}{\sum P}$$

式中：η——物流机械设备投资回收期，单位为年；

ΣK——物流机械设备总投资额，单位为元；

ΣP——采用物流机械设备后年平均收益额，单位为元/年。

采用此方法，关键是总收益的计算口径要一致，才能准确比较其优劣。

3．用综合费用比较法进行评价

运用综合费用比较法是比较方案的作业费用，再比较方案的利润情况，最后选出最佳方案。如两个方案的物流机械设备年作业费用为ΣC_1、ΣC_2，年利润总额为ΣL_1、ΣL_2，则如$\Sigma C_1<\Sigma C_2$且$\Sigma L_1>\Sigma L_2$，方案一最有利；如$\Sigma C_1>\Sigma C_2$且$\Sigma L_1>\Sigma L_2$，这时可比较两方案的费用比。当$\Sigma C_1/\Sigma C_2>\Sigma L_1/\Sigma L_2$，则方案一不好；反之若$\Sigma C_1/\Sigma C_2<\Sigma L_1/\Sigma L_2$，则方案一最佳。

4．用现值比较法进行评价

它是把设备寿命周期平均每年支付的维持费，按现值系数换算成相当于设备初期费用，再和设备初期购置费相加，进行总现值比较，总现值为正且最大者为最优方案。

5．用全面综合评比法进行评价

它是把技术经济综合起来全面评比。

（1）综合评比法。在技术指标评分的基础上，列入经济指标，一并作为评价项目，统一考虑加权和进行评分，得出的结果就是综合评分，以得分最多者为佳。在采用这种方法时，要正确确定评价指标，并根据评价指标的重要程度采取加权评分的方法。为使评分工作更细致、更准确，可把大指标分解成若干分指标评分，但应将分指标的评分总和除以分指标数更为合理。

（2）生产作业效率有效度法。这是一种简单的综合技术经济指标的评价方法，适用于投资较少的一般物流机械设备配置方案。计算公式为：

生产作业效率有效度=生产作业效率/平均寿命周期费用

式中：生产作业效率——机械设备在单位时间的平均作业量；

平均寿命周期费用——机械设备在同等时间内的总支出。

（3）综合效率有效度法。这是一种比较全面的综合评价方法，适用于投资较大的机械设备配置方案。计算公式为：

$$\text{费用综合有效率有效度}=\frac{\text{技术指标评分或综合评分}}{\text{平均寿命周期费用（即总费用）}}$$

这样计算的结果是算出机械设备寿命周期每天投入费用可获得多少效率。用这个指标评分更为全面。

全面综合评比法的分析方法比较复杂，需要对各项技术指标进行分等、评分和加权，最后综合评价和选择。如果条件不具备，可采用比较简单的方法是：优先考虑物流机械设备的技术性能，特别是使用适应性和安全可靠性，然后再对满足此约束条件的各种方案进行经济效益计算、评价和选择。

在实际物流机械设备评价中，以上方法各有特点，配置方案确定时，不能以某一方法的评价结果作为唯一依据，必须综合考虑多种因素，定量和定性相结合做出抉择。

知识点 2　物流机械设备更新的技术经济论证方法

经济寿命是机械设备的最佳使用年限。因此，计算出物流机械经济寿命，即可以经济上论证物流机械设备的更新期。计算物流机械设备经济寿命的方法主要有：

（1）低劣化数值法。低劣化是指随着使用年限的延长，设备的技术性能会越来越低劣，设备的维持费用又会越来越高的现象。其计算公式为：

$$T=\sqrt{\frac{2K}{\lambda}}$$

式中：T——机械设备经济寿命，即最佳使用年限；

K——机械设备的原始值；

λ——每年增加的维持费用。

假设某物流机械设备的原值为 18 000 元，每年增加的维持费用为 1 000 元，则该设备经济寿命为：

$$T=\sqrt{\frac{2\times 18\ 000}{1\ 000}}=6(\text{年})$$

（2）年金法。若设备每年维持费用的增长额不是定值，在考虑资金的时间价值的条件下，其年平均使用费用可用年金法求得。计算公式为：

$$A=K-\frac{L_{\mathrm{J}}}{(1+i)^{\mathrm{J}}}+\sum_{n=1}^{J}\frac{C_n}{(1+i)^{\mathrm{J}}}\ \frac{i(1+i)^{\mathrm{J}}}{(1+i)^{\mathrm{J}}-1}$$

式中：A——设备年平均使用费用；

K——设备的原值；

L_{J}——设备使用到 J 年末的净值；

i——年利率；

J——设备的计算期（年）；

n——设备的使用年数（$n=l-J$）；

C_n——设备每年的维持费。

应用上式可以求得设备年平均使用费用的最低值 Amin，它所对应的使用年限就是设备的经济寿命，即最佳的更新周期。

上述物流机械设备更新的论证方法，都以物流机械设备经济寿命为前提。即在一般情况下，物流机械设备应到经济寿命完结之后才更新；但如果市场上出现了更为经济的同类型物流机械设备，用它来取代还在经济寿命周期内的物流机械设备，带来的经济效益能在短期内弥补原物流机械设备提前报废的损失，也可以提前更新。原物流机械设备提前更新的经济效益论证可采用成本对比法。

在物流机械设备更新中，如果同类的新型物流机械设备不止一种，就必须进行更新机型的选择，可采用投资收益率法进行比较。投资收益率大，该类物流机械设备就比较经济。

知识测试

一、判断题

1．机械设备更新的主要对象是超期服役的机械设备。（是□　否□）

2．设备从开始使用直到技术落后而被淘汰所经历的时间就是设备的经济寿命。（是□　否□）

3．设备平均每年使用费用最低的年数就是设备的技术寿命。（是□　否□）

4．设备使用时在其最初的第一阶段故障率最低。（是□　否□）

5．设备二级保养主要目的是延长设备的大修周期和使用年限。（是□　否□）

二、选择题

1. 设备寿命周期的输出与设备寿命周期费用的比值称为设备的（　　）
   A. 完好率　　B. 故障率　　C. 更新率　　D. 综合效益
2. 保证物流机械设备有良好的工作状态，取得最佳的设备投资效果是（　　）
   A. 设备寿命周期　　B. 设备的物质运动
   C. 物流设备管理的目的　　D. 物流设备管理基本原则
3. 在设备前期管理中，关键在于______这一环节。（　　）
   A. 选型或设计　　B. 选型或制造　　C. 设计或制造　　D. 安装和调试
4. ______是指组成物流系统的设备成套、匹配时，可以达到高效、经济的要求。
   A. 物流系统化　　B. 物流标准化　　C. 物流实用化　　D. 物流智能化
5. 物流设备的绿色化就是要达到环保要求，主要考虑的因素有（　　）。
   A. 牵引动力　　B. 使用环境　　C. 操作安全　　D. 自动化程度
6. 物流设备定期保养的特点之一是（　　）。
   A. 根据设备运行情况而定　　B. 强制性
   C. 经常性　　D. 专人化
7. 我国物流设备的维护保养采用“日常保养”和“______”二级保养制度。（　　）
   A. 事故保养　　B. 大修保养　　C. 定期保养　　D. 年修保养
8. 物流设备选用与配置的原则包括（　　）
   A. 系统化原则　　B. 适用性原则　　C. 经济性原则
   D. 超前性原则　　E. 环保性原则
9. 为适应现代物流产业的需要，物流设备呈现的发展趋势是（　　）
   A. 大型化和高速化　　B. 实用化和多样化
   C. 自动化和智能化　　D. 标准化和系统化

三、简答题

1. 物流机械设备管理的作用体现在哪些方面，请结合具体设备进行说明。
2. 请设计物流机械设备综合评价体系。
3. 在具体物流业务运作过程中，物流机械设备配置应遵循哪些原则？
4. 试举例简要说明物流机械设备配置方案的经济分析具体过程。
5. 试举例简要说明物流机械设备如何实施维护保养管理。
6. 试举例简要说明物流机械设备如何实施故障确定与排除。
7. 物流机械设备技术改造应注意的问题有哪些？

技能训练任务单9

<table>
<tr><td>任务名称</td><td colspan="3">物流业务设备配置与经济分析</td></tr>
<tr><td>学生学号</td><td></td><td>学生姓名</td><td></td></tr>
<tr><td>任务导入</td><td colspan="3">
1. 任务：现有一辆货车拉来一批货物，卸货至理货区进行货物码盘，再利用搬运工具搬至仓库。现根据上述要求以及下面设备操作成本，通过比较综合运用成本，提交物流设备选用方案。
注：货物数量、货物形状及规格、托盘尺寸、搬运工具吨位、储位大小等根据实训室现有设备实际状况提供具体数据，在实训之前要求指导老师提供。
<table>
<tr><th>项　目</th><th>成本单价</th><th>说　明</th><th>限　定</th></tr>
<tr><td>人工搬运</td><td>1元/件次</td><td>单人，货物一起一落为一次</td><td>移动距离5m内</td></tr>
<tr><td>搬运车使用</td><td>3元/次</td><td>载物移动一次</td><td>移动距离大于5m</td></tr>
<tr><td>地牛使用</td><td>5元/次</td><td>载物移动一次</td><td>同上</td></tr>
<tr><td>起重叉车使用</td><td>8元/次</td><td>载物一个起落为一次</td><td>载货移动距离5m内</td></tr>
<tr><td>托盘使用</td><td>1元/个</td><td>占用个数</td><td>按取用数量计</td></tr>
<tr><td>托盘货架上层储位</td><td>3元/个次</td><td>一个托盘面积</td><td>实际占用次数</td></tr>
<tr><td>托盘货架下层储位</td><td>5元/个次</td><td>一个托盘面积</td><td></td></tr>
<tr><td>叉车搬运</td><td>10元/次</td><td>载物移动一次</td><td>移动距离大于5m</td></tr>
<tr><td>打包/包装材料</td><td>1元/个/次</td><td>使用及操作次数</td><td></td></tr>
<tr><td>综合工时</td><td>1元/分钟</td><td>现场计时器记录时间</td><td>开始操作至完成为止</td></tr>
</table>
2. 任务以小组为单位，每组4～5人，设1名组长。
3. 调查之前，进行相关资料的收集并做好知识准备。
4. 在设备配置方案设计过程中，教师对学生设备功能使用疑惑加以指导，解答学生的疑问，注重设计的规范性
</td></tr>
<tr><td>成果形式</td><td colspan="3">
1. 在对上述任务分析基础上，通过小组讨论，提交完成该任务需要配置比较经济、合理等设备方案。
2. 以小组形式进行课堂答辩，其他小组参与评判，指出该小组设备配置方案存在的问题，从而进一步优化，提高该方案的可行性
</td></tr>
<tr><td>任务破解</td><td colspan="3"></td></tr>
<tr><td>学习体会</td><td colspan="3"></td></tr>
<tr><td rowspan="2">老师评价</td><td colspan="3">评语：</td></tr>
<tr><td colspan="3">成绩：________　　　　　　　　　　　　____年___月___日</td></tr>
</table>

参考文献

[1] 魏国辰．物流机械设备的运用与管理［M］．北京：中国物资出版社，2002.
[2] 张晓川．现代仓储物流技术与装备［M］．北京：化学工业出版社，2003.
[3] 陈伟兴．装卸搬运设备．北京：人民交通出版社［M］，2001.
[4] 王大平．物流设备应用与管理［M］．杭州：浙江大学出版社，2005.
[5] 吴勇，李双祥．物流配送中心的有轨巷道式堆垛机［J］，机械工程师，2006.
[6] 孟初阳．物流机械与装备［M］．北京：人民交通出版社，2005.
[7] 何晓莉．物流设施与设备［M］．北京：机械工业出版社，2004.
[8] 聂军．物流技术与设备［M］．北京：对外经济贸易大学出版社，2004.
[9] 卢瑞文．自动识别技术［M］．北京：化学工业出版社，2005.
[10] 刘廷新．物流设施与设备［M］．北京：高等教育出版社，2003.
[11] 鲁晓春，吴志强．物流设施与设备［M］．北京：北方交通大学出版社，2005.
[12] 于承新．物流设施与设备［M］．北京：经济科学出版社，2009.
[13] 张弦．物流设施与设备［M］．上海：复旦大学山版社，2006.
[14] 孙红．物流设备与技术［M］．南京：东南大学出版社，2006.
[15] 吕广明，刘明思．物流设备与规划技术［M］．北京：中国电力出版社，2009.
[16] 周蕾．物流技术与物流设备［M］．北京：中国物资出版社，2009.
[17] 伍玉坤，廖建国．现代物流设备与设施［M］．北京：机械工业出版社，2008.
[18] 赵智锋．物流设备使用与管理［M］．北京：人民邮电出版社，2010.
[19] 张翠花．物流设备使用与维护［M］．北京：北京理工大学出版社，2010.
[20] 郭曙光．物流设备技术及应用［M］．南京：南京大学出版社，2011.